© Houghton Mifflin Harcourt Publishing Company • Cover Image Credits: (Ring-Necked Pheasant) ©Stephen Muskie/E+/Getty Images; (Field, Wisconsin) ©Image Studios/UpperCut Images/Getty Images

# GO MATH!

## ¡VIVAN LAS MATEMÁTICAS!

### Volumen 2

Hecho en los Estados Unidos
Impreso en papel reciclado

Houghton
Mifflin
Harcourt

# GO MATH!

## ¡VIVAN LAS MATEMÁTICAS!

Printed in the U.S.A.

ISBN 978-0-544-67820-0

1 2 3 4 5 6 7 8 9 10  0868  24 23 22 21 20 19 18 17 16 15

4500534463          ^ B C D E F G

Estimados estudiantes y familiares:

Bienvenidos a **Go Math! ¡Vivan las Matemáticas!** para 5.º grado.
En este interesante programa de matemáticas encontrarán actividades
prácticas y problemas del mundo real que tendrán que resolver.
Y lo mejor de todo es que podrán escribir sus ideas y sus respuestas
directamente en el libro. Escribir y dibujar en las páginas de **Go Math!**
**¡Vivan las Matemáticas!** les ayudará a percibir de manera detallada lo
que están aprendiendo y ¡entenderán muy bien las matemáticas!

A propósito, todas las páginas de este libro están impresas en papel
reciclado. Queremos que sepan que al participar en el programa **Go
Math! ¡Vivan las Matemáticas!,** están ayudando a proteger el medio
ambiente.

Atentamente,
Los autores

Hecho en los Estados Unidos
Impreso en papel reciclado

# GO MATH!

## ¡VIVAN LAS MATEMÁTICAS!

## Autores

**Juli K. Dixon, Ph.D.**
Professor, Mathematics Education
University of Central Florida
Orlando, Florida

**Edward B. Burger, Ph.D.**
President, Southwestern University
Georgetown, Texas

**Steven J. Leinwand**
Principal Research Analyst
American Institutes for
    Research (AIR)
Washington, D.C.

### Contributor

**Rena Petrello**
Professor, Mathematics
Moorpark College
Moorpark, CA

**Matthew R. Larson, Ph.D.**
K-12 Curriculum Specialist for
    Mathematics
Lincoln Public Schools
Lincoln, Nebraska

**Martha E. Sandoval-Martinez**
Math Instructor
El Camino College
Torrance, California

### English Language Learners Consultant

**Elizabeth Jiménez**
CEO, GEMAS Consulting
Professional Expert on English
    Learner Education
Bilingual Education and
    Dual Language
Pomona, California

# Fluidez con números enteros y números decimales

**Estándares comunes**

**Área de atención** Ampliar la división a divisores de dos dígitos, integrar las fracciones decimales en el sistema del valor posicional y desarrollar la comprensión de las operaciones con decimales hasta las centésimas, y desarrollar fluidez con los números enteros y operaciones decimales

**En el mundo Proyecto**

## 1 Valor posicional, multiplicación y expresiones

**3**

**ÁREAS** Operaciones y pensamiento algebraico
Números y operaciones en base diez

**ESTÁNDARES ESTATALES COMUNES**
5.OA.A.1, 5.OA.A.2, 5.NBT.A.1, 5.NBT.A.2, 5.NBT.B.5, 5.NBT.B.6

## Área de atención

**APRENDE EN LÍNEA**

¡Aprende en línea! Tus lecciones de matemáticas son interactivas. Usa *i*Tools, Modelos matemáticos animados y el Glosario multimedia.

**Pregunta esencial**
¿Cómo puedes describir la relación entre dos valores posicionales?

Comenzar

### Presentación del Capítulo 1

En este capítulo explorarás y descubrirás las respuestas a las siguientes **Preguntas esenciales:**

• ¿Cómo puedes usar el valor posicional, la multiplicación y las expresiones para representar y resolver problemas?

• ¿Cómo puedes leer, escribir y representar números enteros hasta los millones?

• ¿Cómo puedes usar las propiedades y la multiplicación para resolver problemas?

• ¿Cómo puedes usar las expresiones para representar y resolver un problema?

**Entrenador personal en matemáticas**
**Evaluación e intervención en línea**

## Presentación del Capítulo 4

En este capítulo explorarás y descubrirás las respuestas a las siguientes **Preguntas esenciales:**

• ¿Cómo puedes resolver problemas de multiplicación con números decimales?

• ¿En qué se parecen la multiplicación con números decimales y la multiplicación con números enteros?

• ¿Cómo pueden ayudarte los patrones, modelos y dibujos a resolver problemas de multiplicación con números decimales?

• ¿Cómo sabes dónde ubicar el punto decimal en el producto?

• ¿Cómo sabes el número correcto de lugares decimales de un producto?

## Presentación del Capítulo 5

En este capítulo explorarás y descubrirás las respuestas a las siguientes **Preguntas esenciales:**

• ¿Cómo puedes resolver problemas de división con números decimales?

• ¿En qué se parecen la división con números decimales y la división con números enteros?

• ¿Cómo te pueden ayudar los patrones, modelos y dibujos a resolver problemas de división con números decimales?

• ¿Cómo sabes dónde ubicar el punto decimal en el cociente?

• ¿Cómo sabes el número correcto de lugares decimales en el cociente?

© Houghton Mifflin Harcourt Publishing Company

## VOLUMEN 2
# Operaciones con fracciones

**Estándares comunes**

**Área de atención** Desarrollar fluidez en la suma y resta de fracciones, y desarrollar la comprensión de la multiplicación y la división de fracciones en casos limitados (fracciones unitarias divididas entre números enteros y números enteros divididos entre fracciones unitarias)

**6** **Sumar y restar fracciones con denominadores distintos**    **349**

ÁREAS Operaciones y pensamiento algebraico
Números y operaciones: Fracciones
**ESTÁNDARES ESTATALES COMUNES**
5.OA.A.2, 5.NF.A.1, 5.NF.A.2

**Presentación del Capítulo 6**

En este capítulo explorarás y descubrirás las respuestas a las siguientes **Preguntas esenciales:**

• ¿Cómo puedes sumar y restar fracciones con denominadores distintos?

• ¿Cómo te ayudan los modelos a hallar la suma y la resta de fracciones?

• ¿Cuándo usas el mínimo común denominador para sumar y restar fracciones?

**Entrenador personal en matemáticas**
**Evaluación e intervención en línea**

# Multiplicar fracciones
**419**

ÁREA Números y operaciones: Fracciones
ESTÁNDARES ESTATALES COMUNES
5.NF.B.4a, 5.NF.B.4b, 5.NF.B.5a, 5.NF.B.5b, 5.NF.B.6

### Presentación del Capítulo 7

En este capítulo explorarás y descubrirás las respuestas a las siguientes **Preguntas esenciales:**
- ¿Cómo se multiplican las fracciones?
- ¿Cómo puedes representar la multiplicación de fracciones?
- ¿Cómo puedes comparar los factores y los productos de las fracciones?

## Práctica y tarea

Repaso de la lección y Repaso en espiral en cada lección

# Dividir fracciones
**489**

ÁREA Números y operaciones: Fracciones
ESTÁNDARES ESTATALES COMUNES
5.NF.B.3, 5.NF.B.7a, 5.NF.B.7b, 5.NF.B.7c

### Presentación del Capítulo 8

En este capítulo explorarás y descubrirás las respuestas a las siguientes **Preguntas esenciales:**
- ¿Qué estrategias puedes usar para resolver problemas de división con fracciones?
- ¿Cuál es la relación entre la multiplicación y la división y cómo puedes usarla para resolver problemas de división?
- ¿Cómo puedes usar fracciones, diagramas, ecuaciones y problemas para representar la división?
- ¿Cómo se relacionan el dividendo, el divisor y el cociente cuando divides un número entero entre una fracción o una fracción entre un número entero?

# Geometría y medición

**Estándares comunes** Área de atención Desarrollar la comprensión del volumen

**9** ## Álgebra: Patrones y confección de gráficas **531**

**ÁREAS** Operaciones y pensamiento algebraico
Medición y datos
Geometría

**ESTÁNDARES ESTATALES COMUNES**
5.OA.B.3, 5.MD.B.2, 5.G.A.1, 5.G.A.2

## Presentación del Capítulo 9

En este capítulo explorarás y descubrirás las respuestas a las siguientes **Preguntas esenciales:**

• ¿Cómo te ayudan los diagramas de puntos, las cuadrículas de coordenadas y los patrones a representar datos gráficamente e interpretarlos?

• ¿De qué manera un diagrama de puntos te puede ayudar a hallar un promedio a partir de datos expresados en fracciones?

• ¿Cómo puede ayudarte una cuadrícula de coordenadas a interpretar datos experimentales y reales?

• ¿Cómo puedes escribir y representar gráficamente pares ordenados en una cuadrícula de coordenadas usando dos patrones numéricos?

Entrenador personal en matemáticas
**Evaluación e intervención en línea**

# Convertir unidades de medida  583

**ÁREA** Medición y datos
**ESTÁNDARES ESTATALES COMUNES**
5.MD.A.1

En este capítulo explorarás y descubrirás las respuestas a las siguientes **Preguntas esenciales:**

- ¿Qué estrategias puedes usar para comparar y convertir medidas?
- ¿Cómo puedes saber si debes multiplicar o dividir para convertir medidas?
- ¿Cómo puedes organizar la solución cuando resuelves un problema de medición de varios pasos?
- ¿En qué se diferencia la conversión de medidas métricas de la conversión de medidas del sistema usual?

# Práctica y tarea

Repaso de la lección y Repaso en espiral en cada lección

© Houghton Mifflin Harcourt Publishing Company

**Presentación del Capítulo 11**

En este capítulo explorarás y descubrirás las respuestas a las siguientes **Preguntas esenciales:**

• ¿Cómo te ayudan los cubos unitarios a construir cuerpos geométricos y a comprender el volumen de un prisma rectangular?

• ¿Cómo puedes identificar, describir y clasificar las figuras tridimensionales?

• ¿Cómo puedes hallar el volumen de un prisma rectangular?

**Área de atención** # Operaciones con fracciones

**Estándares comunes**

**ÁREA DE ATENCIÓN** Desarrollar fluidez en la suma y resta de fracciones, y desarrollar la comprensión de la multiplicación y la división de fracciones en casos limitados (fracciones unitarias divididas entre números enteros y números enteros divididos entre fracciones unitarias)

**Operador de tablero en un estudio de grabación▶**

## Seguir el ritmo

Tanto en las matemáticas como en la música, encontramos números y patrones de cambio. En la música, estos patrones se denominan ritmo. Escuchamos el ritmo como un número de tiempos.

número de
tiempos en
1 compás

compás    compás    compás    compás

tipo de nota
que ocupa
1 tiempo

4 cuartos   =   2 mitades   =   1 entero   =   2 cuartos + 4 octavos

## Para comenzar   ESCRIBE ▸ *Matemáticas*

La marca de tiempo que aparece al principio de la línea de un pentagrama se parece a una fracción. Indica el número de tiempos de cada compás y el tipo de nota que completa 1 tiempo. Cuando la marca de tiempo es $\frac{4}{4}$, cada nota de $\frac{1}{4}$, o negra, equivale a 1 tiempo.

En la siguiente melodía, cada compás está compuesto por diferentes tipos de notas. Los compases no están marcados. Comprueba la marca de tiempo. Luego dibuja líneas para marcar cada compás.

### Datos importantes

$\phantom{x} = \frac{1}{2}$

$\phantom{x} = \frac{1}{4}$

$\phantom{x} = \frac{1}{8}$

$\phantom{x} = \frac{1}{16}$

## Capítulo 6

# Sumar y restar fracciones con denominadores distintos

## ✓ Muestra lo que sabes

Entrenador personal en matemáticas
Evaluación e
intervención en línea

Comprueba si comprendes las destrezas importantes.

Nombre _____

▶ **Parte de un entero** Escribe una fracción para indicar la parte sombreada. (3.NF.A.1)

1.  número de partes
sombreadas _____

número de partes en total _____

fracción _____

2. número de partes
sombreadas _____

número de partes en total _____

fracción _____

▶ **Sumar y restar fracciones** Escribe la suma o la diferencia en su mínima expresión. (4.NF.B.3d)

3. $\frac{3}{6} + \frac{1}{6} =$ _____

4. $\frac{4}{10} + \frac{1}{10} =$ _____

5. $\frac{7}{8} - \frac{3}{8} =$ _____

6. $\frac{9}{12} - \frac{2}{12} =$ _____

▶ **Múltiplos** Escribe los primeros seis múltiplos distintos de cero. (4.0A.B.4)

7. 5 _____

8. 3 _____

9. 7 _____

## Matemáticas En el mundo

Hay 30 senadores y 60 miembros de la Cámara de Representantes en la Legislatura de Arizona. Imagina que 20 senadores y 25 representantes asistieron a una reunión de comité. Escribe una fracción para comparar el número de legisladores que asistieron con el número total de legisladores.

# Desarrollo del vocabulario

▶ **Visualízalo** · · · · · · · · · · · · · · · · · · · · · · · · · · · · · ·

Usa las palabras marcadas con ✓ para completar el diagrama en forma de H.

Suma y resta fracciones con

_____

semejantes

Suma y resta fracciones con

distintos

**Palabras de repaso**

✓ denominadores

✓ diferencia

✓ fracciones equivalentes

✓ mínima expresión

✓ múltiplo común

✓ numeradores

   número mixto

   punto de referencia

✓ suma

**Palabras nuevas**

✓ denominador común

▶ **Comprende el vocabulario** · · · · · · · · · · · · · · · · · · · · ·

Dibuja líneas para emparejar las palabras con sus definiciones.

1. múltiplo común

2. punto de referencia

3. mínima expresión

4. número mixto

5. denominador común

6. fracciones equivalentes

• Un número formado por un número entero y una fracción

• Un número que es múltiplo de dos o más números

• Un múltiplo común de dos o más denominadores

• La forma de una fracción en la que 1 es el único factor común del numerador y el denominador

• Un número conocido que se usa como punto de partida

• Fracciones que nombran la misma cantidad o parte

• Libro interactivo del estudiante
• Glosario multimedia

# Vocabulario del Capítulo 6

**denominador común**

common denominator

18

**múltiplo común**

common multiple

45

**denominador**

denominator

17

**diferencia**

difference

20

**fracciones equivalentes**

equivalent fractions

36

**número mixto**

mixed number

48

**numerador**

numerator

46

**mínima expresión**

simplest form

44

Número que es múltiplo de dos o más números

Ejemplo: $4 \times 3 = \boxed{12}$
$6 \times 2 = \boxed{12}$

Múltiplo común de dos o más denominadores

Ejemplo: $\frac{3}{8}$ $\longleftarrow$ denominador común $\longrightarrow$ $\frac{7}{8}$

Resultado de una resta

Ejemplo:

$75 - 13 = 62$
↑
diferencia

$$\begin{array}{r} 75 \\ -\ 13 \\ \hline 62 \end{array}$$
diferencia →

Número que está debajo de la barra en una fracción y que indica cuántas partes iguales hay en el entero o en el grupo

Ejemplo: $\frac{3}{4}$ ← denominador

Número formado por un número entero y una fracción

Ejemplo:

parte del número entero → $5\frac{1}{2}$ ← parte fraccionaria

Fracciones que nombran la misma cantidad o la misma parte

Ejemplo: $\frac{1}{2}$ y $\frac{4}{8}$ son equivalentes.

Una fracción está en su mínima expresión cuando el numerador y el denominador solamente tienen al número 1 como factor común.

Ejemplos: $\frac{1}{2}$, $\frac{2}{3}$, $\frac{8}{15}$

Número que está arriba de la barra en una fracción y que indica cuántas partes iguales de un entero o de un grupo se consideran

Ejemplo: $\frac{3}{4}$ ← numerador

# Visita a Chicago

Para 2 a 4 jugadores

## Materiales

- 1 de cada una según sea necesario: fichas de juego rojas, azules, verdes o amarillas
- 1 cubo numerado
- Tarjetas de pistas

## Instrucciones

1. Cada jugador coloca una ficha de juego en la SALIDA.
2. Cuando sea tu turno, lanza la ficha de juego. Avanza ese número de espacios.
3. Si caes en uno de los siguientes espacios:

   **Espacio verde**  Sigue las instrucciones del espacio.

   **Espacio amarillo**  Expresa la mínima expresión de la fracción. Si tu respuesta es correcta, avanza 1 espacio.

   **Espacio azul**  Usa un término matemático para nombrar lo que se muestra. Si tu respuesta es correcta, avanza 1 espacio.

   **Espacio rojo**  El jugador que está a tu derecha saca una Tarjeta de pista y te lee la pregunta. Si tu respuesta es correcta, avanza 1 espacio. Coloca la tarjeta debajo de la pila.

4. Ganará la partida el primer jugador que alcance la LLEGADA.

---

**Recuadro de palabras**

denominador

denominador común

diferencia

fracciones equivalentes

mínima expresión

múltiplo común

numeradores

número mixto

---

**INSTRUCCIONES** Cada jugador coloca una ficha de juego en la SALIDA. • Cuando sea tu turno, lanza el cubo numerado. Avanza ese número de espacios. • Si caes en uno de los siguientes espacios: Espacio verde: Sigue las instrucciones del espacio. Espacio amarillo: Expresa la mínima expresión de la fracción. Si tu respuesta es correcta, avanza 1 espacio.
• Espacio azul: Usa un término matemático para nombrar lo que se muestra. Si tu respuesta es correcta, avanza 1 espacio.
• Espacio rojo: El jugador que está a tu derecha saca una Tarjeta de pista y te lee la pregunta. Si tu respuesta es correcta, avanza 1 espacio. Coloca la tarjeta debajo de la pila. • Ganará la partida el primer jugador que alcance la LLEGADA.

## SALIDA

Tomas la línea L del metro. Avanza 1 espacio.

$\dfrac{4}{6}$

**PISTA**

$\dfrac{3}{5}$ ←

Visitas la torre Willis. Retrocede 1 espacio.

$\dfrac{5}{10}$

**PISTA**

Vas a un partido de béisbol en Wrigley Field. Pierdes un turno.

$\dfrac{9}{14}$ ←

**PISTA**

LLEGADA

$\frac{16}{20}$

$\frac{1}{8} = \frac{4}{32}$

PISTA

$\frac{6}{24}$

PISTA

$8\frac{2}{3}$

Visitas el acuario Shedd. Intercambia posiciones con otro jugador.

$\frac{20}{100}$

Te subes a la rueda de la fortuna en Navy Pier. Vuelve a jugar.

# Escríbelo

## Reflexiona

**Elige una idea. Escribe sobre ella.**

- Escribe un párrafo en el que se usen al menos tres de estas palabras o frases.

  **denominador**     **número mixto**     **numerador**     **mínima expresión**

- Una familia se comió 6 de las 8 porciones de una pizza. Explica cómo expresar la cantidad que comieron y la cantidad que se sobró en dos fracciones. Asegúrate de escribir las fracciones en su mínima expresión.

- Ricardo necesita mezclar $\frac{2}{3}$ de taza de fresas, $\frac{1}{4}$ de taza de frambuesas y $\frac{1}{2}$ taza de arándanos para preparar un batido. Explica cómo Ricardo puede saber la cantidad total de fruta que necesita.

- Explica cómo hallar la diferencia: $10\frac{4}{5} - 8\frac{1}{2}$

Nombre _____

# La suma con denominadores distintos

**Pregunta esencial** ¿Cómo puedes usar modelos para sumar fracciones que tienen denominadores distintos?

**Estándares comunes** Números y operaciones— Fracciones—5.NF.A.1, 5.NF.A.2
**PRÁCTICAS MATEMÁTICAS**
MP4, MP5, MP6

## Investigar

Hilary está haciendo una bolsa de las compras para su amiga. Usa $\frac{1}{2}$ de yarda de tela azul y $\frac{1}{4}$ de yarda de tela roja. ¿Cuánta tela usa Hilary?

**Materiales** ■ tiras fraccionarias ■ tablero de matemáticas

**A.** Halla $\frac{1}{2} + \frac{1}{4}$. Coloca una tira de $\frac{1}{2}$ y una tira de $\frac{1}{4}$ debajo de la tira de 1 entero en tu tablero de matemáticas.

**B.** Halla tiras fraccionarias con el mismo denominador que sean equivalentes a $\frac{1}{2}$ y $\frac{1}{4}$ y que encajen exactamente debajo de la suma $\frac{1}{2} + \frac{1}{4}$. Usa denominadores semejantes para anotar los sumandos.

+

**C.** Anota la suma en su mínima expresión. $\frac{1}{2} + \frac{1}{4} =$ _____

Entonces, Hilary usa _____ de yarda de tela.

## Sacar conclusiones

**Charla matemática** PRÁCTICAS MATEMÁTICAS ④

Usa modelos ¿Cómo sabes si la suma de las fracciones es menor que 1?

**1.** Describe cómo determinarías qué tiras fraccionarias con el mismo denominador encajarían exactamente debajo de $\frac{1}{2} + \frac{1}{3}$. ¿Cuáles son?

_____

_____

_____

**2.** **PRÁCTICA MATEMÁTICA ⑤** **Usa un modelo concreto** Explica la diferencia entre hallar tiras fraccionarias con el mismo denominador para $\frac{1}{2} + \frac{1}{3}$ y $\frac{1}{2} + \frac{1}{4}$.

_____

_____

_____

A veces, la suma de dos fracciones es mayor que 1. Al sumar fracciones con denominadores distintos, puedes usar la tira de 1 entero como ayuda para determinar si una suma es mayor o menor que 1.

**Usa tiras fraccionarias para resolver.** $\frac{3}{5} + \frac{1}{2}$

### PASO 1

Trabaja con otro estudiante. Coloca tres tiras fraccionarias de $\frac{1}{5}$ debajo de la tira de 1 entero en tu tablero de matemáticas. Luego coloca una tira fraccionaria de $\frac{1}{2}$ junto a las tres tiras de $\frac{1}{5}$.

### PASO 2

Halla tiras fraccionarias con el mismo denominador que sean equivalentes a $\frac{3}{5}$ y $\frac{1}{2}$. Coloca las tiras fraccionarias debajo de la suma. A la derecha, haz un dibujo del modelo y escribe las fracciones equivalentes.

$$\frac{3}{5} = \underline{\hspace{1cm}} \qquad \frac{1}{2} = \underline{\hspace{1cm}}$$

### PASO 3

Suma las fracciones con denominadores semejantes. Usa la tira de 1 entero para convertir la suma a su mínima expresión.

**Piensa:** ¿Cuántas tiras fraccionarias con el mismo denominador equivalen a 1 entero?

$$\frac{3}{5} + \frac{1}{2} = \underline{\hspace{1cm}} + \underline{\hspace{1cm}}$$

$$= \underline{\hspace{1cm}} \ o \ \underline{\hspace{1cm}}$$

## Comparte y muestra

**Charla matemática**

**PRÁCTICAS MATEMÁTICAS ❻**

¿En qué paso descubriste que el resultado es mayor que 1? Explica.

**Usa tiras fraccionarias para hallar la suma. Escribe el resultado en su mínima expresión.**

1.

$$\frac{1}{2} + \frac{3}{8} = \underline{\hspace{1cm}} + \underline{\hspace{1cm}} = \underline{\hspace{1cm}}$$

2.

$$\frac{1}{2} + \frac{2}{5} = \underline{\hspace{1cm}} + \underline{\hspace{1cm}} = \underline{\hspace{1cm}}$$

Nombre _____

**Usa tiras fraccionarias para hallar la suma. Escribe el resultado en su mínima expresión.**

3.

$\frac{3}{8} + \frac{1}{4} =$ _____ + _____ = _____

4.

$\frac{3}{4} + \frac{1}{3} =$ _____ + _____ = _____

**Usa tiras fraccionarias para hallar la suma. Escribe el resultado en su mínima expresión.**

5. $\frac{2}{5} + \frac{3}{10} =$ _____

6. $\frac{1}{4} + \frac{1}{12} =$ _____

7. $\frac{1}{2} + \frac{3}{10} =$ _____

8. $\frac{2}{3} + \frac{1}{6} =$ _____

9. $\frac{5}{8} + \frac{1}{4} -$ _____

10. $\frac{1}{2} + \frac{1}{5} =$ _____

## Resolución de problemas • Aplicaciones

11. **ESCRIBE** *Matemáticas* Explica cómo pueden usarse las tiras fraccionarias con denominadores semejantes para sumar fracciones con denominadores distintos.

_____

_____

12. **MÁS AL DETALLE** Luis está haciendo dos bandejas de panecillos para una merienda escolar. Para hacer una bandeja de panecillos necesita $\frac{1}{4}$ de taza de avena y $\frac{1}{3}$ de taza de harina. ¿Qué cantidad de avena y harina necesita Luis para las dos bandejas? Explica cómo usas las tiras fraccionarias para resolver el problema.

_____

_____

_____

_____

13. **PIENSA MÁS** María mezcla $\frac{1}{3}$ de taza de nueces surtidas, $\frac{1}{4}$ de taza de frutas disecadas y $\frac{1}{6}$ de taza de trocitos de chocolate para hacer una mezcla de frutos secos. ¿Cuál es la cantidad total de ingredientes que lleva su mezcla de frutos secos?

_____

14. **Plantea un problema** Escribe un problema nuevo con cantidades diferentes de ingredientes de las que María usó. Cada cantidad debe ser una fracción con un denominador de 2, 3 o 4.

_____

_____

_____

15. **PRÁCTICA MATEMÁTICA ④ Usa diagramas** Resuelve el problema que escribiste. Dibuja las tiras fraccionarias que usas para resolver el problema.

_____

16. Explica por qué elegiste esas cantidades para el problema.

_____

_____

_____

_____

**Entrenador personal en matemáticas**

17. **PIENSA MÁS** Alexandria mezcló $\frac{1}{2}$ de taza de uvas y $\frac{2}{3}$ de taza de fresas para hacer un bocadillo de frutas. ¿Cuántas tazas de uvas y fresas usó? Usa las fichas para completar el modelo de tiras fraccionarias y mostrar cómo hallaste la respuesta. Las fracciones pueden usarse más de una vez o no usarse.

_____ tazas de uvas y fresas

## La suma con denominadores distintos

**ESTÁNDARES COMUNES—5.NF.A.1,
5.NF.A.2** *Utilizan las fracciones equivalentes
como una estrategia para sumar y restar
fracciones.*

**Usa tiras fraccionarias para hallar la suma. Escribe el
resultado en su mínima expresión.**

**1.** $\dfrac{1}{2} + \dfrac{3}{4}$

$\dfrac{1}{2} + \dfrac{3}{4} = \dfrac{2}{4} + \dfrac{3}{4} = \dfrac{5}{4}$ o $1\dfrac{1}{4}$

_____ $1\dfrac{1}{4}$ _____

**2.** $\dfrac{1}{3} + \dfrac{1}{4}$

_____

**3.** $\dfrac{3}{5} + \dfrac{1}{2}$

_____

**4.** $\dfrac{3}{8} + \dfrac{1}{2}$

_____

**5.** $\dfrac{1}{4} + \dfrac{5}{8}$

_____

**6.** $\dfrac{2}{3} + \dfrac{3}{4}$

_____

**7.** $\dfrac{1}{2} + \dfrac{2}{5}$

_____

**8.** $\dfrac{2}{3} + \dfrac{1}{2}$

_____

**9.** $\dfrac{7}{8} + \dfrac{1}{2}$

_____

## Resolución de problemas En el mundo

**10.** Para hacer salchichas, Brandus compró $\frac{1}{3}$ de libra
de carne de pavo molida y $\frac{3}{4}$ de libra de carne de res
molida. ¿Cuántas libras de carne compró?

_____

**11.** Para pasar una cinta alrededor de un sombrero
y armar un moño, Stacey necesita $\frac{5}{6}$ de yarda de
cinta negra y $\frac{2}{3}$ de yarda de cinta roja. ¿Cuánta cinta
necesita en total?

_____

**12.** **ESCRIBE** ▸ *Matemáticas* Escribe un problema de suma de fracciones con denominadores distintos.
Incluye la solución.

_____

_____

## Repaso de la lección (5.NF.A.2)

1. Hernán comió $\frac{5}{8}$ de una pizza mediana. Elizabeth comió $\frac{1}{4}$ de la pizza. ¿Cuánta pizza comieron entre los dos?

2. Bill comió $\frac{1}{4}$ de libra de frutos secos surtidos en la primera parada de una excursión. En la segunda parada, comió $\frac{1}{6}$ de libra. ¿Cuántas libras de frutos secos surtidos comió durante las dos paradas?

## Repaso en espiral (5.NBT.A.1, 5.NBT.A.2, 5.NBT.B.5, 5.NBT.B.6, 5.NBT.B.7)

3. En el número 782,341,693, ¿qué dígito ocupa el lugar de las decenas de millar?

4. Matt corrió 8 vueltas en 1,256 segundos. Si corrió cada vuelta en la misma cantidad de tiempo, ¿cuántos segundos tardó en correr 1 vuelta?

5. Gilbert compró 3 camisas por $15.90 cada una, incluidos los impuestos. ¿Cuánto gastó?

6. Julia tiene 14 libras de frutos secos. Una libra contiene 16 onzas. ¿Cuántas onzas de frutos secos tiene Julia?

PRACTICA MÁS CON EL
Entrenador personal
en matemáticas

Nombre _____

# La resta con denominadores distintos

**Pregunta esencial** ¿Cómo puedes usar modelos para restar fracciones que tienen denominadores distintos?

Estándares comunes  Números y operaciones—Fracciones—5.NF.A.2
**PRÁCTICAS MATEMÁTICAS**
MP2, MP3, MP4, MP5

## Investigar

*Manos a la obra*

El viernes, Mario llena un comedero para colibríes con $\frac{3}{4}$ de taza de agua azucarada. El lunes, Mario observa que queda $\frac{1}{8}$ de taza de agua azucarada. ¿Cuánta agua azucarada bebieron los colibríes?

**Materiales** ■ tiras fraccionarias ■ tablero de matemáticas

**A.** Halla $\frac{3}{4} - \frac{1}{8}$. Coloca tres tiras de $\frac{1}{4}$ debajo de la tira de 1 entero en tu tablero de matemáticas. Luego coloca una tira de $\frac{1}{8}$ debajo de las tiras de $\frac{1}{4}$.

**B.** Halla tiras fraccionarias con el mismo denominador que encajen exactamente debajo de la diferencia $\frac{3}{4} - \frac{1}{8}$.

**C.** Anota la diferencia.  $\frac{3}{4} - \frac{1}{8} =$ _____

Entonces, los colibríes bebieron _____ de taza de agua azucarada.

*Charla matemática*

**PRÁCTICAS MATEMÁTICAS ❷**

**Razona de forma cuantitativa**
¿Cómo sabes si la diferencia de las fracciones es menor que 1? Explica.

## Sacar conclusiones

1. Describe cómo determinaste qué tiras fraccionarias con el mismo denominador encajarían exactamente debajo de la diferencia. ¿Cuáles son?

_____

_____

_____

2. **PRÁCTICA MATEMÁTICA ❺ Usa herramientas adecuadas** Explica si podrías haber usado tiras fraccionarias con cualquier otro denominador para hallar la diferencia. Si así fuera, ¿cuál es el denominador?

_____

_____

## Hacer conexiones

A veces puedes usar diferentes conjuntos de tiras fraccionarias con el mismo denominador para hallar la diferencia. Todos los resultados serán correctos.

**Resuelve.** $\frac{2}{3} - \frac{1}{6}$

**A** Halla tiras fraccionarias con el mismo denominador que encajen exactamente debajo de la diferencia $\frac{2}{3} - \frac{1}{6}$.

**B** Halla otro conjunto de tiras fraccionarias con el mismo denominador que encajen exactamente debajo de la diferencia $\frac{2}{3} - \frac{1}{6}$. Dibuja las tiras fraccionarias que usaste.

**C** Halla otras tiras fraccionarias con el mismo denominador que encajen exactamente debajo de la diferencia $\frac{2}{3} - \frac{1}{6}$. Dibuja las tiras fraccionarias que usaste.

$\frac{2}{3} - \frac{1}{6} = \frac{3}{6}$

$\frac{2}{3} - \frac{1}{6} =$ _____

$\frac{2}{3} - \frac{1}{6} =$ _____

Aunque los resultados son diferentes, todos se pueden

simplificar a _____ .

## Comparte y muestra

**Charla matemática** **PRÁCTICAS MATEMÁTICAS ❹**

Usa modelos ¿Qué otras tiras fraccionarias con el mismo denominador podrían encajar exactamente debajo de la diferencia $\frac{2}{3} - \frac{1}{6}$?

Usa tiras fraccionarias para hallar la diferencia. Escribe el resultado en su mínima expresión.

**1.**

$\frac{7}{10} - \frac{2}{5} =$ _____

**2.**

$\frac{2}{3} - \frac{1}{4} =$ _____

Nombre _____

**Usa tiras fraccionarias o *i*Tools en español para hallar la diferencia. Escribe el resultado en su mínima expresión.**

**3.** $\frac{5}{6} - \frac{1}{4} =$ _____

**4.** $\frac{1}{2} - \frac{3}{10} =$ _____

**5.** $\frac{3}{8} - \frac{1}{4} =$ _____

**6.** $\frac{2}{3} - \frac{1}{2} =$ _____

**Usa tiras fraccionarias para hallar la diferencia. Escribe el resultado en su mínima expresión.**

**7.** $\frac{3}{5} - \frac{3}{10} =$ _____

**8.** $\frac{5}{12} - \frac{1}{3} =$ _____

**9.** $\frac{3}{5} - \frac{1}{2} =$ _____

## Resolución de problemas • Aplicaciones

**10.** **PRÁCTICA MATEMÁTICA 3** **Compara representaciones** Explica de qué manera tu modelo de $\frac{3}{5} - \frac{1}{2}$ se diferencia de tu modelo de $\frac{3}{5} - \frac{3}{10}$.

_____

_____

**11.** **MÁS AL DETALLE** La parte sombreada del diagrama representa lo que a Tina le sobró de una yarda de tela. Ahora está usando $\frac{1}{3}$ de yarda para un proyecto y $\frac{1}{6}$ de yarda para otro proyecto. ¿Qué cantidad de tela de la yarda original le sobrará a Tina después de terminar los dos proyectos? Escribe el resultado en su mínima expresión.

1 yarda

© Houghton Mifflin Harcourt Publishing Company

## 🔑 Soluciona el problema  En el mundo

12. **PIENSA MÁS** En la ilustración de la derecha se muestra la cantidad de pizza que quedó del almuerzo. Jason come $\frac{1}{4}$ de la pizza entera durante la cena. Escribe una fracción que represente la cantidad de pizza que queda después de la cena.

a. ¿Qué problema debes resolver? _____

_____

b. ¿Cómo usarás el diagrama para resolver el problema? _____

_____

_____

c. Jason come $\frac{1}{4}$ de la pizza entera. ¿Cuántos trozos come? _____

d. Dibuja nuevamente el diagrama de la pizza. Sombrea las secciones de pizza que quedan después de que Jason cena.

e. Completa la oración.

Quedan _____ de pizza después de la cena.

13. **PIENSA MÁS** La parte sombreada del diagrama representa lo que le sobró a Margie de un rollo de cartulina que medía una yarda. Usará $\frac{3}{4}$ de yarda de cartulina para hacer un póster. Quiere determinar qué cantidad de cartulina le sobrará después de hacer el póster. En los números 13a a 13c, elige Verdadero o Falso para cada oración.

1 yd

13a. Para determinar cuánta cartulina le sobrará después de hacer el póster, Margie debe hallar $1 - \frac{3}{4}$.  ○ Verdadero  ○ Falso

13b. Las fracciones $\frac{3}{4}$ y $\frac{6}{8}$ son equivalentes.  ○ Verdadero  ○ Falso

13c. A Margie le sobrará $\frac{1}{8}$ de yarda de cartulina.  ○ Verdadero  ○ Falso

Nombre _____

## La resta con denominadores distintos

Estándares comunes

**ESTÁNDARES COMUNES—5.NF.A.2**
*Utilizan las fracciones equivalentes como una estrategia para sumar y restar fracciones.*

**Usa tiras fraccionarias para hallar la diferencia. Escribe el resultado en su mínima expresión.**

1. $\frac{1}{2} - \frac{1}{3}$

$$\frac{1}{2} - \frac{1}{3} = \frac{3}{6} - \frac{2}{6} = \frac{1}{6}$$

$$\frac{1}{6}$$

2. $\frac{3}{4} - \frac{3}{8}$

_____

3. $\frac{7}{8} - \frac{1}{2}$

_____

4. $\frac{1}{2} - \frac{1}{5}$

_____

5. $\frac{2}{3} - \frac{1}{4}$

_____

6. $\frac{4}{5} - \frac{1}{2}$

_____

7. $\frac{3}{4} - \frac{1}{3}$

_____

8. $\frac{5}{8} - \frac{1}{2}$

_____

9. $\frac{7}{10} - \frac{1}{2}$

_____

## Resolución de problemas En el mundo

10. A Ámber le quedaron $\frac{3}{8}$ de un pastel que hizo para su fiesta. Envolvió $\frac{1}{4}$ del pastel original para dárselo a su mejor amiga. ¿Qué parte fraccionaria le quedó a Ámber?

_____

11. Wesley compró $\frac{1}{2}$ libra de clavos para un proyecto. Cuando terminó el proyecto, le quedó $\frac{1}{4}$ de libra de los clavos. ¿Cuántas libras de clavos usó?

_____

12. **ESCRIBE** ▸ *Matemáticas* Explica en qué se diferencia la representación de la resta con tiras fraccionarias de la representación de la suma con tiras fraccionarias.

_____

_____

## Repaso de la lección (5.NF.A.2)

1. Según una receta para hacer un pastel de carne, se necesita $\frac{7}{8}$ de taza de miga de pan para el pastel y la cobertura. Si se usa $\frac{3}{4}$ de taza para el pastel, ¿qué fracción de taza se usa para la cobertura?

2. Hannah compró $\frac{3}{4}$ de yarda de fieltro para un proyecto. Usó $\frac{1}{8}$ de yarda. ¿Qué fracción de yarda de fieltro le quedó?

## Repaso en espiral (5.NBT.A.2, 5.NBT.A.4, 5.NBT.B.7, 5.NF.B.3)

3. Jasmine corrió una carrera en 34.287 minutos. Redondea ese tiempo al décimo de minuto más próximo.

4. El Club de Arte realizará un evento para juntar fondos al que asistirán 198 personas. Si a cada mesa pueden sentarse 12 personas, ¿cuál es la menor cantidad de mesas que se necesitan?

5. En un día, Sam gastó $4.85 en el almuerzo. También compró 2 libros por $7.95 cada uno. Al final del día, a Sam le quedaban $8.20. ¿Cuánto dinero tenía al comienzo del día?

6. ¿Cuál es el producto de 7.5 y 1,000?

PRACTICA MÁS CON EL
Entrenador personal
en matemáticas

Nombre _____

# Estimar sumas y diferencias de fracciones

Estándares comunes · Números y operaciones— Fracciones—5.NF.A.2

PRÁCTICAS MATEMÁTICAS
MP2, MP3, MP6

**Pregunta esencial** ¿Cómo puedes hacer estimaciones razonables de sumas y diferencias de fracciones?

 **Soluciona el problema** En el mundo

Este año, Kimberly irá a la escuela en bicicleta. La distancia entre su casa y el final de la calle es $\frac{1}{6}$ de milla. La distancia entre el final de la calle y la escuela es $\frac{3}{8}$ de milla. ¿Aproximadamente a qué distancia está la casa de Kimberly de la escuela?

Puedes redondear fracciones a 0, $\frac{1}{2}$ o 1 y usarlas como puntos de referencia para hallar estimaciones razonables.

## De una manera Usa una recta numérica.

**Estima.** $\frac{1}{6} + \frac{3}{8}$

**PASO 1** Coloca un punto en $\frac{1}{6}$ sobre la recta numérica.

La fracción está entre _____ y _____.

La fracción $\frac{1}{6}$ está más cerca del punto de

referencia _____.

Redondea a _____.

**PASO 2** Coloca un punto en $\frac{3}{8}$ sobre la recta numérica.

La fracción está entre _____ y _____.

La fracción $\frac{3}{8}$ está más cerca del punto

de referencia _____.

Redondea a _____.

**PASO 3** Suma las fracciones redondeadas.

$$\frac{1}{6} \rightarrow \boxed{\phantom{x}}$$

$$+ \frac{3}{8} \rightarrow + \boxed{\phantom{x}}$$

Entonces, la casa de Kimberly está aproximadamente a _____ de milla de la escuela.

## 🔓 De otra manera Usa el cálculo mental.

Puedes comparar el numerador y el denominador para redondear una fracción y hallar una estimación razonable.

**Estima.** $\frac{9}{10} - \frac{5}{8}$

**PASO 1** Redondea $\frac{9}{10}$. **Piensa:** El numerador es casi igual al denominador.

Redondea la fracción $\frac{9}{10}$ a _____.

**PASO 2** Redondea $\frac{5}{8}$. **Piensa:** El numerador es alrededor de la mitad del denominador.

Redondea la fracción $\frac{5}{8}$ a _____.

**PASO 3** Resta.

$$\frac{9}{10} \rightarrow$$

$$-\frac{5}{8} \rightarrow -$$

Entonces, $\frac{9}{10} - \frac{5}{8}$ es aproximadamente _____.

> **Recuerda**
>
> Una fracción con el mismo numerador y denominador, como $\frac{2}{2}$, $\frac{5}{5}$, $\frac{12}{12}$ o $\frac{96}{96}$, es igual a 1.

**Charla matemática** **PRÁCTICAS MATEMÁTICAS 6**

**Explica** otra manera de usar puntos de referencia para estimar $\frac{9}{10} - \frac{5}{8}$.

### ¡Inténtalo! Estima.

**A** $2\frac{7}{8} - \frac{2}{5}$

**B** $1\frac{8}{9} + 4\frac{8}{10}$

Nombre _____

## Comparte y muestra

**Estima la suma o la diferencia.**

**1.** $\frac{5}{6} + \frac{3}{8}$

    **a.** Redondea $\frac{5}{6}$ al punto de referencia más próximo. _____

    **b.** Redondea $\frac{3}{8}$ al punto de referencia más próximo. _____

    **c.** Suma para hallar la estimación. _____ + _____ = _____

**2.** $\frac{5}{9} - \frac{3}{8}$

☑ **3.** $\frac{6}{7} + 2\frac{4}{5}$

☑ **4.** $\frac{5}{6} + \frac{2}{5}$

**Charla matemática** — **PRÁCTICAS MATEMÁTICAS ②**

**Razona de forma cuantitativa** Explica cómo sabes si tu estimación para $\frac{9}{10} + 3\frac{6}{7}$ sería mayor o menor que la suma real.

## Por tu cuenta

**Estima la suma o la diferencia.**

**5.** $\frac{5}{8} - \frac{1}{5}$

**6.** $\frac{1}{6} + \frac{3}{8}$

**7.** $\frac{6}{7} - \frac{1}{5}$

**8.** $\frac{11}{12} + \frac{6}{10}$

**9.** $\frac{9}{10} - \frac{1}{2}$

**10.** $\frac{3}{6} + \frac{4}{5}$

**11.** _MÁS AL DETALLE_ Lisa y Valerie hicieron una merienda al aire libre en el Parque Estatal Trough Creek, en Pennsylvania. Lisa llevó una ensalada que hizo con $\frac{3}{4}$ de taza de fresas, $\frac{7}{8}$ de taza de duraznos y $\frac{1}{6}$ de taza de arándanos. Comieron $\frac{11}{12}$ de taza de ensalada. ¿Cuántas tazas de ensalada de fruta sobraron?

_____

## Resolución de problemas • Aplicaciones

**12.** **PIENSA MÁS** En el Parque Estatal Trace, en Mississippi, hay un sendero para bicicletas de 40 millas. Tommy recorrió $\frac{1}{2}$ del sendero el sábado y $\frac{1}{5}$ del sendero el domingo. Él estima que recorrió más de 22 millas los dos días en total. ¿Es razonable la estimación de Tommy?

_____

_____

**13.** **PRÁCTICA MATEMÁTICA ❸ Argumenta** Explica cómo sabes que $\frac{5}{8} + \frac{6}{10}$ es mayor que 1.

_____

_____

_____

**14.** **ESCRIBE** ✏ *Matemáticas* Nick estimó que $\frac{5}{8} + \frac{4}{7}$ es aproximadamente 2. Explica cómo sabes que su estimación no es razonable.

_____

_____

**15.** **PIENSA MÁS** Aisha pintó durante $\frac{5}{6}$ de hora en la mañana y $2\frac{1}{5}$ horas en la tarde. Estima durante cuánto tiempo pintó Aisha. En los números 15a a 15c, elige el número que hace que la oración sea verdadera.

**15a.** Aisha pintó durante aproximadamente
- 0
- $\frac{1}{2}$
- 1

hora en la mañana.

**15b.** Aisha pintó durante aproximadamente
- 1
- 2
- $2\frac{1}{2}$
- 3

hora(s) en la tarde.

**15c.** Aisha pintó durante aproximadamente
- 1
- 2
- $2\frac{1}{2}$
- 3

horas en la mañana y en la tarde.

## Estimar sumas y diferencias de fracciones

**ESTÁNDAR COMÚN—5.NF.A.2**
*Utilizan las fracciones equivalentes como una estrategia para sumar y restar fracciones.*

Estándares comunes

**Estima la suma o la diferencia.**

**1.** $\frac{1}{2} - \frac{1}{3}$

Piensa: $\frac{1}{3}$ está más cerca de $\frac{1}{2}$ que de 0.

Estimación: ___0___

**2.** $\frac{1}{8} + \frac{1}{4}$

Estimación: _____

**3.** $\frac{4}{5} - \frac{1}{2}$

Estimación: _____

**4.** $2\frac{3}{5} - 1\frac{3}{8}$

Estimación: _____

**5.** $\frac{1}{5} + \frac{3}{7}$

Estimación: _____

**6.** $\frac{2}{5} + \frac{2}{3}$

Estimación: _____

**7.** $2\frac{2}{3} + \frac{3}{4}$

Estimación: _____

**8.** $1\frac{7}{8} - 1\frac{1}{2}$

Estimación: _____

**9.** $4\frac{1}{8} - \frac{3}{4}$

Estimación: _____

## Resolución de problemas · En el mundo

**10.** Para hacer una ensalada de frutas, Jenna mezcló $\frac{3}{8}$ de taza de pasas, $\frac{7}{8}$ de taza de naranjas y $\frac{3}{4}$ de taza de manzanas. ¿Aproximadamente cuántas tazas de frutas hay en la ensalada?

_____

_____

**11.** Tyler tiene $2\frac{7}{16}$ yardas de tela. Usa $\frac{3}{4}$ de yarda para hacer un chaleco. ¿Aproximadamente cuánta tela le queda?

_____

_____

**12.** **ESCRIBE** ▸ *Matemáticas* Escribe un ejemplo para hallar una estimación de suma o resta de fracciones en vez de una respuesta exacta.

_____

_____

## Repaso de la lección (5.NF.A.2)

1. La casa de Helen está ubicada en un terreno rectangular que mide $1\frac{1}{8}$ millas por $\frac{9}{10}$ de milla. Estima la distancia alrededor del terreno.

2. Keith compró un paquete de $2\frac{9}{16}$ libras de carne molida para hacer hamburguesas. Le quedan $\frac{2}{5}$ de libra de carne molida. ¿Aproximadamente cuántas libras de carne molida usó para hacer las hamburguesas?

## Repaso en espiral (5.NBT.B.5, 5.NBT.B.7, 5.NF.B.3)

3. Jason compró dos cajas de clavos idénticas. Una caja pesa 168 onzas. ¿Cuál es el peso total en onzas de los clavos que compró Jason?

4. Hank quiere repartir 345 trozos de cartulina en partes iguales entre sus 23 compañeros. ¿Cuántos trozos quedarán sin repartir?

5. ¿Cuál es la estimación más razonable para $23.63 \div 6$?

6. ¿Cuál es la regla para la siguiente secuencia?

   1.8, 2.85, 3.90, 4.95, 6

PRACTICA MÁS CON EL
Entrenador personal en matemáticas

# Denominadores comunes y fracciones equivalentes

Números y operaciones—
Fracciones— 5.NF.A.1
*También 5.OA.A.2*
**PRÁCTICAS MATEMÁTICAS**
**MP2, MP4, MP6**

Estándares comunes

**Pregunta esencial** ¿Cómo puedes volver a escribir un par de fracciones para que tengan un denominador común?

## 🔑 Soluciona el problema En el mundo

Sara plantó dos jardines de 1 acre. Uno tenía 3 secciones de flores y el otro tenía 4 secciones de flores. Planea dividir ambos jardines en más secciones para que tengan el mismo número de secciones de igual tamaño. ¿Cuántas secciones tendrá cada jardín?

Puedes usar un **denominador común** o un múltiplo común de dos o más denominadores para escribir fracciones que indiquen la misma parte de un entero.

## 🔒 De una manera Multiplica los denominadores.

**PIENSA**

Divide cada $\frac{1}{3}$ en cuartos y cada $\frac{1}{4}$ en tercios; cada entero quedará dividido en partes del mismo tamaño, doceavos.

**ANOTA**

- Multiplica los denominadores para hallar un denominador común.

  Un denominador común de $\frac{1}{3}$ y $\frac{1}{4}$ es _____.

- Usa el denominador común para escribir $\frac{1}{3}$ y $\frac{1}{4}$ como fracciones equivalentes.

  $\frac{1}{3} = $ ⬜     $\frac{1}{4} = $ ⬜

Entonces, ambos jardines tendrán _____ secciones.

## 🔒 De otra manera Usa una lista.

- Haz una lista de los primeros ocho múltiplos de 3 y 4 que sean distintos de cero.

  Múltiplos de 3: 3, 6, 9, _____, _____, _____, _____, _____

  Múltiplos de 4: 4, 8, _____, _____, _____, _____, _____, _____

- Encierra en un círculo los múltiplos comunes.

- Usa uno de los múltiplos comunes como denominador común y escribe fracciones equivalentes para $\frac{1}{3}$ y $\frac{1}{4}$.

  $\frac{1}{3} = \dfrac{\phantom{00}}{\phantom{00}}$     $\frac{1}{4} = \dfrac{\phantom{00}}{\phantom{00}}$

Entonces, ambos jardines pueden tener _____ o _____ secciones.

**Charla matemática** **PRÁCTICAS MATEMÁTICAS** 6

**Usa vocabulario matemático**
Explica qué representa un denominador común de dos fracciones.

**Mínimo común denominador** Halla el mínimo común múltiplo de dos o más números
para hallar el mínimo común denominador de dos o más fracciones.

**Ejemplo** Usa el mínimo común denominador.

Halla el mínimo común denominador de $\frac{3}{4}$ y $\frac{1}{6}$. Usa el mínimo común
denominador y escribe una fracción equivalente para cada fracción.

**PASO 1** Haz una lista de los múltiplos distintos de cero de los denominadores.
Halla el mínimo común múltiplo.

Múltiplos de 4: _____

Múltiplos de 6: _____

Entonces, el mínimo común denominador de $\frac{3}{4}$ y $\frac{1}{6}$ es _____.

**PASO 2** Usa el mínimo común denominador para escribir una fracción
equivalente para cada fracción.

Piensa: ¿Qué número multiplicado por el denominador de la
fracción dará como resultado el mínimo común denominador?

$$\frac{3}{4} = \frac{?}{12} = \frac{3 \times 3}{4 \times 3} = \frac{\quad}{\quad}$$ ← mínimo común denominador

$$\frac{1}{6} = \frac{?}{12} = \frac{1 \times}{6 \times} = \frac{\quad}{\quad}$$ ← mínimo común denominador

$\frac{3}{4}$ se puede volver a escribir como _____ y $\frac{1}{6}$ se puede volver a escribir como _____.

## Comparte y muestra  MATH BOARD

Charla matemática

**PRÁCTICAS MATEMÁTICAS 6**

Explica dos métodos para hallar
el denominador común de dos
fracciones.

1. Halla el denominador común de $\frac{1}{6}$ y $\frac{1}{9}$. Vuelve a escribir el
par de fracciones con el denominador común.

• Multiplica los denominadores.
Un denominador común de $\frac{1}{6}$ y $\frac{1}{9}$ es _____

• Vuelve a escribir el par de fracciones con el denominador común.

$$\frac{1}{6} = \frac{\quad}{\quad} \qquad \frac{1}{9} = \frac{\quad}{\quad}$$

**Usa un denominador común para escribir una fracción equivalente
para cada fracción.**

☑ 2. $\frac{1}{3}, \frac{1}{5}$ denominador
común: _____

3. $\frac{2}{3}, \frac{5}{9}$ denominador
común: _____

☑ 4. $\frac{2}{9}, \frac{1}{15}$ denominador
común: _____

Nombre _____

**Práctica: Copia y resuelve** Usa el mínimo común denominador y escribe una fracción equivalente para cada fracción.

**5.** $\frac{5}{9}, \frac{4}{15}$       **6.** $\frac{1}{6}, \frac{4}{21}$       **7.** $\frac{5}{14}, \frac{8}{42}$       **8.** $\frac{7}{12}, \frac{5}{18}$

**PRÁCTICA MATEMÁTICA ②** Razona Álgebra Escribe el número desconocido para cada ▓.

**9.** $\frac{1}{5}, \frac{1}{8}$   mínimo común

denominador: ▓

▓ = _____

**10.** $\frac{2}{5}, \frac{1}{▓}$   mínimo común

denominador: 15

▓ = _____

**11.** $\frac{3}{▓}, \frac{5}{6}$   mínimo común

denominador: 42

▓ = _____

**12.** **PIENSA MÁS** Arnold tenía tres hilos de diferentes colores y todos tenían la misma longitud. Arnold cortó el hilo azul en 2 pedazos de la misma longitud. Cortó el hilo rojo en 3 pedazos de la misma longitud, y el hilo verde en 6 pedazos de la misma longitud. Debe cortar los hilos de modo que cada color tenga la misma cantidad de partes de la misma longitud. ¿Cuál es la cantidad mínima de pedazos de la misma longitud de cada color que podrían tener los hilos de colores?

_____

**13.** **MÁS AL DETALLE** Una bandeja de barras de granola se cortó en 4 partes iguales. Una segunda bandeja se cortó en 12 partes iguales, y una tercera se cortó en 8 partes iguales. Jan quiere seguir cortando hasta que las tres bandejas tengan la misma cantidad de partes. ¿Cuántas partes habrá en cada bandeja?

_____

**14.** **MÁS AL DETALLE** El señor Nickelson pide a la clase que dupliquen el mínimo común denominador por $\frac{1}{2}$, $\frac{3}{5}$ y $\frac{9}{15}$ para hallar el número del día. ¿Qué número es el número del día?

_____

## Soluciona el problema (En el mundo)

**15.** Katie hizo dos tartas para la feria de pastelería. Una la cortó en 3 trozos iguales y, la otra, en 5 trozos iguales. Seguirá cortando las tartas hasta que ambas tengan igual número de trozos del mismo tamaño. ¿Cuál es el menor número de trozos del mismo tamaño que podría tener cada tarta?

**a.** ¿Qué información tienes? _____

_____

**b.** ¿Qué problema debes resolver? _____

_____

**c.** Cuando Katie corte las tartas aún más, ¿podrá cortar cada tarta el mismo número

de veces y lograr que todos los trozos tengan el mismo tamaño? Explícalo.

_____

_____

**d.** Usa el diagrama para mostrar los pasos que seguiste para resolver el problema.

**e.** Completa las oraciones.

El mínimo común denominador de

$\frac{1}{3}$ y $\frac{1}{5}$ es _____ .

Katie puede cortar cada trozo de la primera

tarta en _____ y cada trozo de la segunda

tarta en _____ .

Significa que Katie puede cortar cada

tarta en trozos que sean _____ de la tarta entera.

**16.** **PIENSA MÁS** Mindy compró $\frac{5}{8}$ de libra de almendras y $\frac{3}{4}$ de libra de nueces. Selecciona los pares de fracciones que son equivalentes a la cantidad que compró Mindy. Marca todas las opciones que correspondan.

**(A)** $\frac{5}{8}$ y $\frac{6}{8}$

**(B)** $\frac{10}{16}$ y $\frac{14}{16}$

**(C)** $\frac{20}{32}$ y $\frac{23}{32}$

**(D)** $\frac{15}{24}$ y $\frac{18}{24}$

Nombre _____

# Denominadores comunes y fracciones equivalentes

**Estándares comunes**

**ESTÁNDAR COMÚN—5.NF.A.1**
*Utilizan las fracciones equivalentes como una estrategia para sumar y restar fracciones.*

**Usa un denominador común y escribe una fracción equivalente para cada fracción.**

**1.** $\frac{1}{5}, \frac{1}{2}$  denominador común: __10__

**Piensa:** 10 es múltiplo de 5 y de 2. Halla fracciones equivalentes con denominador 10.

_____

**2.** $\frac{1}{4}, \frac{2}{3}$  denominador común: _____

_____

**3.** $\frac{5}{6}, \frac{1}{3}$  denominador común: _____

_____

**4.** $\frac{3}{5}, \frac{1}{3}$  denominador común: _____

_____

**5.** $\frac{1}{2}, \frac{3}{8}$  denominador común: _____

_____

**6.** $\frac{1}{6}, \frac{1}{4}$  denominador común: _____

_____

**Usa el mínimo común denominador y escribe una fracción equivalente para cada fracción.**

**7.** $\frac{5}{6}, \frac{2}{9}$

_____

**8.** $\frac{1}{12}, \frac{3}{8}$

_____

**9.** $\frac{5}{9}, \frac{2}{15}$

_____

## Resolución de problemas · En el mundo

**10.** Elena toca el piano $\frac{2}{3}$ de hora cada día. También corre $\frac{1}{2}$ hora. ¿Cuál es el mínimo común denominador de las fracciones?

_____

**11.** En un experimento de ciencias, una planta creció $\frac{3}{4}$ de pulgada una semana y $\frac{1}{2}$ pulgada la semana siguiente. Usa un denominador común y escribe una fracción equivalente para cada fracción.

_____

**12.** **ESCRIBE** ▸*Matemáticas* Describe cómo volverías a escribir las fracciones $\frac{1}{6}$ y $\frac{1}{4}$ con un mínimo común denominador.

_____

## Repaso de la lección (5.NF.A.1)

1. Escribe un par de fracciones que usen el mínimo común denominador y sean equivalentes a $\frac{9}{10}$ y $\frac{5}{6}$.

2. Joseph dice que quedan $\frac{5}{8}$ de un sándwich de jamón y $\frac{1}{2}$ de un sándwich de pavo. ¿Qué par de fracciones NO son equivalentes a $\frac{5}{8}$ y $\frac{1}{2}$?

## Repaso en espiral (5.OA.A.1, 5.NBT.A.3b, 5.NBT.B.6, 5.NBT.B.7)

3. Matthew hizo los siguientes tiempos en dos carreras: 3.032 minutos y 3.023 minutos. Usa >, < o = para hacer que el enunciado sea verdadero.

    3.032 $\bigcirc$ 3.023

4. Los estudiantes de la clase de Olivia juntaron 3,591 tapas de botellas en 57 días. En promedio, ¿cuántas tapas de botellas juntaron por día?

5. Elizabeth multiplicó 0.63 por 1.8. ¿Cuál es el producto correcto?

6. ¿Cuál es el valor de $(17 + 8) - 6 \times 2$?

**PRACTICA MÁS CON EL**
Entrenador personal
en matemáticas

## Nombre _____

# Sumar y restar fracciones

Números y operaciones—
Fracciones—5.NF.A.1
También 5.NF.A.2

Estándares comunes

PRÁCTICAS MATEMÁTICAS
MP1, MP2, MP3

**Pregunta esencial** ¿Cómo puedes usar un denominador común para sumar y restar fracciones con denominadores distintos?

RELACIONA Puedes usar lo que has aprendido sobre los denominadores comunes para sumar o restar fracciones con denominadores distintos.

## 🔑 Soluciona el problema En el mundo

Malia compró cuentas de conchas y cuentas de vidrio para aplicar diseños en sus canastas. Compró $\frac{1}{4}$ de libra de cuentas de conchas y $\frac{3}{8}$ de libra de cuentas de vidrio. ¿Cuántas libras de cuentas compró?

- Subraya la pregunta que debes responder.

- Encierra en un círculo la información que vas a usar.

🔒 **Suma.** $\frac{1}{4} + \frac{3}{8}$ **Escribe el resultado en su mínima expresión.**

## De una manera

Multiplica los denominadores para hallar un denominador común.

$4 \times 8 =$ _____ ← denominador común

Usa el denominador común para escribir fracciones equivalentes con denominadores semejantes. Luego suma y escribe el resultado en su mínima expresión.

$$\frac{1}{4} = \frac{1 \times \quad}{4 \times \quad} = $$

$$+ \frac{3}{8} = + \frac{3 \times \quad}{8 \times \quad} = +$$

$$= $$

## De otra manera

Halla el mínimo común denominador.

El mínimo común denominador de

$\frac{1}{4}$ y $\frac{3}{8}$ es _____.

$$\frac{1}{4} = \frac{1 \times \quad}{4 \times \quad} = $$

$$+ \frac{3}{8} \qquad +$$

Entonces, Malia compró _____ de libra de cuentas.

1. **PRÁCTICA MATEMÁTICA ①** **Evalúa si es razonable** Explica cómo sabes si tu resultado es razonable.

_____

_____

## 🔒 Ejemplo

Para restar dos fracciones con denominadores distintos, sigue los mismos pasos que seguiste al sumar dos fracciones, pero en lugar de sumar las fracciones, réstalas.

**Resta.** $\frac{9}{10} - \frac{2}{5}$ **Escribe el resultado en su mínima expresión.**

$$\frac{9}{10} =$$

$$-\frac{2}{5} =$$

**Describe los pasos que seguiste para resolver el problema.**

_____

_____

_____

_____

2. **PRÁCTICA MATEMÁTICA ①** **Evalúa si es razonable** Explica cómo sabes si tu resultado es razonable.

_____

_____

## Comparte y muestra   MATH BOARD

**Halla la suma o la diferencia. Escribe el resultado en su mínima expresión.**

1. $\frac{5}{12} + \frac{1}{3}$

2. $\frac{2}{5} + \frac{3}{7}$

✓3. $\frac{1}{6} + \frac{3}{4}$

4. $\frac{3}{4} - \frac{1}{8}$

5. $\frac{1}{4} - \frac{1}{7}$

✓6. $\frac{9}{10} - \frac{1}{4}$

**Charla matemática**

**PRÁCTICAS MATEMÁTICAS ②**

Usa el razonamiento ¿Por qué es importante comprobar si tu resultado es razonable?

Nombre _____

**Práctica: Copia y resuelve** Halla la suma o diferencia. Escribe el resultado en su mínima expresión.

**7.** $\frac{1}{3} + \frac{4}{18}$

**8.** $\frac{3}{5} + \frac{1}{3}$

**9.** $\frac{3}{10} + \frac{1}{6}$

**10.** $\frac{1}{2} + \frac{4}{9}$

**11.** $\frac{1}{2} - \frac{3}{8}$

**12.** $\frac{5}{7} - \frac{2}{3}$

**13.** $\frac{4}{9} - \frac{1}{6}$

**14.** $\frac{11}{12} - \frac{7}{15}$

**PRÁCTICA MATEMÁTICA ②** Usa el razonamiento **Álgebra** Halla el número desconocido.

**15.** $\frac{9}{10} - \blacksquare = \frac{1}{5}$

**16.** $\frac{5}{12} + \blacksquare = \frac{1}{2}$

$\blacksquare =$ _____

$\blacksquare =$ _____

## Resolución de problemas • Aplicaciones En el mundo

Usa la ilustración para resolver los problemas 17 y 18.

**17.** Sara está usando el diseño de cuentas que se muestra en la ilustración para hacer un llavero. ¿Qué fracción de las cuentas de su diseño son rojas o azules?

_____

**18.** **PIENSA MÁS** Para hacer el llavero, Sara usa 3 veces el diseño de cuentas. Una vez que el llavero esté terminado, ¿cuál será la fracción de cuentas blancas y azules juntas del llavero?

_____

**19.** **MÁS AL DETALLE** Tom tiene 7/8 de taza de aceite de olivo. Usa $\frac{1}{2}$ taza para hacer un aderezo para ensaladas y $\frac{1}{4}$ de taza para hacer salsa de tomate. ¿Cuánto aceite de oliva le queda a Tom?

_____

**20.** MÁS AL DETALLE El viernes, la banda escolar se probó los uniformes durante $\frac{1}{6}$ del tiempo del ensayo. La banda practicó cómo desfilar durante $\frac{1}{4}$ del tiempo del ensayo. Durante el tiempo que quedó del ensayo, tocaron música. ¿Qué fracción del tiempo de ensayo tocaron música?

_____

**21.** PRÁCTICA MATEMÁTICA ❸ **Verifica el razonamiento de otros** Jaime tenía $\frac{4}{5}$ de una bobina de cordel. Luego usó $\frac{1}{2}$ de la bobina de cordel para hacer nudos de la amistad. Jaime dice que le quedan $\frac{3}{10}$ de la bobina de cordel original. Explica cómo sabes si la afirmación de Jaime es razonable.

_____

_____

_____

_____

**22.** PIENSA MÁS El Sr. Barber usó $\frac{7}{9}$ de yarda de alambre para colocar un ventilador de techo. Usó $\frac{1}{3}$ de yarda de alambre para fijar un interruptor.

Completa los siguientes cálculos para escribir fracciones equivalentes con un denominador común.

$$\frac{7}{9} = \frac{7 \times \phantom{xx}}{9 \times \phantom{xx}} = \frac{\phantom{xx}}{\phantom{xx}} \qquad \frac{1}{3} = \frac{1 \times \phantom{xx}}{3 \times \phantom{xx}} = \frac{\phantom{xx}}{\phantom{xx}}$$

¿Qué cantidad de alambre usó en total el Sr. Barber para colocar el ventilador de techo y para fijar el interruptor? Explica cómo hallaste el resultado.

_____

_____

_____

## Sumar y restar fracciones

**ESTÁNDAR COMÚN—5.NF.A.1**
*Utilizan las fracciones equivalentes como una estrategia para sumar y restar fracciones.*

**Halla la suma o la diferencia. Escribe el resultado en su mínima expresión.**

**1.** $\dfrac{1}{2} - \dfrac{1}{7}$

$$\dfrac{1}{2} \rightarrow \dfrac{7}{14}$$
$$-\dfrac{1}{7} \rightarrow -\dfrac{2}{14}$$
$$\overline{\qquad \dfrac{5}{14}}$$

**2.** $\dfrac{7}{10} - \dfrac{1}{2}$

**3.** $\dfrac{1}{6} + \dfrac{1}{2}$

**4.** $\dfrac{5}{8} + \dfrac{2}{5}$

**5.** $\dfrac{9}{10} - \dfrac{1}{3}$

**6.** $\dfrac{3}{4} - \dfrac{2}{5}$

**7.** $\dfrac{5}{7} - \dfrac{1}{4}$

**8.** $\dfrac{7}{8} + \dfrac{1}{3}$

**9.** $\dfrac{5}{6} + \dfrac{2}{5}$

## Resolución de problemas · En el mundo

**13.** Kaylin mezcló dos líquidos para un experimento de ciencias. Un recipiente contenía $\dfrac{7}{8}$ de taza y el otro contenía $\dfrac{9}{10}$ de taza. ¿Cuál es la cantidad total de la mezcla?

**14.** Henry compró $\dfrac{1}{4}$ de libra de tornillos y $\dfrac{2}{5}$ de libra de clavos para construir una rampa para patinetas. ¿Cuál es el peso total de los tornillos y los clavos?

**12.** **ESCRIBE** ▸ *Matemáticas* ¿Cómo $\dfrac{1}{2} + \dfrac{1}{4}$ se puede resolver diferente de $\dfrac{1}{2} + \dfrac{1}{3}$?

**1.** Lyle compró $\frac{3}{8}$ de libra de uvas rojas y $\frac{5}{12}$ de libra de uvas verdes. ¿Cuántas libras de uvas compró?

**2.** Jennifer tenía un cartón que medía $\frac{7}{8}$ de pie. Cortó un trozo de $\frac{1}{4}$ de pie para un proyecto. En pies, ¿cuánto cartón quedó?

## Repaso en espiral (5.NBT.B.6, 5.NBT.B.7, 5.NF.B.3)

**3.** Iván tiene 15 yardas de fieltro verde y 12 yardas de fieltro azul para hacer 3 edredones. Si Iván usa la misma cantidad total de yardas para cada edredón, ¿cuántas yardas de fieltro usa para cada edredón?

**4.** Ocho camisas idénticas cuestan en total $152. ¿Cuánto cuesta una camisa?

**5.** Melissa compró un lápiz por $0.34, una goma de borrar por $0.22 y un cuaderno por $0.98. ¿Cuál es la estimación más razonable para la cantidad de dinero que gastó Melissa?

**6.** Los 12 integrantes del club de caminatas de Dante se repartieron 176 onzas de frutos secos surtidos en partes iguales. ¿Cuántas onzas de frutos secos surtidos recibió cada integrante del club?

PRACTICA MÁS CON EL
Entrenador personal
en matemáticas

Nombre _____

Entrenador personal en matemáticas
Evaluación e
intervención en línea

## ✔ Revisión de la mitad del capítulo

### Vocabulario

Vocabulario

| denominador común |
| fracciones equivalentes |
| múltiplo común |

**Elige el término del recuadro que mejor corresponda.**

1. Un _____ es un número
   que es múltiplo de dos o más números. (pág. 369)

2. Un _____ es un múltiplo
   común de dos o más denominadores. (pág. 369)

### Conceptos y destrezas

**Estima la suma o la diferencia.** (5.NF.A.2)

3. $\frac{8}{9} + \frac{4}{7}$

4. $3\frac{2}{5} - \frac{5}{8}$

5. $1\frac{5}{6} + 2\frac{2}{11}$

**Usa un denominador común para escribir una fracción
equivalente para cada fracción.** (5.NF.A.1)

6. $\frac{1}{6}, \frac{1}{9}$   denominador

   común: _____

   _____

7. $\frac{3}{8}, \frac{3}{10}$   denominador

   común: _____

   _____

8. $\frac{1}{9}, \frac{5}{12}$   denominador

   común: _____

   _____

**Usa un mínimo común denominador para escribir una fracción
equivalente para cada fracción.** (5.NF.A.1)

9. $\frac{2}{5}, \frac{1}{10}$   mínimo común

   denominador: _____

   _____

10. $\frac{5}{6}, \frac{3}{8}$   mínimo común

    denominador: _____

    _____

11. $\frac{1}{3}, \frac{2}{7}$   mínimo común

    denominador: _____

    _____

**Halla la suma o la diferencia. Escribe el resultado en su mínima expresión.** (5.NF.A.1)

12. $\frac{11}{18} - \frac{1}{6}$

13. $\frac{2}{7} + \frac{2}{5}$

14. $\frac{3}{4} - \frac{3}{10}$

**15.** La Sra. Vargas hornea una tarta para la reunión de su club de lectura. La parte sombreada del siguiente diagrama representa la cantidad de tarta que queda después de la reunión. Esa noche, el Sr. Vargas se come $\frac{1}{4}$ de la tarta entera. ¿Qué fracción representa la cantidad de tarta que queda? (5.NF.A.2)

---

**16.** *MÁS* AL DETALLE Keisha prepara un sándwich grande para una merienda familiar. Lleva $\frac{1}{2}$ del sándwich a la merienda. Durante la merienda, su familia come $\frac{3}{8}$ del sándwich. ¿Qué fracción del sándwich entero tiene Keisha al regresar de la merienda? (5.NF.A.2)

---

**17.** Mike mezcla pintura para las paredes. Mezcla $\frac{1}{6}$ de galón de pintura azul y $\frac{5}{8}$ de galón de pintura verde en un recipiente grande. ¿Qué fracción representa la cantidad total de pintura que mezcla Mike? (5.NF.A.2)

---

**382**

Nombre _____

# Sumar y restar números mixtos

**Pregunta esencial** ¿Cómo puedes sumar y restar números mixtos con denominadores distintos?

**Estándares comunes**
**Números y operaciones—Fracciones—5.NF.A.1**
También 5.NF.A.2
**PRÁCTICAS MATEMÁTICAS**
MP1, MP2, MP6

## Soluciona el problema En el mundo

Denise mezcló $1\frac{4}{5}$ de onzas de pintura azul con $2\frac{1}{10}$ de onzas de pintura amarilla. ¿Cuántas onzas de pintura mezcló Denise en total?

● ¿Qué operación debes usar para resolver el problema?

_____

● ¿Las fracciones tienen el mismo denominador?

_____

**Suma.** $1\frac{4}{5} + 2\frac{1}{10}$

Puedes usar un denominador común para hallar la suma de números mixtos con denominadores distintos.

**PASO 1**   Estima la suma. _____

**PASO 2**   Halla un denominador común. Usa el denominador común para escribir fracciones equivalentes con denominadores semejantes.

**PASO 3**   Suma las fracciones. Luego suma los números enteros. Escribe el resultado en su mínima expresión.

$$1\frac{4}{5} =$$

$$+2\frac{1}{10} = +$$

Entonces, Denise mezcló _____ onzas de pintura en total.

**Charla matemática**   **PRÁCTICAS MATEMÁTICAS ②**

Relaciona símbolos y palabras Usaste el mínimo común denominador? Explica.

1. **PRÁCTICA MATEMÁTICA ①** **Evalúa si es razonable** Explica cómo sabes si tu resultado es razonable.

_____

_____

2. ¿Qué otro denominador común podrías haber usado?

_____

**Ejemplo**

**Resta.** $4\frac{5}{6} - 2\frac{3}{4}$

También puedes usar un denominador común para hallar la diferencia entre números mixtos con denominadores distintos.

**PASO 1**    Estima la diferencia. _____

**PASO 2**    Halla un denominador común. Usa el denominador común para escribir fracciones equivalentes con denominadores semejantes.

_____

**PASO 3**    Resta las fracciones. Resta los números enteros. Escribe el resultado en su mínima expresión.

$$4\frac{5}{6} = \boxed{\phantom{xx}}$$

$$-2\frac{3}{4} = -\boxed{\phantom{xx}}$$

3. **PRÁCTICA MATEMÁTICA** ❶ **Evalúa si es razonable** Explica cómo sabes si tu resultado es razonable.

_____

_____

 **Comparte y muestra** **MATH BOARD**

1. Usa un denominador común para escribir fracciones equivalentes con denominadores semejantes y luego halla la suma. Escribe el resultado en su mínima expresión.

$$7\frac{2}{5} = \boxed{\phantom{xx}}$$

$$+4\frac{3}{4} = +\boxed{\phantom{xx}}$$

**Halla la suma. Escribe el resultado en su mínima expresión.**

2. $2\frac{3}{4} + 3\frac{3}{10}$        3. $5\frac{3}{4} + 1\frac{1}{3}$        ✔ 4. $3\frac{4}{5} + 2\frac{3}{10}$

Nombre _____

**Halla la diferencia. Escribe el resultado en su mínima expresión.**

**5.** $9\frac{5}{6} - 2\frac{1}{3}$

**6.** $10\frac{5}{9} - 9\frac{1}{6}$

**✓ 7.** $7\frac{2}{3} - 3\frac{1}{6}$

## Por tu cuenta

**Charla matemática**

**PRÁCTICAS MATEMÁTICAS ⑥**

**Explica** por qué debes escribir fracciones equivalentes con denominadores comunes para sumar $4\frac{5}{6}$ y $1\frac{1}{8}$.

**Halla la suma o la diferencia. Escribe el resultado en su mínima expresión.**

**8.** $1\frac{3}{10} + 2\frac{2}{5}$

**9.** $8\frac{1}{6} + 7\frac{3}{8}$

**10.** $2\frac{1}{2} + 2\frac{1}{3}$

**11.** $12\frac{3}{4} - 6\frac{1}{6}$

**12.** $2\frac{5}{8} - 1\frac{1}{4}$

**13.** $14\frac{7}{12} - 5\frac{1}{4}$

**Práctica: Copia y resuelve** Halla la suma o la diferencia. Escribe el resultado en su mínima expresión.

**14.** $1\frac{5}{12} + 4\frac{1}{6}$

**15.** $8\frac{1}{2} + 6\frac{3}{5}$

**16.** $2\frac{1}{6} + 4\frac{5}{9}$

**17.** $3\frac{5}{8} + \frac{5}{12}$

**18.** $3\frac{2}{3} - 1\frac{1}{6}$

**19.** $5\frac{6}{7} - 1\frac{2}{3}$

**20.** $2\frac{7}{8} - \frac{1}{2}$

**21.** $4\frac{7}{12} - 1\frac{2}{9}$

**22.** **MÁS AL DETALLE** Dakota hace un aderezo para ensalada mezclando en un frasco $6\frac{1}{3}$ de onzas fluidas de aceite y $2\frac{3}{8}$ onzas fluidas de vinagre. Luego vierte $2\frac{1}{4}$ onzas fluidas del aderezo en la ensalada. ¿Cuánto aderezo queda en el frasco?

_____

**23.** **MÁS AL DETALLE** Esta semana, Maddie trabajó $2\frac{1}{2}$ horas el lunes, $2\frac{2}{3}$ el martes y $3\frac{1}{4}$ el miércoles. ¿Cuántas horas más necesitará trabajar Maddie esta semana para llegar a su meta de $10\frac{1}{2}$ horas a la semana?

_____

# Resolución de problemas • Aplicaciones

**Usa la tabla para resolver los problemas 24 y 25.**

24. **PRÁCTICA MATEMÁTICA ② Razona de forma cuantitativa** Gavin planea preparar un lote de pintura del tono Mandarina. Espera contar con un total de $5\frac{3}{10}$ de onzas de pintura después de haber mezclado las cantidades que tiene de pintura roja y amarilla. Explica cómo puedes saber si la expectativa de Gavin es razonable.

_____

_____

_____

| Pintura que usa Gavin (en onzas) | | |
|:---:|:---:|:---:|
| **Roja** | **Amarilla** | **Tono** |
| $2\frac{5}{8}$ | $3\frac{1}{4}$ | Amanecer |
| $3\frac{9}{10}$ | $2\frac{3}{8}$ | Mandarina |
| $5\frac{5}{6}$ | $5\frac{5}{6}$ | Mango |

25. **PIENSA MÁS** Gavin mezcla la pintura roja de un tono con la pintura amarilla de otro tono para un proyecto especial. Mezcla el lote para obtener la mayor cantidad de pintura posible. ¿Qué cantidades de pintura roja y amarilla y de qué tonos se usan en la mezcla? Explica tu respuesta.

_____

_____

_____

26. **PIENSA MÁS** Martín obtuvo el primer puesto en una carrera de 100 metros con un tiempo de $14\frac{23}{100}$ segundos. Samuel obtuvo el segundo puesto con un tiempo de $15\frac{7}{10}$ segundos. De los números 26a a 26d, elige Verdadero o Falso para cada oración.

| | |
|---|---|
| 26a. Un denominador común de los números mixtos es 100. | ○ Verdadero ○ Falso |
| 26b. Para hallar la diferencia entre los tiempos de los corredores, el tiempo de Samuel se debe volver a escribir. | ○ Verdadero ○ Falso |
| 26c. El tiempo de Samuel escrito con un denominador de 100 es $15\frac{70}{100}$. | ○ Verdadero ○ Falso |
| 26d. Martín le ganó a Samuel por $\frac{21}{25}$ de segundo. | ○ Verdadero ○ Falso |

Nombre _____

## Sumar y restar números mixtos

**ESTÁNDAR COMÚN—5.NF.A.1**
*Utilizan las fracciones equivalentes como una estrategia para sumar y restar fracciones.*

**Halla la suma o la diferencia. Escribe el resultado en su mínima expresión.**

**1.** $3\frac{1}{2} - 1\frac{1}{5}$

$$3\frac{1}{2} \rightarrow 3\frac{5}{10}$$
$$-1\frac{1}{5} \rightarrow -1\frac{2}{10}$$
$$\overline{\phantom{xx}2\frac{3}{10}}$$

**2.** $2\frac{1}{3} + 1\frac{3}{4}$

**3.** $4\frac{1}{8} + 2\frac{1}{3}$

**4.** $5\frac{1}{3} + 6\frac{1}{6}$

**5.** $2\frac{1}{4} - 1\frac{2}{5}$

**6.** $5\frac{17}{18} - 2\frac{2}{3}$

**7.** $6\frac{3}{4} - 1\frac{5}{8}$

**8.** $5\frac{3}{7} - 2\frac{1}{5}$

## Resolución de problemas · En el mundo

**9.** Jacobi compró $7\frac{1}{2}$ libras de albóndigas. Decidió cocinar $1\frac{1}{4}$ libras y congelar el resto. ¿Cuántas libras congeló?

**10.** Jill caminó $8\frac{1}{8}$ millas hasta un parque y luego $7\frac{2}{5}$ millas hasta su casa. ¿Cuántas millas caminó en total?

**11.** **ESCRIBE** *Matemáticas* Escribe tu propio problema usando números mixtos. Muestra la solución.

_____

_____

## Repaso de la lección (5.NF.A.1)

**1.** Ming tiene como objetivo correr $4\frac{1}{2}$ millas por día. El lunes, corrió $5\frac{9}{16}$ millas. ¿En cuánto excedió su objetivo ese día?

_____

**2.** En una tienda de comestibles, Ricardo pidió $3\frac{1}{5}$ libras de queso cheddar y $2\frac{3}{4}$ libras de queso *mozzarella*. ¿Cuántas libras de queso pidió en total?

_____

## Repaso en espiral (5.NBT.A.2, 5.NBT.B.6, 5.NBT.B.7)

**3.** Un teatro tiene 175 butacas. Hay 7 butacas en cada hilera. ¿Cuántas hileras hay?

_____

**4.** Durante los primeros 14 días, 2,744 personas visitaron una tienda nueva. La misma cantidad de personas visitó la tienda cada día. ¿Aproximadamente cuántas personas visitaron la tienda cada día?

_____

**5.** ¿Qué número es 100 veces más grande que 0.3?

**6.** Mark dice que el producto de 0.02 y 0.7 es 14. Mark está equivocado. ¿Cuál es el producto?

_____

**PRACTICA MÁS CON EL**
Entrenador personal
en matemáticas

Nombre _____

# La resta con conversión

**Pregunta esencial** ¿Cómo puedes usar la conversión para hallar la diferencia de dos números mixtos?

**Estándares comunes** Números y operaciones—Fracciones—5.NF.A.1
También 5.NF.A.2
PRÁCTICAS MATEMÁTICAS
MP1, MP5, MP6

## 🔑 Soluciona el problema (En el mundo)

Para practicar para una carrera, Kiara corre $2\frac{1}{2}$ millas. Cuando llega al final de su calle, sabe que ya ha recorrido $1\frac{5}{6}$ millas. ¿Cuántas millas le quedan por correr?

- Subraya la oración que indica lo que debes hallar.

- ¿Qué operación debes usar para resolver el problema?

_____

### 🔒 De una manera Convierte el primer número mixto.

Resta. $2\frac{1}{2} - 1\frac{5}{6}$

**PASO 1** Estima la diferencia. _____

**PASO 2** Halla un denominador común. Usa el denominador común para escribir fracciones equivalentes con denominadores semejantes.

**PASO 3** Convierte $2\frac{6}{12}$ en un número mixto con una fracción mayor que 1.

Piensa: $2\frac{6}{12} = 1 + 1 + \frac{6}{12} = 1 + \frac{12}{12} + \frac{6}{12} = 1\frac{18}{12}$

$2\frac{6}{12} = $ _____

**PASO 4** Halla la diferencia entre las fracciones. Luego halla la diferencia entre los números enteros. Escribe el resultado en su mínima expresión. Comprueba si tu resultado es razonable.

$$2\frac{1}{2} = \quad 2\frac{6}{12} = \boxed{\phantom{x}}$$
$$-1\frac{5}{6} = -1\frac{10}{12} = \quad -1\frac{10}{12}$$
$$\boxed{\phantom{x}} = \boxed{\phantom{x}}$$

Entonces, a Kiara le quedan por correr _____ de milla.

- **PRÁCTICA MATEMÁTICA 6** **Explica** por qué es importante escribir fracciones equivalentes antes de hacer la conversión.

_____

_____

## 🔒 De otra manera Convierte ambos números mixtos en fracciones mayores que 1.

**Resta.** $2\frac{1}{2} - 1\frac{5}{6}$

**PASO 1** Escribe fracciones equivalentes con un denominador común.

Un denominador común de $\frac{1}{2}$ y $\frac{5}{6}$ es 6.

$$2\frac{1}{2} \longrightarrow \boxed{\phantom{x}}$$

$$1\frac{5}{6} \longrightarrow \boxed{\phantom{x}}$$

**PASO 2** Convierte ambos números mixtos en fracciones mayores que 1.

$$2\frac{3}{6} = \boxed{\phantom{x}}$$ **Piensa:** $\frac{6}{6} + \frac{6}{6} + \frac{3}{6}$

$$1\frac{5}{6} = \boxed{\phantom{x}}$$ **Piensa:** $\frac{6}{6} + \frac{5}{6}$

**PASO 3** Halla la diferencia entre las fracciones. Luego escribe el resultado en su mínima expresión.

$$\boxed{\phantom{x}} - \boxed{\phantom{x}} = \boxed{\phantom{x}}$$

$$= \boxed{\phantom{x}}$$

$2\frac{1}{2} - 1\frac{5}{6} = $ _____

# Comparte y muestra  MATH BOARD

**Estima. Luego halla la diferencia y escríbela en su mínima expresión.**

**✓1.** Estimación: _____

$$4\frac{1}{2} - 3\frac{4}{5}$$

**✓2.** Estimación: _____

$$9\frac{1}{6} - 2\frac{3}{4}$$

**Charla matemática**  PRÁCTICAS MATEMÁTICAS ❺

**Comunica** Explica la estrategia que usarías para resolver $3\frac{1}{9} - 2\frac{1}{3}$.

Nombre _____

## Por tu cuenta

**Estima. Luego halla la diferencia y escríbela en su mínima expresión.**

3. Estimación: _____

$$3\frac{2}{3} - 1\frac{11}{12}$$

4. Estimación: _____

$$4\frac{1}{4} - 2\frac{1}{3}$$

5. Estimación: _____

$$5\frac{2}{5} - 1\frac{1}{2}$$

**Práctica: Copia y resuelve** Halla la diferencia y escríbela en su mínima expresión.

6. $11\frac{1}{9} - 3\frac{2}{3}$

7. $6 - 3\frac{1}{2}$

8. $4\frac{3}{8} - 3\frac{1}{2}$

9. $9\frac{1}{6} - 3\frac{5}{8}$

10. $1\frac{1}{5} - \frac{1}{2}$

11. $13\frac{1}{6} - 3\frac{4}{5}$

12. $12\frac{2}{5} - 5\frac{3}{4}$

13. $7\frac{3}{8} - 2\frac{7}{9}$

14. **MÁS AL DETALLE** La radio pasa tres avisos publicitarios seguidos entre canción y canción. Los tres avisos juntos duran exactamente 3 minutos. Si el primer aviso dura $1\frac{1}{6}$ minutos y el segundo dura $\frac{3}{5}$ minutos, ¿cuánto dura el tercer aviso?

_____

15. **PIENSA MÁS** Cuatro estudiantes hicieron videos para un proyecto de arte. En la tabla se muestra la duración de cada video.

Empareja cada par de videos con la diferencia correcta entre sus duraciones.

Video 1 y Video 3 •  • $1\frac{17}{30}$ horas

Video 2 y Video 3 •  • $1\frac{9}{10}$ horas

Video 2 y Video 4 •  • $1\frac{11}{12}$ horas

| Arte en la naturaleza | |
|---|---|
| Video | Tiempo (en horas) |
| 1 | $4\frac{3}{4}$ |
| 2 | $4\frac{2}{5}$ |
| 3 | $2\frac{5}{6}$ |
| 4 | $2\frac{1}{2}$ |

## Resume

Un parque de diversiones de Sandusky, Ohio, tiene 17 montañas rusas asombrosas. Una de ellas alcanza una velocidad de 60 millas por hora y tiene un recorrido de 3,900 pies con muchas curvas. Esta montaña rusa también tiene 3 trenes de 8 hileras cada uno. Caben 4 pasajeros por hilera, lo que da un total de 32 pasajeros por tren.

Los operadores de la montaña rusa registraron la cantidad de pasajeros en cada tren durante una vuelta. En el primer tren, los operadores informaron que se completaron $7\frac{1}{4}$ hileras. En el segundo, las 8 hileras estaban completas y en el tercero, se llenaron $5\frac{1}{2}$ hileras. ¿Cuántas hileras más se completaron en el primer tren que en el tercer tren?

Cuando *resumes*, vuelves a escribir la información más importante de manera abreviada para comprender lo que leíste más fácilmente.

16. **PRÁCTICA MATEMÁTICA ❶ Analiza** Identifica y resume la información importante que tienes.

_____

_____

_____

_____

_____

**Usa el resumen del ejercicio 16 para resolver el problema.**

17. Resuelve el problema de arriba.

_____

_____

18. **PIENSA MÁS** ¿Cuántas hileras vacías había en el primer tren? ¿Cuántos pasajeros más se necesitarían para llenar las hileras vacías? Explica tu respuesta.

_____

_____

_____

## La resta con conversión

**ESTÁNDAR COMÚN—5.NF.A.1**
*Utilizan las fracciones equivalentes como una estrategia para sumar y restar fracciones.*

**Estima. Luego halla la diferencia y escríbela en su mínima expresión.**

**1.** Estimación: _____

$$6\frac{1}{3} - 1\frac{2}{5}$$

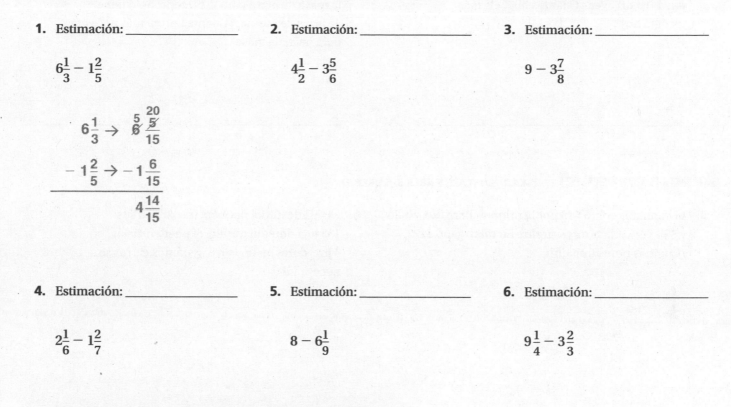

$$6\frac{1}{3} \rightarrow \;\; \cancel{6}\;\cancel{5}\frac{\cancel{20}}{15}$$

$$-1\frac{2}{5} \rightarrow -1\frac{6}{15}$$

$$\rule{3cm}{0.4pt}$$

$$4\frac{14}{15}$$

**2.** Estimación: _____

$$4\frac{1}{2} - 3\frac{5}{6}$$

**3.** Estimación: _____

$$9 - 3\frac{7}{8}$$

**4.** Estimación: _____

$$2\frac{1}{6} - 1\frac{2}{7}$$

**5.** Estimación: _____

$$8 - 6\frac{1}{9}$$

**6.** Estimación: _____

$$9\frac{1}{4} - 3\frac{2}{3}$$

## Resolución de problemas En el mundo

**7.** Carlene compró $8\frac{1}{16}$ yardas de cinta para decorar una camisa. Solo usó $5\frac{1}{2}$ yardas. ¿Cuánta cinta le queda?

**8.** Durante su primera visita al veterinario, el perrito de Pedro pesaba $6\frac{1}{8}$ libras. En su segunda visita, pesaba $9\frac{1}{16}$ libras. ¿Cuánto peso aumentó el perrito entre las dos visitas?

_____

_____

**7.** **ESCRIBE** ▸ *Matemáticas* Escribe un problema de resta con números mixtos que requiera conversión. Dibuja un modelo que ilustre los pasos que seguiste para resolver el problema.

_____

_____

## Repaso de la lección (5.NF.A.1)

**1.** Natalia recogió $7\frac{1}{6}$ bushels de manzanas hoy y $4\frac{5}{8}$ bushels ayer. ¿Cuántos bushels más recogió hoy?

**2.** Max necesita $10\frac{1}{4}$ tazas de harina para hacer la masa de pizza para la pizzería. Solo tiene $4\frac{1}{2}$ tazas de harina. ¿Cuánta harina más necesita para hacer la masa?

## Repaso en espiral (5.NBT.A.1, 5.NBT.A.2, 5.NBT.B.6, 5.NBT.B.7)

**3.** El contador cobró $35 por la primera hora de trabajo y $23 por cada hora posterior. En total, ganó $127. ¿Cuántas horas trabajó?

**4.** La liga de fútbol necesita trasladar a sus 133 jugadores al torneo. Si pueden viajar 4 jugadores en un carro, ¿cuántos carros se necesitan?

**5.** ¿Cómo se escribe quinientos millones ciento quince en forma normal?

**6.** Halla el cociente.

$$6.39 \div 0.3$$

**PRACTICA MÁS CON EL**
Entrenador personal
en matemáticas

# Patrones con fracciones

**Pregunta esencial** ¿Cómo puedes usar la suma o la resta para describir un patrón o crear una secuencia con fracciones?

Estándares comunes  Números y operaciones—
Fracciones—5.NF.A.1
PRÁCTICAS MATEMÁTICAS
MP1, MP7, MP8

## Soluciona el problema En el mundo

El Sr. Patrick quiere crear una nueva receta de chile para su restaurante. En cada tanda que prepara, usa una cantidad diferente de chile en polvo. En la primera tanda usa $3\frac{1}{2}$ onzas, en la segunda tanda usa $4\frac{5}{6}$ onzas, en la tercera usa $6\frac{1}{6}$ onzas y en la cuarta usa $7\frac{1}{2}$ onzas. Si continúa con este patrón, ¿cuánto chile en polvo usará en la sexta tanda?

Para hallar el patrón de una secuencia, puedes comparar un término con el término que le sigue.

**PASO 1** Escribe los términos de la secuencia como fracciones equivalentes con un denominador común. Luego observa la secuencia y compara los términos consecutivos para hallar la regla que se usa para formar la secuencia de fracciones.

$$+1\frac{2}{6}$$

diferencia entre términos

$$3\frac{1}{2}, 4\frac{5}{6}, 6\frac{1}{6}, 7\frac{1}{2}, \ldots \rightarrow \quad \text{OZ,} \quad \text{OZ,} \quad \text{OZ,} \quad \text{OZ}$$

términos con denominador común

tanda 1     tanda 2     tanda 3     tanda 4

**PASO 2** Escribe una regla para describir el patrón de la secuencia.

- ¿La secuencia aumenta o disminuye de un término al siguiente? **Explica.**

_____

_____

**Regla:** _____

**PASO 3** Amplía la secuencia para resolver el problema.

$$3\frac{1}{2}, 4\frac{5}{6}, 6\frac{1}{6}, 7\frac{1}{2}, \underline{\quad}, \underline{\quad}$$

Entonces, el Sr. Patrick usará _____ de onzas de chile en polvo en la sexta tanda.

## Ejemplo Halla los términos desconocidos de la secuencia.

$1\frac{3}{4}$, $1\frac{9}{16}$, $1\frac{3}{8}$, $1\frac{3}{16}$, _____ , _____ , _____ , $\frac{7}{16}$, $\frac{1}{4}$

**PASO 1** Escribe los términos de la secuencia como fracciones equivalentes con un denominador común.

_____ , _____ , _____ , _____ , $\overset{?}{\rule{2em}{0.4pt}}$ , $\overset{?}{\rule{2em}{0.4pt}}$ , $\overset{?}{\rule{2em}{0.4pt}}$ , _____ , _____

**PASO 2** Escribe una regla para describir el patrón de la secuencia.

• ¿Qué operación puedes usar para describir una secuencia que aumenta?

_____

• ¿Qué operación puedes usar para describir una secuencia que disminuye?

_____

Regla: _____

**PASO 3** Usa tu regla para hallar los términos desconocidos. Luego completa la secuencia de arriba.

Charla matemática

PRÁCTICAS MATEMÁTICAS ❶

Analiza ¿Cómo sabes si tu regla para una secuencia incluye la suma o la resta?

## ¡Inténtalo!

**A** Escribe una regla para la secuencia. Luego halla el término desconocido.

$1\frac{1}{12}$, $\frac{5}{6}$, _____ , $\frac{1}{3}$, $\frac{1}{12}$

Regla: _____

**B** Escribe los primeros cuatro términos de la secuencia.

Regla: Comienza con $\frac{1}{4}$, suma $\frac{3}{8}$

_____ , _____ , _____ , _____

Nombre _____

## Comparte y muestra  MATH BOARD

Escribe una regla para la secuencia.

1. $\frac{1}{4}, \frac{1}{2}, \frac{3}{4}, \ldots$

   Piensa: ¿La secuencia aumenta o disminuye?

   Regla: _____

2. $\frac{1}{9}, \frac{1}{3}, \frac{5}{9}, \ldots$

   Regla: _____

Escribe una regla para la secuencia. Luego halla el término desconocido.

3. $\frac{3}{10}, \frac{2}{5}, \rule{2cm}{0.4pt}, \frac{3}{5}, \frac{7}{10}$

   Regla: _____

4. $10\frac{2}{3}, 9\frac{11}{18}, 8\frac{5}{9}, \rule{2cm}{0.4pt}, 6\frac{4}{9}$

   Regla: _____

## Por tu cuenta

Escribe los primeros cuatro términos de la secuencia.

5. **Regla:** Comienza en $5\frac{3}{4}$, resta $\frac{5}{8}$

   _____ , _____ , _____ , _____

6. **Regla:** Comienza en $\frac{3}{8}$, suma $\frac{3}{16}$

   _____ , _____ , _____ , _____

7. **Regla:** Comienza en $2\frac{1}{3}$, suma $2\frac{1}{4}$

   _____ , _____ , _____ , _____

8. **Regla:** Comienza en $\frac{8}{9}$, resta $\frac{1}{18}$

   _____ , _____ , _____ , _____

9. **PRÁCTICA MATEMÁTICA 7 Busca un patrón** Vicki comenzó a correr. La primera vez que corrió, corrió $\frac{3}{16}$ de milla. La segunda vez corrió $\frac{3}{8}$ de milla y la tercera vez corrió $\frac{9}{16}$ de milla. Si continúa con este patrón, ¿cuándo será la primera vez que corra más de 1 milla? Explica.

   _____

   _____

   _____

10. **MÁS AL DETALLE** El Sr. Conners manejó $78\frac{1}{3}$ millas el lunes, $77\frac{1}{12}$ millas el martes y $75\frac{5}{6}$ millas el miércoles. Si continúa con este patrón el jueves y el viernes, ¿cuántas millas menos que el martes manejará el viernes?

    _____

## Resolución de problemas • Aplicaciones

**11.** Bill compró una caléndula que medía $\frac{1}{4}$ pulgada de altura. Una semana después, la planta medía $1\frac{1}{12}$ pulgadas de altura. Después de la segunda semana, medía $1\frac{11}{12}$ pulgadas. Después de tres semanas, alcanzó una altura de $2\frac{3}{4}$ pulgadas. Suponiendo que el crecimiento de la planta fue constante, ¿cuántas pulgadas midió al finalizar la cuarta semana?

_____

**12.** **PIENSA MÁS** ¿Qué pasaría si la tasa de crecimiento de la planta de Bill fuera la misma, pero su altura al comprarla hubiera sido de $1\frac{1}{2}$ pulgadas? ¿Qué altura tendría la planta 3 semanas después?

_____

**13.** **PIENSA MÁS** Kendra salió a caminar una vez por día durante una semana. El primer día caminó $\frac{1}{8}$ de milla, el segundo día caminó $\frac{3}{8}$ de milla y el tercer día caminó $\frac{5}{8}$ de milla.

¿Cuál es la regla para la distancia que camina Kendra cada día? Muestra cómo puedes verificar tu respuesta.

_____

_____

_____

_____

Si el patrón continúa, ¿cuántas millas más caminará Kendra el día 7? Explica cómo hallaste tu respuesta.

_____

_____

_____

## Patrones con fracciones

**ESTÁNDAR COMÚN—5.NF.A.1**
Utilizan las fracciones equivalentes como una estrategia para sumar y restar fracciones.

**Escribe una regla para la secuencia. Luego halla el término desconocido.**

**1.** $\frac{1}{2}, \frac{2}{3}, \underset{\underline{\quad\quad}}{\frac{5}{6}}, 1, 1\frac{1}{6}$

Piensa: El patrón es creciente. Suma $\frac{1}{6}$ para hallar el término que sigue.

Regla: _____

**2.** $1\frac{3}{8}, 1\frac{3}{4}, 2\frac{1}{8}, \underline{\quad\quad}, 2\frac{7}{8}$

Regla: _____

**3.** $1\frac{9}{10}, 1\frac{7}{10}, \underline{\quad\quad}, 1\frac{3}{10}, 1\frac{1}{10}$

Regla: _____

**4.** $2\frac{5}{12}, 2\frac{1}{6}, 1\frac{11}{12}, \underline{\quad\quad}, 1\frac{5}{12}$

Regla: _____

**Escribe los primeros cuatro términos de la secuencia.**

**5.** **Regla:** Comienza con $\frac{1}{2}$, suma $\frac{1}{3}$.

**6.** **Regla:** Comienza con $3\frac{1}{8}$, resta $\frac{3}{4}$.

## Resolución de problemas · En el mundo

**7.** El perrito de Jarett pesaba $3\frac{3}{4}$ onzas al nacer. A la semana pesaba $5\frac{1}{8}$ onzas. A las dos semanas pesaba $6\frac{1}{2}$ onzas. Si el perrito continúa aumentando de peso con este patrón, ¿cuánto pesará a las tres semanas?

_____

**8.** Un panadero comenzó con 12 tazas de harina. Luego de hacer la primera tanda de masa, le quedaban $9\frac{1}{4}$ tazas de harina. Luego de la segunda tanda, le quedaban $6\frac{1}{2}$ tazas. Si hace dos tandas más de masa, ¿cuántas tazas de harina quedarán?

_____

**9.** **ESCRIBE** ▸ *Matemáticas* Crea tu propia secuencia de 5 fracciones o números mixtos. Muéstrale la secuencia a otro estudiante para que halle la siguiente fracción en la secuencia.

_____

## Repaso de la lección (5.NF.A.1)

1. ¿Cuál es la regla de la secuencia?

$$\frac{5}{6}, 1\frac{1}{2}, 2\frac{1}{6}, 2\frac{5}{6}, \dots$$

2. Jaime recorrió en bicicleta $5\frac{1}{4}$ millas el lunes, $6\frac{7}{8}$ millas el martes y $8\frac{1}{2}$ millas el miércoles. Si continúa con este patrón, ¿cuántas millas recorrerá el viernes?

## Repaso en espiral (5.OA.A.2, 5.NBT.B.5, 5.NBT.B.7)

3. Jaylyn compitió en una carrera de bicicletas. Recorrió 33.48 millas en 2.7 horas. Si recorrió esa distancia a la misma velocidad, ¿cuál fue su velocidad en millas por hora?

4. En una semana, una compañía llenó 546 cajas con trastos. En cada caja entran 38 trastos. ¿Cuántos trastos se empacaron en cajas en esa semana?

5. Escribe una expresión que represente el enunciado "Suma 9 y 3, luego multiplica por 6".

6. Mario tardó 9.4 minutos en completar la primera prueba de un concurso de juegos. Completó la segunda prueba 2.65 minutos más rápido que la primera. ¿Cuánto tiempo tardó Mario en completar la segunda prueba?

**PRACTICA MÁS CON EL**
Entrenador personal
en matemáticas

# Resolución de problemas •
# Practicar la suma y la resta

**Pregunta esencial** ¿Cómo puede ayudarte la estrategia *trabajar de atrás para adelante* para resolver un problema de fracciones que incluya sumas y restas?

Estándares comunes

**Números y operaciones—Fracciones—5.NF.A.2**
*También 5.NF.A.1*
**PRÁCTICAS MATEMÁTICAS**
**MP1, MP2, MP4, MP6**

## 🔑 Soluciona el problema En el mundo

La familia Díaz está haciendo esquí de fondo a través de los senderos Big Tree, que tienen una longitud total de 4 millas. Ayer esquiaron en el sendero Oak, que mide $\frac{7}{10}$ de milla. Hoy esquiaron en el sendero Pine, que tiene una longitud de $\frac{3}{5}$ de milla. Si planean recorrer todos los senderos Big Tree, ¿cuántas millas más les quedan por esquiar?

Usa el organizador gráfico como ayuda para resolver el problema.

## Lee el problema

### ¿Qué debo hallar?

Debo hallar la distancia

_____ .

### ¿Qué información debo usar?

Debo usar la distancia

_____

y la distancia total

_____ .

### ¿Cómo usaré la información?

Puedo trabajar de atrás para adelante comenzando por la

_____ y _____

cada una de las distancias que ya han esquiado para hallar la cantidad de millas que les queda por esquiar.

## Resuelve el problema

La suma y la resta son operaciones inversas. Al trabajar de atrás para adelante usando los mismos números, una operación cancela la otra.

• Escribe una ecuación.

| millas esquiadas ayer | | millas esquiadas hoy | | millas que les quedan por esquiar | | distancia total |
|---|---|---|---|---|---|---|
| ↓ | + | ↓ | + | ↓ | = | ↓ |
| _____ | + | _____ | + | $m$ | = | 4 |

• Luego trabaja de atrás para adelante para hallar $m$.

$$\text{_____} - \text{_____} - \text{_____} = m$$

$$\text{_____} = m$$

Entonces, a la familia le queda por esquiar _____ millas.

• **PRÁCTICA MATEMÁTICA ①** **Evalúa si es razonable** Explica cómo sabes si tu resultado es razonable. _____

_____

# 🔓 Haz otro problema

Como parte de sus estudios sobre el tejido de canastas en la cultura indígena, la clase de Lía está haciendo canastas de mimbre. Lía comienza con una tira de mimbre de 36 pulgadas de longitud. Primero corta un trozo de la tira, cuya longitud desconoce y luego corta un trozo que mide $6\frac{1}{2}$ pulgadas de longitud. El trozo que queda mide $7\frac{3}{4}$ pulgadas de longitud. ¿Cuál es la longitud del primer trozo de tira que cortó?

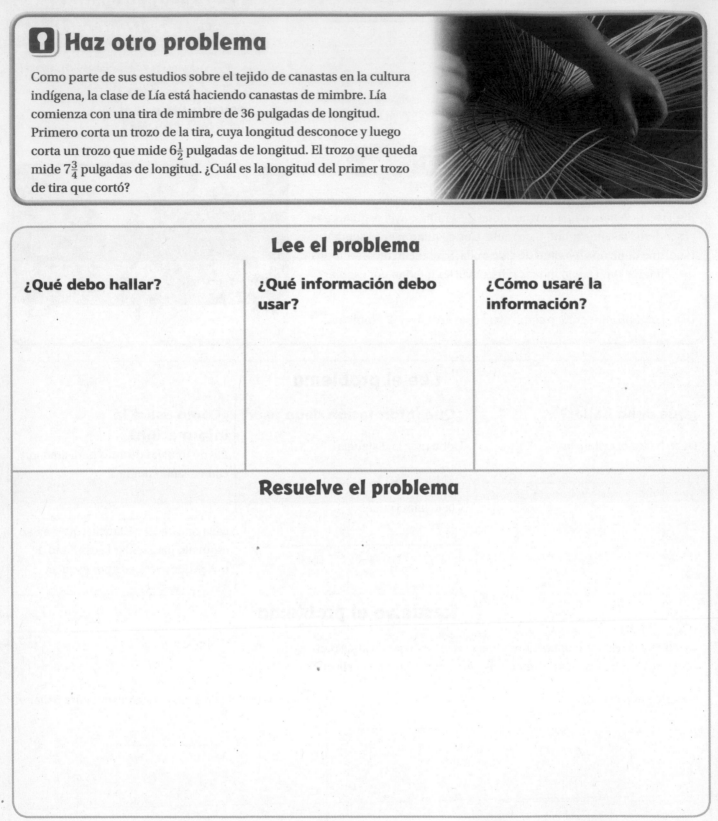

## Lee el problema

| ¿Qué debo hallar? | ¿Qué información debo usar? | ¿Cómo usaré la información? |
|---|---|---|
| | | |

## Resuelve el problema

Entonces, el primer trozo que cortó medía _____ pulgadas de longitud.

**Charla matemática**

**PRÁCTICAS MATEMÁTICAS ❶**

Entiende los problemas ¿Qué otra estrategia podrías usar para resolver el problema?

Nombre _____

**1.** Caitlin tiene $4\frac{3}{4}$ libras de arcilla. Usa $1\frac{1}{10}$ libras para hacer una taza y otras 2 libras para hacer un frasco. ¿Cuántas libras le quedan?

**Primero,** escribe una ecuación para representar el problema.

_____

**A continuación,** trabaja de atrás para adelante y vuelve a escribir la ecuación para hallar $x$.

_____

Resuelve.

_____

Entonces, le quedan _____ libras de arcilla.

**2.** PIENSA MÁS ¿Qué pasaría si Caitlin hubiera usado más de 2 libras de arcilla para hacer el frasco? ¿La cantidad restante habría sido mayor o menor que el resultado del Ejercicio 1?

_____

**3.** Una tienda de mascotas donó 50 libras de alimento para perros adultos, cachorros y gatos a un refugio para animales. Donó $19\frac{3}{4}$ libras de alimento para perros adultos y $18\frac{7}{8}$ libras de alimento para cachorros. ¿Cuántas libras de alimento para gatos donó la tienda de mascotas?

_____

**4.** Thelma gastó $\frac{1}{6}$ de su mesada semanal en juguetes para perros, $\frac{1}{4}$ en un collar para perros y $\frac{1}{3}$ en alimento para perros. ¿Qué fracción de su mesada semanal le queda?

_____

ESCRIBE *Matemáticas* **Muestra tu trabajo**

© Houghton Mifflin Harcourt Publishing Company

## Por tu cuenta

**5.** **MÁS AL DETALLE** Martín está construyendo un modelo de una canoa indígena. Tiene $5\frac{1}{2}$ pies de madera. Usa $2\frac{3}{4}$ pies para el casco y $1\frac{1}{4}$ para los remos y los puntales. ¿Cuánta madera le queda?

_____

**6.** **PIENSA MÁS** Las vacaciones de Beth duraron 87 días. Al comienzo de sus vacaciones, pasó un tiempo en un campamento de fútbol, 5 días en la casa de su abuela y 13 días de visita en el Parque Nacional Glacier con sus padres. Para ese momento, le quedaban 48 días de vacaciones. ¿Cuántas semanas pasó Beth en el campamento de fútbol?

_____

**7.** **PRÁCTICA MATEMÁTICA ②** **Razona de forma cuantitativa** Puedes comprar 2 DVD al mismo precio que pagarías por 3 CD que se venden a $13.20 cada uno. Explica cómo puedes hallar el precio de 1 DVD.

_____

_____

_____

**8.** **PIENSA MÁS** Julio atrapó 3 peces que pesaban un total de $23\frac{1}{2}$ libras. Un pez pesaba $9\frac{5}{8}$ libras y otro pesaba $6\frac{1}{4}$ libras. ¿Cuánto pesaba el tercer pez? Usa números y símbolos para escribir una ecuación que represente el problema. Luego resuelve la ecuación. Los símbolos pueden usarse más de una vez o no usarse.

| $23\frac{1}{2}$ | $9\frac{5}{8}$ | $6\frac{1}{4}$ | $x$ | $=$ | $+$ |

_____

peso del tercer pez: _____ libras

## Resolución de problemas • Practicar la suma y la resta

**Estándares comunes**

**ESTÁNDAR COMÚN—5.NF.A.2**
*Utilizan las fracciones equivalentes como una estrategia para sumar y restar fracciones.*

**Lee los problemas y resuélvelos.**

1. De una madera de 8 pies de longitud, Emmet cortó dos estantes de $2\frac{1}{3}$ pies cada uno. ¿Cuánta madera quedó?

   Escribe una ecuación: $8 = 2\frac{1}{3} + 2\frac{1}{3} + x$

   Vuelve a escribir la ecuación para trabajar de atrás para adelante: $8 - 2\frac{1}{3} - 2\frac{1}{3} = x$

   Resta dos veces para hallar la longitud de la madera que quedó: $3\frac{1}{3}$ **pies**

2. Lynne compró una bolsa de toronjas, $1\frac{5}{8}$ libras de manzanas y $2\frac{3}{16}$ libras de plátanos. El peso total de lo que compró era $7\frac{1}{2}$ libras. ¿Cuánto pesaba la bolsa de toronjas?

   _____

3. La casa de Mattie tiene dos pisos y un ático. El primer piso mide $8\frac{5}{6}$ pies de altura, el segundo piso mide $8\frac{1}{2}$ pies de altura y toda la casa mide $24\frac{1}{3}$ pies de altura. ¿Cuál es la altura del ático?

   _____

4. De Alston a Barton hay $10\frac{3}{5}$ millas y de Barton a Chester hay $12\frac{1}{2}$ millas. La distancia de Alston a Durbin, pasando por Barton y Chester, es 35 millas. ¿Qué distancia hay de Chester a Durbin?

   _____

5. Marcie compró un rollo de cinta para embalaje de 50 pies. Usó dos trozos de $8\frac{5}{6}$ pies. ¿Cuánta cinta queda en el rollo?

   _____

6. **ESCRIBE** ▸*Matemáticas* Escribe un problema de fracciones en el que uses la estrategia *trabajar de atrás para adelante* y la suma para resolverlo. Incluye la solución.

   _____

   _____

1. Paula gastó $\frac{3}{8}$ de su mesada en ropa y $\frac{1}{6}$ en entretenimiento. ¿Qué fracción de su mesada gastó en otras cosas?

2. Delia compró una plántula que medía $2\frac{1}{4}$ pies de altura. Durante el primer año, la plántula creció $1\frac{1}{6}$ pies. Luego de dos años, medía 5 pies de altura. ¿Cuánto creció la plántula durante el segundo año?

**Repaso en espiral** (5.OA.A.1, 5.NBT.A.2, 5.NBT.B.6, 5.NF.B.7)

3. ¿De qué manera se escribe 100,000 usando exponentes?

4. ¿Qué expresión es la mejor estimación de $868 \div 28$?

5. Justin le dio al vendedor $20 para pagar una cuenta de $6.57. ¿Cuánto cambio debería recibir Justin?

6. ¿Cuál es el valor de la siguiente expresión?

$$7 + 18 \div (6 - 3)$$

PRACTICA MÁS CON EL
Entrenador personal
en matemáticas

Nombre _____

# Usar las propiedades de la suma

**Pregunta esencial** ¿De qué manera las propiedades de la suma te pueden ayudar a sumar fracciones con denominadores distintos?

**Estándares comunes** Números y operaciones—Fracciones—5.NF.A.1
PRÁCTICAS MATEMÁTICAS
MP4, MP7, MP8

RELACIONA Puedes usar las propiedades de la suma como ayuda para sumar fracciones con denominadores distintos.

Propiedad conmutativa: $\frac{1}{2} + \frac{3}{5} = \frac{3}{5} + \frac{1}{2}$

Propiedad asociativa: $\left(\frac{2}{9} + \frac{1}{8}\right) + \frac{3}{8} = \frac{2}{9} + \left(\frac{1}{8} + \frac{3}{8}\right)$

**Recuerda**
Los paréntesis ( ) indican qué operación debes hacer primero.

## Soluciona el problema · En el mundo

Jane y su familia viajan en carro al Parque Estatal Big Lagoon. El primer día recorren $\frac{1}{3}$ de la distancia total. El segundo día recorren $\frac{1}{3}$ de la distancia total por la mañana y $\frac{1}{6}$ de la distancia total por la tarde. ¿Qué fracción de la distancia total ha recorrido la familia de Jane al final del segundo día?

🔑 **Usa la propiedad asociativa.**

**Día 1 + Día 2**

$$\frac{1}{3} + \left(\frac{1}{3} + \frac{1}{6}\right) = \left(\boxed{\phantom{x}} + \boxed{\phantom{x}}\right) + \boxed{\phantom{x}}$$

$$= \boxed{\phantom{x}} + \boxed{\phantom{x}}$$

$$= \boxed{\phantom{x}} + \boxed{\phantom{x}}$$

$$= \boxed{\phantom{x}}$$

Escribe el enunciado numérico para representar el problema. Usa la propiedad asociativa para agrupar las fracciones con denominadores semejantes.

Usa el cálculo mental para sumar las fracciones con denominadores semejantes.

Escribe fracciones equivalentes con denominadores semejantes. Luego suma.

Entonces, la familia de Jane ha recorrido _____ de la distancia total al final del segundo día.

**Charla matemática** PRÁCTICAS MATEMÁTICAS ⑧

Generaliza Explica por qué al agrupar las fracciones de distinta manera resulta más fácil hallar la suma.

## 🔓 Ejemplo Suma. $\left(2\frac{5}{8} + 1\frac{2}{3}\right) + 1\frac{1}{8}$

Usa la propiedad conmutativa y la propiedad asociativa.

$$\left(2\frac{5}{8} + 1\frac{2}{3}\right) + 1\frac{1}{8} = \left(\boxed{\phantom{x}} + \boxed{\phantom{x}}\right) + \boxed{\phantom{x}}$$

Usa la propiedad conmutativa para colocar las fracciones con denominadores semejantes una al lado de la otra.

$$= \boxed{\phantom{x}} + \left(\boxed{\phantom{x}} + \boxed{\phantom{x}}\right)$$

Usa la propiedad asociativa para agrupar las fracciones con denominadores semejantes.

$$= \boxed{\phantom{x}} + \boxed{\phantom{x}}$$

Usa el cálculo mental para sumar las fracciones con denominadores semejantes.

$$= \boxed{\phantom{x}} + \boxed{\phantom{x}}$$

Escribe fracciones equivalentes con denominadores semejantes. Luego suma.

$$= \boxed{\phantom{x}} = \boxed{\phantom{x}}$$

Convierte y simplifica.

---

**¡Inténtalo!** Usa propiedades para resolver los ejercicios. Muestra cada paso y menciona la propiedad que usaste.

**Ⓐ** $5\frac{1}{4} + \left(\frac{3}{4} + 1\frac{5}{12}\right)$

**Ⓑ** $\left(\frac{1}{5} + \frac{3}{10}\right) + \frac{2}{5}$

## Comparte y muestra MATH BOARD

Usa propiedades y el cálculo mental para resolver los ejercicios.
Escribe el resultado en su mínima expresión.

**1.** $\left(2\frac{5}{8} + \frac{5}{6}\right) + 1\frac{1}{8}$

✓ **2.** $\frac{5}{12} + \left(\frac{5}{12} + \frac{3}{4}\right)$

✓ **3.** $\left(3\frac{1}{4} + 2\frac{5}{6}\right) + 1\frac{3}{4}$

**Charla matemática**

**PRÁCTICAS MATEMÁTICAS 7**

Identifica las relaciones ¿En qué se diferencia resolver el Ejercicio 3 de resolver el Ejercicio 1?

## Por tu cuenta

Usa las propiedades y el cálculo mental para resolver los ejercicios.
Escribe el resultado en su mínima expresión.

**4.** $\left(\frac{2}{7} + \frac{1}{3}\right) + \frac{2}{3}$

**5.** $\left(\frac{1}{5} + \frac{1}{2}\right) + \frac{2}{5}$

**6.** $\left(\frac{1}{6} + \frac{3}{7}\right) + \frac{2}{7}$

**7.** $\left(2\frac{5}{12} + 4\frac{1}{4}\right) + \frac{1}{4}$

**8.** $1\frac{1}{8} + \left(5\frac{1}{2} + 2\frac{3}{8}\right)$

**9.** $\frac{5}{9} + \left(\frac{1}{9} + \frac{4}{5}\right)$

**10.** *MÁS AL DETALLE* Tina usó $10\frac{1}{2}$ yardas de estambre para hacer tres muñecas de estambre. Usó $4\frac{1}{2}$ yardas de estambre para la primera muñeca y $2\frac{1}{5}$ yardas para la segunda muñeca. ¿Cuánto estambre usó Tina para la tercera muñeca?

## Resolución de problemas • Aplicaciones En el mundo

**Usa el mapa para resolver los problemas 11 y 12.**

Complejo deportivo — Escuela

$\frac{2}{3}$ millas

Parque · Centro comercial · $\frac{2}{5}$ millas · Casa de Kyle

$\frac{2}{3}$ millas · $\frac{4}{5}$ millas

Biblioteca · $1\frac{1}{3}$ millas · Casa de Mario

$1\frac{3}{5}$ millas

**11.** MÁS AL DETALLE Julie va en bicicleta desde el complejo deportivo hasta la escuela. Luego va en bicicleta desde la escuela hasta el centro comercial y luego, hasta la biblioteca. Kyle va en bicicleta desde su casa hasta el centro comercial y luego, hasta la biblioteca. ¿Quién recorre una distancia mayor en bicicleta? ¿Cuántas millas más?

_____

**12.** PIENSA MÁS Una tarde, Mario camina desde su casa hasta la biblioteca. Más tarde, Mario camina desde la biblioteca hasta el centro comercial y luego, hasta la casa de Kyle. Describe de qué manera puedes usar propiedades para hallar la distancia que caminó Mario.

_____

_____

_____

**13.** PRÁCTICA MATEMÁTICA ④ **Escribe una expresión** Kyle está sumando las distancias entre la escuela y el centro comercial, el centro comercial y el parque y el centro comercial y su casa. Escribe $\frac{2}{5} + \frac{2}{3} + \frac{4}{5}$. Vuelve a escribir la expresión de Kyle usando propiedades para que las fracciones sean más fáciles de sumar.

_____

**14.** PIENSA MÁS En los ejercicios 14a a 14c, indica si la expresión se volvió a escribir usando la propiedad conmutativa o la propiedad asociativa. Elige la propiedad correcta de la suma.

**14a.** $\frac{9}{10} + \left(\frac{3}{10} + \frac{5}{6}\right) = \left(\frac{9}{10} + \frac{3}{10}\right) + \frac{5}{6}$

> propiedad asociativa
>
> propiedad conmutativa

**14b.** $\left(\frac{3}{4} + \frac{1}{5}\right) + \frac{1}{4} = \left(\frac{1}{5} + \frac{3}{4}\right) + \frac{1}{4}$

> propiedad asociativa
>
> propiedad conmutativa

**14c.** $\left(3\frac{1}{2} + 2\frac{1}{8}\right) + 1\frac{5}{8} = 3\frac{1}{2} + \left(2\frac{1}{8} + 1\frac{5}{8}\right)$

> propiedad asociativa
>
> propiedad conmutativa

## Usar las propiedades de la suma

**ESTÁNDAR COMÚN—5.NF.A.1**
*Utilizan las fracciones equivalentes como una estrategia para sumar y restar fracciones.*

**Usa las propiedades y el cálculo mental para resolver los ejercicios. Escribe el resultado en su mínima expresión.**

**1.** $\left(2\frac{1}{3} + 1\frac{2}{5}\right) + 3\frac{2}{3}$

$= \left(1\frac{2}{5} + 2\frac{1}{3}\right) + 3\frac{2}{3}$

$= 1\frac{2}{5} + \left(2\frac{1}{3} + 3\frac{2}{3}\right)$

$= 1\frac{2}{5} + 6$

$= 7\frac{2}{5}$

_____

**2.** $8\frac{1}{5} + \left(4\frac{2}{5} + 3\frac{3}{10}\right)$

_____

**3.** $\left(1\frac{3}{4} + 2\frac{3}{8}\right) + 5\frac{7}{8}$

_____

**4.** $2\frac{1}{10} + \left(1\frac{2}{7} + 4\frac{9}{10}\right)$

_____

**5.** $\left(4\frac{3}{5} + 6\frac{1}{3}\right) + 2\frac{3}{5}$

_____

**6.** $1\frac{1}{4} + \left(3\frac{2}{3} + 5\frac{3}{4}\right)$

_____

## Resolución de problemas En el mundo

**7.** Elizabeth recorrió en su bicicleta $6\frac{1}{2}$ millas desde su casa hasta la biblioteca y luego recorrió otras $2\frac{2}{5}$ millas hasta la casa de su amigo Milo. Si la casa de Carson se encuentra a $2\frac{1}{2}$ millas de la casa de Milo, ¿cuántas millas recorrió desde su casa hasta la casa de Carson?

_____

**8.** Hassan preparó una ensalada de verduras con $2\frac{3}{8}$ libras de tomates, $1\frac{1}{4}$ libras de espárragos y $2\frac{7}{8}$ libras de papas. ¿Cuántas libras de verduras usó en total?

_____

**9.** **ESCRIBE** *Matemáticas* Escribe Propiedad conmutativa y Propiedad asociativa en la parte superior de la página. Debajo del nombre de cada propiedad, escribe su definición y tres ejemplos de uso.

_____

1. ¿Cuál es la suma de $2\frac{1}{3}$, $3\frac{5}{6}$ y $6\frac{2}{3}$?

2. Leticia tiene $7\frac{1}{6}$ yardas de cinta amarilla, $5\frac{1}{4}$ yardas de cinta anaranjada y $5\frac{1}{6}$ yardas de cinta café. ¿Cuánta cinta tiene en total?

3. Juanita escribió $3 \times 47$ como $3 \times 40 \times 3 \times 7$. ¿Qué propiedad usó para volver a escribir la expresión?

4. ¿Cuál es el valor de la expresión?

$$18 - 2 \times (4 + 3)$$

5. Evan gastó $15.89 en 7 libras de alpiste. ¿Cuánto costó cada libra de alpiste?

6. Cade recorrió en bicicleta $1\frac{3}{5}$ millas el sábado y $1\frac{3}{4}$ millas el domingo. ¿Cuántas millas recorrió en total entre los dos días?

PRACTICA MÁS CON EL
Entrenador personal
en matemáticas

Nombre _____

✓ **Repaso y prueba del Capítulo 6**
Entrenador personal en matemáticas
**Evaluación e intervención en línea**

1. Sophia cuidó a un bebé durante $3\frac{7}{12}$ horas el viernes. Lo cuidó durante $2\frac{5}{6}$ horas el sábado. En los ejercicios 1a a 1c, estima cuánto tiempo en total cuidó al bebé Sophia el viernes y el sábado. Elige los puntos de referencia correctos y luego suma.

1a. Sophia cuidó al bebé durante
$$\begin{array}{c} 2 \\ 3 \\ 3\frac{1}{2} \\ 4 \end{array}$$
horas el viernes.

1b. Sophia cuidó al bebé durante
$$\begin{array}{c} 1 \\ 2 \\ 2\frac{1}{2} \\ 3 \end{array}$$
horas el sábado.

1c. Sophia cuidó al bebé durante
$$\begin{array}{c} 5 \\ 5\frac{1}{2} \\ 6 \\ 6\frac{1}{2} \end{array}$$
horas el viernes y el sábado en total.

2. Rodrigo practicó guitarra durante $15\frac{1}{3}$ horas durante las últimas 3 semanas. Practicó durante $6\frac{1}{4}$ horas durante la primera semana y $4\frac{2}{3}$ horas durante la segunda semana. ¿Cuánto tiempo practicó Rodrigo durante la tercera semana? Usa los números y los símbolos para escribir una ecuación que represente el problema. Luego resuelve la ecuación. Puedes usar los símbolos más de una vez o no usarlos.

Tiempo de práctica durante la tercera semana: _____ horas

APRENDE EN LÍNEA
Opciones de evaluación
**Prueba del capítulo**

3. Liam compró $5\frac{7}{8}$ libras de carne. Usó $2\frac{1}{16}$ libras de la carne en una barbacoa. En los ejercicios 3a a 3c, completa el espacio en blanco.

3a. Redondeado al punto de referencia más próximo, Liam compró

aproximadamente ☐ libras de carne.

3b. Redondeado al punto de referencia más próximo, Liam usó aproximadamente

☐ libras de carne en la barbacoa.

3c. A Liam le sobraron aproximadamente ☐ libras de carne después de la barbacoa.

4. Jackson recolectó manzanas para su familia. Recolectó un total de $6\frac{1}{2}$ libras. Les llevó $2\frac{3}{4}$ libras a su tía y $1\frac{5}{8}$ libras a su mamá. ¿Cuántas libras de manzanas le quedaron para su abuela? Usa números y símbolos para escribir una ecuación que represente el problema; luego resuelve la ecuación. Los símbolos pueden usarse más de una vez o no usarse.

El peso de las manzanas que Jackson le dio a su abuela es de: _____ libras.

5. Escribe $\frac{2}{5}$ y $\frac{1}{3}$ como fracciones equivalentes usando un denominador común.

☐ y ☐

6. Jill llevó $2\frac{1}{3}$ cajas de panecillos de zanahoria a una feria de pastelería. Mike llevó $1\frac{3}{4}$ cajas de panecillos de manzana. ¿Cuántas cajas de panecillos llevaron Jill y Mike en total a la feria?

_____ cajas de panecillos

**7.** La parte sombreada del diagrama representa lo que a Rebecca le sobró de un metro de cuerda. Rebecca va a usar $\frac{3}{5}$ de metro de la cuerda para hacer pulseras. Quiere determinar cuánta cuerda le sobrará después de hacer las pulseras. En los ejercicios 7a a 7c, elige Verdadero o Falso para cada oración.

1 m

**7a.** Para determinar cuánta cuerda le sobrará después de hacer las pulseras, Rebecca tiene que hallar $\frac{9}{10} - \frac{3}{5}$.

　　○ Verdadero　　○ Falso

**7b.** Las fracciones $\frac{3}{5}$ y $\frac{6}{10}$ son equivalentes.

　　○ Verdadero　　○ Falso

**7c.** A Rebecca le sobrará $\frac{1}{5}$ de metro de cuerda.

　　○ Verdadero　　○ Falso

**8.** En los ejercicios 8a a 8c, indica si la expresión se volvió a escribir usando la propiedad conmutativa o la propiedad asociativa. Elige la propiedad correcta de la suma.

**8a.** $\frac{1}{6} + \left(\frac{7}{8} + \frac{5}{6}\right) = \frac{1}{6} + \left(\frac{5}{6} + \frac{7}{8}\right)$

> propiedad asociativa
>
> propiedad conmutativa

**8b.** $\left(\frac{7}{10} + \frac{1}{3}\right) + \frac{1}{10} = \left(\frac{1}{3} + \frac{7}{10}\right) + \frac{1}{10}$

> propiedad asociativa
>
> propiedad conmutativa

**8c.** $\left(6\frac{2}{5} + \frac{4}{9}\right) + 3\frac{2}{9} = 6\frac{2}{5} + \left(\frac{4}{9} + 3\frac{2}{9}\right)$

> propiedad asociativa
>
> propiedad conmutativa

**9.** Joshua sigue una regla para escribir la siguiente secuencia de números.

$$\frac{1}{6}, \frac{1}{2}, \frac{5}{6}, \underline{\hspace{2cm}}, 1\frac{1}{2}$$

¿Qué regla siguió Joshua? ☐

¿Qué número falta en la secuencia? ☐

**10.** Jeffrey caminó $\frac{1}{3}$ de milla el lunes y corrió $\frac{3}{4}$ de milla el martes. ¿Cuánto caminó y corrió el lunes y el martes en total? Usa las fichas para completar el modelo de tiras fraccionarias y mostrar cómo hallaste tu resultado. Las fracciones pueden usarse más de una vez o no usarse.

_____ milla(s)

Entrenador personal en matemáticas

**11.** **PIENSA MÁS +** El Sr. Cohen maneja $84\frac{2}{10}$ millas el martes, $84\frac{6}{10}$ millas el miércoles y 85 millas el jueves.

**Parte A**

¿Cuál es la regla para hallar la distancia que maneja el Sr. Cohen todos los días? Muestra cómo puedes comprobar tu respuesta.

**Parte B**

Si el patrón continúa, ¿cuántas millas manejará el Sr. Cohen el domingo? Explica cómo hallaste tu respuesta.

**12.** Alana compró $\frac{3}{8}$ de libra de queso suizo y $\frac{1}{4}$ de libra de queso americano. ¿Qué pares de fracciones son equivalentes a la cantidad que compró Alana? Marca todas las opciones que correspondan.

(A) $\frac{24}{64}$ y $\frac{8}{64}$

(C) $\frac{12}{32}$ y $\frac{6}{32}$

(B) $\frac{6}{16}$ y $\frac{4}{16}$

(D) $\frac{15}{40}$ y $\frac{10}{40}$

**13.** *MÁS AL DETALLE* Cuatro estudiantes trabajaron de voluntarios la semana pasada. En la tabla se muestra cuánto tiempo trabajó cada estudiante de voluntario.

| Trabajo voluntario | |
|---|---|
| **Estudiante** | **Tiempo (en horas)** |
| Amy | $4\frac{5}{6}$ |
| Beth | $6\frac{1}{2}$ |
| Víctor | $5\frac{3}{4}$ |
| Claudio | $5\frac{2}{3}$ |

Empareja cada par de estudiantes con la diferencia entre el tiempo que pasaron como voluntarios.

Amy y Víctor •　　　　　　　　　• $\frac{3}{4}$ horas

Claudio y Beth •　　　　　　　　　• $\frac{11}{12}$ horas

Beth y Víctor •　　　　　　　　　• $\frac{5}{6}$ horas

**14.** En los ejercicios 14a a 14d, indica en cuáles de las expresiones deben convertirse los números mixtos antes de restar. Halla cada diferencia. Escribe cada expresión y su diferencia en el recuadro correcto.

14a.　$2\frac{1}{3} - 1\frac{3}{4}$

14c.　$5\frac{2}{3} - 2\frac{5}{8}$

14b.　$1\frac{3}{4} - \frac{7}{8}$

14d.　$6\frac{1}{5} - 2\frac{1}{3}$

| Deben convertirse |
|---|
|  |

| No deben convertirse |
|---|
|  |

**15.** El Sr. Clements pintó su granero durante $3\frac{3}{5}$ horas en la mañana. Pintó el granero durante $5\frac{3}{4}$ horas en la tarde. En los ejercicios 15a a 15c, elige Verdadero o Falso para cada oración.

**15a.** Un denominador común    ○ Verdadero  ○ Falso
de los números mixtos es 20.

**15b.** La cantidad de tiempo    ○ Verdadero  ○ Falso
que pasó pintando durante la mañana
se podría rescribir como $3\frac{15}{20}$ horas.

**15c.** El Sr. Clements pintó $2\frac{3}{20}$ horas más    ○ Verdadero  ○ Falso
en la tarde que en la mañana.

**16.** Tom hizo ejercicio durante $\frac{4}{5}$ de hora el lunes y $\frac{5}{6}$ de hora el martes.

**Parte A**

Completa los siguientes cálculos para escribir fracciones equivalentes con un denominador común.

$$\frac{4}{5} = \frac{4 \times \boxed{\phantom{0}}}{5 \times \boxed{\phantom{0}}} = \frac{\boxed{\phantom{0}}}{\boxed{\phantom{0}}} \qquad \frac{5}{6} = \frac{5 \times \boxed{\phantom{0}}}{6 \times \boxed{\phantom{0}}} = \frac{\boxed{\phantom{0}}}{\boxed{\phantom{0}}}$$

**Parte B**

¿Cuánto tiempo hizo ejercicio Tom el lunes y el martes en total? Explica cómo hallaste tu respuesta.

**Parte C**

¿Cuánto tiempo más hizo ejercicio Tom el martes que el lunes? Explica cómo hallaste la respuesta.

## Capítulo 7

# Multiplicar fracciones

## Muestra lo que sabes

Entrenador personal en matemáticas
**Evaluación e intervención en línea**

Comprueba si comprendes las destrezas importantes.

Nombre _____

▶ **Parte de un grupo** Escribe la fracción que indica la parte sombreada. (3.NF.A.1)

1.  partes sombreadas _____

partes en total _____

fracción _____

2.  partes sombreadas _____

partes en total _____

fracción _____

▶ **Área** Escribe el área de cada figura. (3.MD.C.5)

3.  _____ unidades cuadradas

4.  _____ unidades cuadradas

5.  _____ unidades cuadradas

▶ **Fracciones equivalentes** Escribe una fracción equivalente. (4.NF.A.1)

6. $\frac{3}{4}$ _____

7. $\frac{9}{15}$ _____

8. $\frac{24}{40}$ _____

9. $\frac{5}{7}$ _____

**Matemáticas** En el mundo

Carmen recuperó 2 lingotes de oro que habían sido robados de una caja de seguridad. El primer lingote pesaba $2\frac{2}{5}$ libras. El segundo lingote pesaba $1\frac{2}{3}$ veces más que el primero. Descubre cuánto oro se recuperó.

# Desarrollo del vocabulario

▶ **Visualízalo**

Empareja cada palabra de repaso con el ejemplo que corresponda.

Palabras de repaso

denominador

fracciones equivalentes

mínima expresión

numerador

número mixto

producto

**¿Qué es?**      **¿Puedes dar algunos ejemplos?**

_____ → $\frac{5}{10}$

_____ → $\frac{5}{10}$

_____ → $4\frac{1}{5}, 1\frac{3}{8}, 6\frac{3}{6}$

_____ → $\frac{2}{3}, \frac{4}{6}, \frac{10}{15}$

▶ **Comprende el vocabulario**

Completa las oraciones con las palabras de repaso.

1. Un _____ es un número que está formado por un número entero y una fracción.

2. Una fracción está en su _____ cuando el único factor común que tienen el numerador y el denominador es 1.

3. El número que está debajo de la barra de una fracción e indica cuántas partes iguales hay en el entero o en el grupo es el

   _____.

4. El _____ es el resultado de una multiplicación.

5. Las fracciones que nombran la misma cantidad o parte se llaman

   _____.

6. El _____ es el número que está sobre la barra de una fracción e indica cuántas partes iguales de un entero se deben considerar.

• Libro interactivo del estudiante
• Glosario multimedia

# Vocabulario del Capítulo 7

**factor común**

common factor

33

**denominador**

denominator

17

**fracciones equivalentes**

equivalent fractions

36

**factor**

factor

32

**número mixto**

mixed number

48

**numerador**

numerator

46

**producto**

product

62

**mínima expresión**

simplest form

44

Número que está debajo de la barra en una fracción y que indica cuántas partes iguales hay en el entero o en el grupo

Ejemplo: $\frac{3}{4}$ ← denominador

Número que es un factor de dos o más números

$$\overset{8}{2 \times 2 \times ②} \longleftarrow \text{factor común} \longrightarrow \overset{6}{② \times 3}$$

Número que se multiplica por otro para obtener un producto

Ejemplo: $46 \times 3 = 138$

factor

Fracciones que nombran la misma cantidad o la misma parte

Ejemplo: $\frac{1}{2}$ y $\frac{4}{8}$ son equivalentes.

Número que está arriba de la barra en una fracción y que indica cuántas partes iguales de un entero o de un grupo se consideran

Ejemplo: $\frac{3}{4}$ ← numerador

Número formado por un número entero y una fracción

Ejemplo:

parte del número entero → $4\frac{1}{2}$ ← parte fraccionaria

Una fracción está en su mínima expresión cuando el numerador y el denominador solamente tienen al número 1 como factor común.

Ejemplos: $\frac{1}{2}, \frac{2}{3}, \frac{8}{15}$

Resultado de una multiplicación

Ejemplo: $3 \times 15 = 45$

producto

# Adivina la palabra

**Para 3 a 4 jugadores**

## Materiales

- temporizador

## Instrucciones

1. Túrnense para jugar.

2. Elige un término matemático, pero no lo digas en voz alta.

3. Pon 1 minuto en el temporizador.

4. Da una pista de una palabra sobre tu término. Dale a cada jugador una oportunidad para que adivine tu término.

5. Si nadie adivina, repite el Paso 4 con una pista diferente. Repite hasta que un jugador adivine el término o se acabe el tiempo.

6. El jugador que adivine el término obtiene 1 punto. Si el jugador puede usar la palabra en una oración, obtiene 1 punto más. Luego es su turno de elegir una palabra.

7. Ganará la partida el primer jugador que obtenga 10 puntos.

## Recuadro de palabras

denominador

factor

factor común

fracciones equivalentes

mínima expresión

numeradores

número mixto

producto

# Escríbelo

### Reflexiona

**Elige una idea. Escribe sobre ella.**

- ¿Cuáles de las siguientes fracciones son equivalentes? Explica cómo lo sabes.

$$\frac{3}{6} \qquad \frac{3}{15} \qquad \frac{9}{15} \qquad \frac{9}{18}$$

- Escribe una definición de *factor común* con tus propias palabras.

- Explica cómo hallar el producto: $\frac{3}{8} \times 24 = $ _____.

- Escribe un problema que incluya la multiplicación de una fracción por un número mixto.

Nombre _____

# Hallar una parte de un grupo

**Pregunta esencial** ¿Cómo puedes hallar una parte fraccionaria de un grupo?

Estándares comunes  **Números y operaciones— Fracciones—5.NF.B.4a**
PRÁCTICAS MATEMÁTICAS
MP4, MP5, MP6

## Soluciona el problema  En el mundo  Manos a la obra

Maya colecciona estampillas. Tiene 20 estampillas en su colección. Cuatro quintos de sus estampillas han sido canceladas. ¿Cuántas estampillas de la colección de Maya se han cancelado?

 **Halla $\frac{4}{5}$ de 20.**

- Pon 20 fichas en tu tablero de matemáticas.

  Como quieres hallar $\frac{4}{5}$ de las estampillas, debes disponer las 20 fichas en _____ grupos iguales.

- Dibuja abajo los grupos iguales de fichas. ¿Cuántas fichas hay en cada grupo? _____

▲ La oficina de correos cancela estampillas para evitar que vuelvan a usarse.

- Cada grupo representa _____ de las estampillas. Encierra en un círculo $\frac{4}{5}$ de las fichas.

  ¿Cuántos grupos encerraste en un círculo? _____

  ¿Cuántas fichas encerraste en un círculo? _____

  $\frac{4}{5}$ de 20 = _____, o $\frac{4}{5} \times 20$ = _____

Entonces, se han cancelado _____ estampillas.

**Charla matemática**  PRÁCTICAS MATEMÁTICAS ⑥

Haz conexiones ¿Cuántos grupos encerrarías en un círculo si se cancelaran $\frac{3}{5}$ de las estampillas? Explica.

# 🔑 Ejemplo

Max tiene estampillas de diferentes países en su colección. Tiene 12 estampillas de Canadá. De esas doce, $\frac{2}{3}$ tienen ilustraciones de la reina Elizabeth II. ¿Cuántas estampillas tienen una ilustración de la reina?

- Dibuja una matriz para representar las 12 estampillas. Dibuja una ✗ por cada estampilla. Como quieres hallar $\frac{2}{3}$ de las estampillas, en tu matriz

  debe haber _____ hileras con la misma cantidad de ✗.

- Encierra en un círculo _____ de las 3 hileras para mostrar $\frac{2}{3}$ de 12. Luego cuenta la cantidad de ✗ que hay dentro del círculo.

  Hay _____ ✗ que hay dentro del círculo.

- Completa los enunciados numéricos.

  $\frac{2}{3}$ de 12 = _____ o $\frac{2}{3} \times 12 =$ _____

Entonces, hay _____ estampillas con una ilustración de la reina Elizabeth II.

---

- **PRÁCTICA MATEMÁTICA ⑤ Usa las herramientas apropiadas** Usa tu tablero de matemáticas y fichas para hallar $\frac{4}{6}$ de 12. Explica por qué el resultado es el mismo que cuando hallaste $\frac{2}{3}$ de 12.

  _____

  _____

## ¡Inténtalo! Dibuja una matriz.

Susana tiene 16 estampillas. En su colección, $\frac{3}{4}$ de las estampillas son de los Estados Unidos. ¿Cuántas estampillas son de los Estados Unidos y cuántas no?

Entonces, _____ de las estampillas de Susana son de los Estados Unidos y _____ no lo son.

Nombre _____

## Comparte y muestra
MATH BOARD

**1.** Completa el modelo para resolver el ejercicio.

$\frac{7}{8}$ de 16 o $\frac{7}{8} \times 16$

- ¿Cuántas hileras de fichas hay? _____

- ¿Cuántas fichas hay en cada hilera? _____

- Encierra en un círculo _____ hileras para resolver el problema.

- ¿Cuántas fichas encerraste en un círculo? _____

$\frac{7}{8}$ de 16 = _____ o $\frac{7}{8} \times 16 = $ _____

**Usa un modelo para resolver los ejercicios.**

**2.** $\frac{2}{3} \times 18 = $ _____          ✓ **3.** $\frac{2}{5} \times 15 = $ _____          ✓ **4.** $\frac{2}{3} \times 6 = $ _____

## Por tu cuenta

**Charla matemática** PRÁCTICAS MATEMÁTICAS ④

Usa modelos Explica cómo usaste un modelo para resolver el Ejercicio 4.

**Usa un modelo para resolver los ejercicios.**

**5.** $\frac{5}{8} \times 24 = $ _____          **6.** $\frac{3}{4} \times 24 = $ _____          **7.** $\frac{4}{7} \times 21 = $ _____

**Resuelve.**

**8.** PRÁCTICA MATEMÁTICA ④ Usa diagramas ¿Qué problema de multiplicación representa el modelo?

_____

## Resolución de problemas • Aplicaciones

Usa la tabla para resolver los problemas 9 y 10.

**9.** **PRÁCTICA MATEMÁTICA** ④ **Usa modelos** Cuatro quintos de las estampillas de Zack tienen ilustraciones de animales. ¿Cuántas estampillas con ilustraciones de animales tiene Zack? Usa un modelo para resolver el problema.

_____

**10.** **PIENSA MÁS** Zack, Teri y Paco juntaron las estampillas extranjeras de sus colecciones para una exposición de estampillas. De las colecciones de cada uno, eran extranjeras $\frac{3}{10}$ de las estampillas de Zack, $\frac{5}{6}$ de las estampillas de Teri y $\frac{3}{8}$ de las estampillas de Paco. ¿Cuántas estampillas había en su muestra? Explica cómo resolviste el problema.

_____

_____

_____

_____

_____

### Estampillas coleccionadas

| Nombre | Número de estampillas |
|--------|----------------------|
| Zack   | 30                   |
| Teri   | 18                   |
| Paco   | 24                   |

ESCRIBE ▸ *Matemáticas* · **Muestra tu trabajo**

**11.** **MÁS AL DETALLE** Paula tiene 24 estampillas en su colección. Entre sus estampillas, $\frac{1}{3}$ tienen ilustraciones de animales. De sus estampillas con ilustraciones de animales, $\frac{3}{4}$ tienen ilustraciones de aves. ¿Cuántas estampillas tienen ilustraciones de aves?

_____

**12.** **PIENSA MÁS** Charlotte compró 16 canciones para su reproductor de MP3. Tres cuartos de las canciones son canciones clásicas. ¿Cuántas de las canciones son canciones clásicas? Dibuja un modelo para mostrar cómo encontraste tu resultado.

Nombre _____

## Hallar una parte de un grupo

**ESTÁNDAR COMÚN—5.NF.B.4a**
*Aplican y extienden conocimientos previos de multiplicación y división para multiplicar y dividir fracciones.*

**Usa un modelo para resolver los ejercicios.**

1. $\frac{3}{4} \times 12 = $ ___9___

2. $\frac{7}{8} \times 16 = $ _____

3. $\frac{6}{10} \times 10 = $ _____

4. $\frac{2}{3} \times 9 = $ _____

5. $\frac{1}{6} \times 18 = $ _____

6. $\frac{4}{5} \times 10 = $ _____

## Resolución de problemas · En el mundo

7. Marco hizo 20 dibujos. Hizo $\frac{3}{4}$ de ellos en la clase de arte. ¿Cuántos dibujos hizo Marco en la clase de arte?

8. Caroline tiene 10 canicas. La mitad de ellas son azules. ¿Cuántas de las canicas de Caroline son azules?

_____

_____

9. **ESCRIBE** ▸ *Matemáticas* Explica cómo hallar $\frac{3}{4}$ de 20 usando un modelo. Incluye un dibujo.

_____

1. Usa el modelo para hallar $\frac{1}{3} \times 15$.

_____

2. Usa el modelo para hallar $\frac{2}{4} \times 16$.

_____

## Repaso en espiral (5.NBT.A.1, 5.NBT.B.6, 5.NF.A.1, 5.NF.A.2)

3. ¿Cuál es el valor del dígito subrayado?

$\underline{6},560$

_____

4. Nigel tiene 138 onzas de limonada. ¿Cuántas porciones de 6 onzas de limonada puede preparar?

_____

5. Rafi tenía una tabla que medía $15\frac{1}{2}$ pies de longitud. Cortó tres secciones de la tabla, cada una de las cuales mide $3\frac{7}{8}$ pies de longitud. ¿Cuánto mide la sección de tabla que le quedó?

_____

6. Susie trabajó $4\frac{1}{4}$ horas el lunes y $3\frac{5}{8}$ el martes en un proyecto de historia. ¿Aproximadamente cuánto tiempo trabajó en el proyecto?

_____

PRACTICA MÁS CON EL
Entrenador personal
en matemáticas

Nombre _____

# Multiplicar fracciones y números enteros

**Estándares comunes** Números y operaciones— Fracciones—5.NF.B.4a
**PRÁCTICAS MATEMÁTICAS**
MP4, MP5, MP6

**Pregunta esencial** ¿Cómo puedes usar un modelo para mostrar el producto de una fracción y un número entero?

## Investigar

Martín está plantando una huerta. Cada hilera mide dos metros de longitud. Quiere plantar zanahorias a lo largo de $\frac{3}{4}$ de cada hilera. ¿En cuántos metros de cada hilera plantará zanahorias?

🔒 **Multiplica.** $\frac{3}{4} \times 2$

**Materiales** ■ tiras fraccionarias ■ tablero de matemáticas

**A.** Coloca dos tiras fraccionarias de 1 entero una al lado de la otra para representar la longitud de la huerta.

**B.** Para representar el denominador del factor $\frac{3}{4}$, halla 4 tiras fraccionarias que tengan el mismo denominador y que se ajusten exactamente debajo de los dos enteros.

**C.** Haz un dibujo de tu modelo.

| 1 | 1 |
|---|---|

**D.** En el modelo que dibujaste, encierra en un círculo $\frac{3}{4}$ de 2.

**E.** Completa el enunciado numérico. $\frac{3}{4} \times 2 =$ _____

Entonces, Martín plantará zanahorias a lo largo de _____ metros de cada hilera.

## Sacar conclusiones

1. **PRÁCTICA MATEMÁTICA ⑤ Usa un modelo concreto** Explica por qué colocaste cuatro tiras fraccionarias con el mismo denominador debajo de las dos tiras de 1 entero.

_____

_____

2. **PRÁCTICA MATEMÁTICA ⑤ Usa un modelo concreto** Explica cómo representarías $\frac{3}{10}$ de 2.

_____

_____

_____

## Hacer conexiones

En la sección Investigar, multiplicaste un número entero por una fracción. También puedes usar un modelo para multiplicar una fracción por un número entero.

Margo estaba ayudando a limpiar el salón de clases después de una fiesta. Habían sobrado 3 cajas de pizza. En cada caja habían quedado $\frac{3}{8}$ de una pizza. ¿Cuánta pizza quedó en total?

**Materiales** ■ círculos fraccionarios

**PASO 1** Halla $3 \times \frac{3}{8}$. Usa tres círculos fraccionarios de 1 entero para representar el número de cajas que contienen pizza.

**PASO 2** Coloca partes de círculos fraccionarios de $\frac{1}{8}$ en cada círculo para representar la cantidad de pizza que quedó en cada caja.

- Sombrea los círculos fraccionarios para mostrar tu modelo.

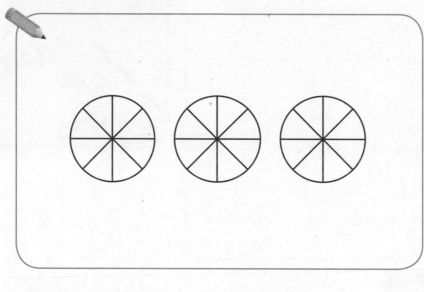

En cada círculo se muestran _____ octavos de un entero.

En los 3 círculos se muestran _____ octavos de un entero.

**PASO 3** Completa los enunciados numéricos.

$$\frac{3}{8} + \frac{3}{8} + \frac{3}{8} = \underline{\hspace{3cm}}$$

$$3 \times \frac{3}{8} = \underline{\hspace{3cm}}$$

Entonces, a Margo le quedaron _____ cajas de pizza.

**Charla matemática** PRÁCTICAS MATEMÁTICAS ⑥

**Explica** cómo sabías que quedaría más de una pizza.

Nombre _____

# Comparte y muestra

Usa el modelo para hallar el producto.

**1.** $\frac{5}{6} \times 3 =$ _____

**2.** $2 \times \frac{5}{6} =$ _____

**Halla el producto.**

**3.** $\frac{5}{12} \times 3 =$ _____

**4.** $9 \times \frac{1}{3} =$ _____

**5.** $\frac{7}{8} \times 4 =$ _____

# Resolución de problemas • Aplicaciones

**6.** _MÁS AL DETALLE_ Eliza llevó a la escuela 3 bandejas de barras de frutas caseras. Sus compañeros se comieron $\frac{7}{12}$ de cada bandeja. Eliza le dio una bandeja entera de las barras restantes a las secretarias de la escuela y se llevó el resto a su casa. Explica cómo hallar qué porción de una bandeja de barras de frutas se llevó Eliza a su casa.

_____

_____

_____

**7.** _PIENSA MÁS_ Tracy está limpiando luego de colocar azulejos en el baño. Hay cuatro cajas de azulejos abiertas. Cada caja tiene $\frac{5}{8}$ de azulejos en su interior. ¿Cuántas cajas de azulejos quedan? Sombrea el modelo y completa los calculos que se muestran abajo para mostrar cómo has hallado tu respuesta.

$4 \times \frac{5}{8} = \dfrac{\boxed{\phantom{00}}}{8} =$ _____ cajas de azulejos

8. **PRÁCTICA MATEMÁTICA 4** **Usa modelos** Tarique dibujó el siguiente modelo para un problema. Escribe 2 problemas que puedan resolverse con este modelo. En uno de los problemas se debe multiplicar un número entero por una fracción y en el otro se debe multiplicar una fracción por un número entero.

**Plantea los problemas.**

**Resuelve los problemas.**

9. **PIENSA MÁS** ¿Cómo podrías cambiar el modelo para que el resultado sea $4\frac{4}{5}$? Explícalo y escribe una nueva ecuación.

## Multiplicar fracciones y números enteros

 **Estándares comunes**

**ESTÁNDAR COMÚN—5.NF.B.4a**
*Aplican y extienden conocimientos previos de multiplicación y división para multiplicar y dividir fracciones.*

**Usa el modelo para hallar el producto.**

**1.** $\frac{5}{12} \times 3 =$ _____ $\frac{5}{4}$ o $1\frac{1}{4}$

**2.** $3 \times \frac{3}{4} =$ _____

**Halla el producto.**

**3.** $\frac{2}{5} \times 5 =$ _____

**4.** $7 \times \frac{2}{3} =$ _____

**5.** $\frac{3}{8} \times 4 =$ _____

**6.** $7 \times \frac{5}{6} =$ _____

**7.** $\frac{5}{12} \times 6 =$ _____

**8.** $9 \times \frac{2}{3} =$ _____

## Resolución de problemas *En el mundo*

**9.** Josefina tiene una bolsa de papas de 5 libras. Usa $\frac{4}{5}$ de la bolsa para hacer una ensalada de papas. ¿Cuántas libras de papas usa Josefina para la ensalada?

**10.** Lucas vive a $\frac{5}{8}$ de milla de la escuela. Kenny vive el doble de lejos de la escuela que Lucas. ¿A cuántas millas de la escuela vive Kenny?

_____

_____

**11.** **ESCRIBE** ▸ *Matemáticas* Explica cómo usar modelos para hallar $3 \times \frac{3}{4}$ y $\frac{3}{4} \times 3$. Incluye un dibujo de cada modelo.

_____

## Repaso de la lección (5.NF.B.4a)

**1.** En la clase de gimnasia, Ted corre $\frac{4}{5}$ de milla. Su maestro corre 6 veces esa distancia cada día. ¿Cuántas millas corre el maestro de Ted cada día?

**2.** Jon decora un estandarte para un desfile. Usa un trozo de cinta roja que mide $\frac{3}{4}$ de yarda de longitud. Jon también necesita cinta azul cuya longitud sea 5 veces la longitud de la cinta roja. ¿Cuánta cinta azul necesita Jon?

## Repaso en espiral (5.OA.A.1, 5.NBT.A.3b, 5.NF.A.2, 5.NF.B.3)

**3.** La Escuela Primaria Mirror Lake ha organizado el viaje de la clase de quinto grado para 168 estudiantes y acompañantes. Cada autobús puede transportar a 54 personas. ¿Cuál es la cantidad mínima de autobuses que se necesitan para el viaje?

**4.** De una tabla de 8 pies, un carpintero serruchó una sección que medía $2\frac{3}{4}$ pies de longitud y otra sección que medía $3\frac{1}{2}$ pies de longitud. ¿Cuánto quedó de la tabla?

**5.** ¿Cuál es el valor de la expresión?

$$30 - 5 \times 4 + 2$$

**6.** ¿Cuál de los siguientes números decimales tiene el menor valor? 0.3; 0.029; 0.003; 0.01

PRACTICA MÁS CON EL
Entrenador personal
en matemáticas

Nombre _____

# La multiplicación de fracciones y números enteros

**Pregunta esencial** ¿Cómo puedes hallar el producto de una fracción y un número entero sin usar un modelo?

**Estándares comunes** Números y operaciones— Fracciones—5.NF.B.4a
PRÁCTICAS MATEMÁTICAS
MP2, MP5, MP6

## 🔑 Soluciona el problema · En el mundo

Charlene tiene cinco bolsas de 1 libra con arena de diferentes colores. Para un proyecto de arte, usará $\frac{3}{8}$ de libra de cada bolsa de arena para crear un frasco de arena decorativo. ¿Cuánta arena habrá en el frasco de Charlene?

- ¿Cuánta arena hay en cada bolsa?

_____

- ¿Charlene usará toda la arena de cada bolsa? Explica.

_____

_____

🔒 Multiplica una fracción por un número entero.

### REPRESENTA

- Sombrea el modelo para mostrar 5 grupos de $\frac{3}{8}$.

$$5 \times \boxed{\phantom{x}} = $$

- Reorganiza las partes sombreadas para completar la mayor cantidad posible de enteros.

 =

Entonces, hay _____ libras de arena en el frasco decorativo de Charlene.

### ANOTA

- Escribe una expresión para representar el problema.

$$5 \times \frac{3}{8}$$ **Piensa:** Debo hallar 5 grupos de 3 partes de un octavo.

- Multiplica el número de partes de un octavo de cada entero por 5. Luego escribe el resultado como el número total de partes de un octavo.

$$\frac{\boxed{\phantom{x}} \times \boxed{\phantom{x}}}{8} = \frac{\boxed{\phantom{x}}}{\boxed{\phantom{x}}}$$

- Escribe el resultado como un número mixto en su mínima expresión.

$$\frac{\boxed{\phantom{x}}}{\boxed{\phantom{x}}} = \boxed{\phantom{x}} \frac{\boxed{\phantom{x}}}{\boxed{\phantom{x}}}$$

**Charla matemática** PRÁCTICAS MATEMÁTICAS ❺

Comunica Explica cómo puedes hallar cuánta arena le queda a Charlene.

## 🔓 **Ejemplo** Multiplica un número entero por una fracción.

Kirsten llevó a la escuela 4 barras de pan para preparar emparedados para la merienda de la clase. Sus compañeros usaron $\frac{2}{3}$ del pan. ¿Cuántas barras de pan se usaron en total?

### REPRESENTA

- Sombrea el modelo para mostrar $\frac{2}{3}$ de 4.

**Piensa:** Puedo cortar las barras de pan en tercios y mostrar los $\frac{2}{3}$ que se usaron.

- Reorganiza las partes sombreadas para completar la mayor cantidad posible de enteros.

Entonces, se usaron _____ barras de pan.

### ANOTA

- Escribe una expresión para representar el problema.

 $\frac{2}{3} \times 4$ **Piensa:** Debo hallar $\frac{2}{3}$ de 4 enteros.

- Multiplica 4 por el número de partes de un tercio que hay en cada entero. Luego escribe el resultado como el número total de partes de un tercio.

- Escribe el resultado como un número mixto.

---

- **PRÁCTICA MATEMÁTICA 6** ¿Tendríamos la misma cantidad de pan si hubiera 4 grupos de $\frac{2}{3}$ de una barra de pan? **Explica.**

---

**¡Inténtalo!** Halla el producto. Escríbelo en su mínima expresión.

**A** $4 \times \frac{7}{8}$

**B** $\frac{5}{9} \times 12$

Nombre _____

**Halla el producto. Escríbelo en su mínima expresión.**

**1.** $3 \times \frac{2}{5} =$ _____

- Multiplica el numerador por el número entero.
  Escribe el producto sobre el denominador.

- Escribe el resultado como un número mixto en su
  mínima expresión.

**2.** $\frac{2}{3} \times 5 =$ _____

**3.** $6 \times \frac{2}{3} =$ _____

**4.** $\frac{5}{7} \times 4 =$ _____

## Por tu cuenta

**Práctica: Copia y resuelve** Halla el producto. Escríbelo en su mínima expresión.

**5.** $\frac{3}{5} \times 11$

**6.** $3 \times \frac{3}{4}$

**7.** $\frac{5}{8} \times 3$

**PRÁCTICA MATEMÁTICA ②** Usa el razonamiento **Álgebra** Halla el dígito desconocido.

**8.** $\frac{\blacksquare}{2} \times 8 = 4$

**9.** $\blacksquare \times \frac{5}{6} = \frac{20}{6}$ o $3\frac{1}{3}$

**10.** $\frac{1}{\blacksquare} \times 18 = 3$

$\blacksquare =$ _____

$\blacksquare =$ _____

$\blacksquare =$ _____

**11.** **PIENSA MÁS** Patty quiere correr $\frac{5}{6}$ de milla cada día durante 5 días. Keisha quiere correr $\frac{3}{4}$ de milla cada día durante 6 días. ¿Quién correrá la mayor distancia?

_____

**12.** **MÁS AL DETALLE** Un panadero hizo 5 libras de masa. Usó $\frac{4}{9}$ de la masa para hacer pan para sándwiches. ¿Cuánta masa queda?

_____

## 🔑 Soluciona el problema En el mundo

**13.** Un cocinero quiere que haya suficiente pavo para 24 personas. Si quiere servir $\frac{3}{4}$ de libra de pavo a cada persona, ¿cuánto pavo necesita?

a. ¿Qué debes hallar? _____

_____

b. ¿Qué operación usarás? _____

c. ¿Qué información tienes? _____

_____

d. Resuelve el problema.

e. Completa las oraciones.

El cocinero quiere servir

_____ de libra de pavo a cada una de 24 personas.

Necesitará _____ × _____ o

_____ libras de pavo.

**14.** **PIENSA MÁS ➕** Julie está usando esta receta para hacer aderezo para ensaladas. Ella planea hacer 5 tandas del aderezo. Tiene 4 tazas de aceite vegetal.

Escribe una expresión de multiplicación para mostrar cuánto aceite vegetal se necesita para 5 tandas.

_____

¿Tiene Julie suficiente aceite vegetal para 5 tandas de aderezo para ensaladas?

_____

_____

| Aderezo para ensaladas |
| --- |
| $1\frac{1}{2}$ cucharaditas de paprika |
| 1 cucharadita de mostaza en polvo |
| $1\frac{1}{2}$ cucharaditas de sal |
| $\frac{1}{8}$ de cucharadita de cebolla en polvo |
| $\frac{3}{4}$ de taza de aceite vegetal |
| $\frac{1}{4}$ de taza de vinagre |

## La multiplicación de fracciones y números enteros

**ESTÁNDAR COMÚN—5.NF.B.4a**
*Aplican y extienden conocimientos previos de multiplicación y división para multiplicar y dividir fracciones.*

Estándares comunes

**Halla el producto. Escríbelo en su mínima expresión.**

**1.** $4 \times \frac{5}{8} =$ _____ $2\frac{1}{2}$

$4 \times \frac{5}{8} = \frac{20}{8}$

$\frac{20}{8} = 2\frac{4}{8}$ o $2\frac{1}{2}$

**2.** $\frac{2}{9} \times 3 =$ _____

**3.** $\frac{4}{5} \times 10 =$ _____

**4.** $\frac{3}{4} \times 9 =$ _____

**5.** $8 \times \frac{5}{6} =$ _____

**6.** $7 \times \frac{1}{2} =$ _____

**7.** $\frac{2}{5} \times 6 =$ _____

**8.** $9 \times \frac{2}{3} =$ _____

**9.** $\frac{3}{10} \times 9 =$ _____

## Resolución de problemas · En el mundo

**10.** Leah hace delantales para venderlos en una feria de artesanías. Necesita $\frac{3}{4}$ de yarda de material para hacer cada delantal. ¿Cuánto material necesita Leah para hacer 6 delantales?

_____

**11.** El tanque de gasolina del carro del señor Tanaka contiene 15 galones de gasolina. La semana anterior usó $\frac{2}{3}$ de la gasolina del tanque. ¿Cuántos galones de gasolina usó el señor Tanaka?

_____

**12.** **ESCRIBE** ▸ *Matemáticas* Escribe un problema que se pueda resolver multiplicando un número entero y una fracción. Incluye la solución.

_____

## Repaso de la lección (5.NF.B.4a)

**1.** En el cine, Liz come $\frac{1}{4}$ de una caja de palomitas de maíz. Su amiga Kyra come el doble de palomitas de maíz que come Liz. ¿Qué cantidad de una caja de palomitas de maíz come Kyra?

**2.** Ed demora 45 minutos para terminar su tarea de ciencias. Demora $\frac{2}{3}$ de ese tiempo para terminar su tarea de matemáticas. ¿Cuánto tiempo demora Ed para terminar su tarea de matemáticas?

## Repaso en espiral (5.NBT.A.2, 5.NBT.B.7, 5.NF.A.1, 5.NF.A.2)

**3.** ¿Cuál es la mejor estimación de este cociente?

$$591.3 \div 29$$

**4.** Sandy compró $\frac{3}{4}$ de yarda de cinta roja y $\frac{2}{3}$ de yarda de cinta blanca para hacer algunos lazos para el cabello. ¿Cuántas yardas de cinta compró en total?

**5.** Eric corrió $3\frac{1}{4}$ millas el lunes, $5\frac{5}{8}$ millas el martes y 8 millas el miércoles. Imagina que continúa con ese patrón el resto de la semana. ¿Qué distancia correrá Eric el viernes?

**6.** Sharon compró 25 libras de carne molida e hizo 100 hamburguesas del mismo peso. ¿Cuál es el peso de cada hamburguesa?

PRACTICA MÁS CON EL
Entrenador personal
en matemáticas

Nombre _____

# Multiplicar fracciones

Estándares comunes — Números y operaciones—
Fracciones—5.NF.B.4a, 5.NF.B.4b

PRÁCTICAS MATEMÁTICAS
MP1, MP3, MP5

**Pregunta esencial** ¿Cómo puedes usar un modelo de área para mostrar el producto de dos fracciones?

## Investigar

 Manos a la obra

Jane está haciendo bolsas de compras y bolsas de papel para el almuerzo, todas reutilizables. Necesita $\frac{3}{4}$ de yarda de tela para hacer una bolsa de compras. Para una bolsa de papel para el almuerzo se necesitan $\frac{2}{3}$ de la cantidad de material que se necesita para hacer la bolsa de compras. ¿Cuánto material necesita para hacer una bolsa de papel para el almuerzo?

🔑 Halla $\frac{2}{3}$ de $\frac{3}{4}$. **Materiales** ■ lápices de colores

**A.** Dobla una hoja de papel de forma vertical en 4 partes iguales. Usa los pliegues verticales como guía para sombrear $\frac{3}{4}$ de color amarillo.

**B.** Dobla el papel de forma horizontal en 3 partes iguales. Usa los pliegues horizontales como guía para sombrear de color azul $\frac{2}{3}$ de las secciones amarillas.

**C.** Cuenta el número de secciones en las que está doblado el papel entero.

- ¿Cuántos rectángulos se formaron

  al doblar el papel? _____

- ¿Qué fracción del papel entero

  representa un rectángulo? _____

**D.** Cuenta las secciones que están sombreadas dos veces y anota

el resultado. $\frac{2}{3} \times \frac{3}{4} =$ _____

Entonces, Jane necesita _____ de yarda de material para hacer una bolsa de papel para el almuerzo.

## Sacar conclusiones

**1.** Explica por qué sombreaste de color azul $\frac{2}{3}$ de las secciones amarillas y no $\frac{2}{3}$ del papel entero.

_____

_____

**2.** **PRÁCTICA MATEMÁTICA ①** **Analiza** qué debes hallar si un modelo muestra $\frac{1}{2}$ hoja de papel sombreada de amarillo y $\frac{1}{3}$ de la sección amarilla sombreada de azul.

_____

## Hacer conexiones

Puedes hallar una parte de una parte de diferentes maneras. Tanto Marguerite como James resolvieron correctamente el problema $\frac{1}{3} \times \frac{3}{4}$ usando los pasos que se muestran a continuación.

**Usa los pasos para mostrar cómo cada persona halló $\frac{1}{3} \times \frac{3}{4}$.**

**Marguerite**

- Sombrea el modelo para mostrar $\frac{3}{4}$ del entero.

- ¿Cuántas partes de $\frac{1}{4}$ sombreaste?

  _____ partes de un cuarto

- Para hallar $\frac{1}{3}$ de $\frac{3}{4}$, encierra en un círculo $\frac{1}{3}$ de las tres partes de $\frac{1}{4}$ que están sombreadas.

- ¿Qué parte del entero representa $\frac{1}{3}$ de las partes sombreadas? _____ del entero

Entonces, $\frac{1}{3} \times \frac{3}{4}$ es _____ .

**James**

- Sombrea el modelo para mostrar $\frac{3}{4}$ del entero.

- Divide cada parte de $\frac{1}{4}$ en tercios.

- ¿Qué parte del entero representa cada parte pequeña? _____

- Para hallar $\frac{1}{3}$ de $\frac{3}{4}$, encierra en un círculo $\frac{1}{3}$ de cada una de las tres partes de $\frac{1}{4}$ que están sombreadas.

- ¿Cuántas partes de $\frac{1}{12}$ encerraste en un círculo?

  _____ partes de un doceavo

Entonces, $\frac{1}{3} \times \frac{3}{4}$ es _____ .

- **Plantea un problema** que pueda resolverse con la ecuación de arriba.

_____

_____

## Comparte y muestra

**Usa el modelo o _i_Tools para hallar el producto.**

**1.**

$\frac{3}{5} \times \frac{1}{3} =$ _____

**2.**

Encierra en un círculo $\frac{2}{3}$ de $\frac{3}{5}$.

$\frac{2}{3} \times \frac{3}{5} =$ _____

**Halla el producto. Dibuja un modelo.**

✓ **3.** $\frac{2}{3} \times \frac{1}{5} =$ _____

✓ **4.** $\frac{1}{2} \times \frac{5}{6} =$ _____

**5.** $\frac{3}{5} \times \frac{1}{3} =$ _____

**6.** $\frac{3}{4} \times \frac{1}{6} =$ _____

## Resolución de problemas • Aplicaciones

**7.** **PRÁCTICA MATEMÁTICA ❶ Evalúa si es razonable** La receta de Ricardo para 4 panes requiere $\frac{2}{3}$ de taza de aceite de oliva. Él sólo quiere hacer 1 pan. Ricardo hace un modelo para hallar cuánto aceite necesita usar. Dobla una hoja de papel en tres partes y sombrea dos partes. Luego dobla el papel en cuatro partes y sombrea $\frac{1}{4}$ de la parte sombreada. Ricardo decide que necesita $\frac{1}{4}$ de taza de aceite de oliva. ¿Tiene razón? Explica.

_____

_____

_____

**8.** **MÁS AL DETALLE** Después de que Sam termina su almuerzo, quedan tres cuartos de un guisado de espinaca. Jackie y Alicia toman cada una $\frac{1}{2}$ de lo que sobró. Jackie come solamente $\frac{2}{3}$ de su porción. ¿Qué fracción del guisado entero comió Jackie? Dibuja un modelo.

_____

## PIENSA MÁS  ¿Cuál es el error?

9. Cheryl y Marcus van a preparar 2 tandas de pastelitos. El tamaño de la tanda más pequeña es $\frac{2}{3}$ del tamaño de la tanda más grande. La receta de la tanda más grande requiere $\frac{3}{5}$ de taza de agua. ¿Cuánta agua necesitarán para hacer la tanda más pequeña?

Hicieron un modelo para representar el problema. Cheryl dice que necesitan $\frac{6}{9}$ de taza de agua. Marcus dice que necesitan $\frac{2}{5}$ de taza de agua. ¿Quién tiene razón? Explica.

_____

_____

_____

_____

10. **PIENSA MÁS**  Un granjero llevó al mercado $\frac{2}{3}$ de las fresas que cosechó. En el mercado, el granjero vendió $\frac{1}{4}$ de las fresas. ¿Cómo puedes saber qué parte de las fresas que el granjero cosechó se vendieron en el mercado? En los ejercicios 10a a 10d, elige el número que hace que la oración sea verdadera.

10a.  Dibujo una matriz rectangular con 3 hileras y $\begin{array}{c} 3 \\ 4 \\ 5 \end{array}$ columnas.

10b.  Sombreo $\begin{array}{c} 1 \\ 2 \\ 3 \end{array}$ de las hileras de gris.

10c.  Sombreo $\begin{array}{c} 2 \\ 3 \\ 4 \end{array}$ de los cuadrados grises de negro.

10d.  El granjero vendió $\begin{array}{c} \frac{3}{8} \\ \frac{1}{4} \\ \frac{1}{6} \end{array}$ de sus fresas en el mercado.

## Multiplicar fracciones

**Estándares comunes**

**ESTÁNDAR COMÚN—5.NF.B.4b**
*Aplican y extienden conocimientos previos de multiplicación y división para multiplicar y dividir fracciones.*

**Halla el producto.**

**1.**

$\frac{1}{4} \times \frac{2}{3} = \underline{\quad \frac{2}{12} \text{ o } \frac{1}{6} \quad}$

**2.**

$\frac{2}{5} \times \frac{5}{6} = \underline{\qquad\qquad}$

**Halla el producto. Dibuja un modelo.**

**3.** $\frac{4}{5} \times \frac{1}{2} = \underline{\qquad\qquad}$

**4.** $\frac{3}{4} \times \frac{1}{3} - \underline{\qquad\qquad}$

**5.** $\frac{3}{8} \times \frac{2}{3} = \underline{\qquad\qquad}$

**6.** $\frac{3}{5} \times \frac{3}{5} = \underline{\qquad\qquad}$

## Resolución de problemas En el mundo

**7.** Nora tiene un pedazo de cinta que mide $\frac{3}{4}$ de yarda de longitud. Usará $\frac{1}{2}$ de esa cinta para hacer un lazo. ¿Qué longitud de la cinta usará para hacer el lazo?

**8.** Marlon compró $\frac{7}{8}$ de libra de pavo en la tienda de comestibles. Usó $\frac{2}{3}$ de esa cantidad para hacer sándwiches para el almuerzo. ¿Qué cantidad del pavo usó Marlon para hacer los sándwiches?

_____

_____

## Repaso de la lección (5.NF.B.4b)

1. Tina tiene $\frac{3}{5}$ de libra de arroz. Usará $\frac{2}{3}$ de esa cantidad para preparar arroz frito para su familia. ¿Qué cantidad de arroz usará Tina para preparar arroz frito?

2. El Sendero de la Cascada tiene una longitud de $\frac{3}{4}$ de milla. A $\frac{1}{6}$ de distancia del comienzo del sendero hay un mirador. ¿A qué distancia en millas se encuentra el mirador del comienzo del sendero?

## Repaso en espiral (5.OA.A.1, 5.NF.A.1, 5.NF.A.2, 5.NF.B.4a)

3. Hayden compró 48 tarjetas de colección nuevas. Tres cuartos de las nuevas tarjetas son de béisbol. ¿Cuántas tarjetas de béisbol compró Hayden?

4. Ayer, Annie caminó $\frac{9}{10}$ de milla hasta la casa de su amiga. Juntas, caminaron $\frac{1}{3}$ de milla hasta la biblioteca. ¿Cuál es la mejor estimación de la distancia total que caminó Annie ayer?

5. Erin va a coser una chaqueta y una falda. Necesita $2\frac{3}{4}$ yardas de material para la chaqueta y $1\frac{1}{2}$ yardas para la falda. En total, ¿cuántas yardas de material necesita Erin?

6. Simplifica la siguiente expresión.

$$[(3 \times 6) + (5 \times 2)] \div 7$$

PRACTICA MÁS CON EL
Entrenador personal
en matemáticas

Nombre _____

# Comparar los factores y los productos de las fracciones

**Estándares comunes** Números y operaciones— Fracciones—5.NF.B.5a, 5.NF.B.5b

**PRÁCTICAS MATEMÁTICAS**
MP2, MP3, MP6

**Pregunta esencial** ¿Qué relación hay entre el tamaño del producto y el tamaño de un factor cuando se multiplican fracciones?

## 🔑 Soluciona el problema *En el mundo*

La multiplicación puede pensarse como un número que cambia el tamaño de otro número. Por ejemplo, $2 \times 3$ tendrá como resultado un producto que es 2 veces mayor que 3.

¿Qué ocurre con el tamaño de un producto cuando un número se multiplica por una fracción y no por un número entero?

## 🔑 De una manera Usa un modelo.

**A** Durante la semana, la familia Delgado se comió $\frac{3}{4}$ de una caja de cereal.

- Sombrea el modelo para mostrar $\frac{3}{4}$ de una caja de cereal.

- Escribe una expresión para $\frac{3}{4}$ de 1 caja de cereal. $\frac{3}{4} \times$ _____

- ¿El producto será *igual, mayor* o *menor que* 1?

_____

**B** La familia Ling tiene 4 cajas de cereal. Se comieron $\frac{3}{4}$ de todo el cereal durante la semana.

- Sombrea el modelo para mostrar $\frac{3}{4}$ de 4 cajas de cereal.

- Escribe una expresión para $\frac{3}{4}$ de 4 cajas de cereal. $\frac{3}{4} \times$ _____

- ¿El producto será *igual, mayor* o *menor que* 4?

_____

**C** La familia Carter tiene solamente $\frac{1}{2}$ caja de cereal al comenzar la semana. Se comieron $\frac{3}{4}$ de la $\frac{1}{2}$ caja de cereal.

- Sombrea el modelo para mostrar $\frac{3}{4}$ de $\frac{1}{2}$ caja de cereal.

- Escribe una expresión para mostrar $\frac{3}{4}$ de $\frac{1}{2}$ caja de cereal. $\frac{3}{4} \times$ _____

- ¿El producto será *igual, mayor* o *menor que* $\frac{1}{2}$? ¿Y que $\frac{3}{4}$?

_____

## 🔓 De otra manera Usa un diagrama.

Puedes usar un diagrama para mostrar la relación entre los productos cuando una fracción se multiplica o se amplía o reduce (cambia el tamaño) por un número.

**Marca un punto para mostrar $\frac{3}{4}$ ampliado o reducido por 1, por $\frac{1}{2}$ y por 4.**

**A** $1 \times \frac{3}{4}$

**Piensa:** Ubica $\frac{3}{4}$ en el diagrama y sombrea esa distancia desde 0. Luego marca un punto para mostrar 1 de $\frac{3}{4}$.

**B** $\frac{1}{2} \times \frac{3}{4}$

**Piensa:** Ubica $\frac{3}{4}$ en el diagrama y sombrea esa distancia desde 0. Luego marca un punto para mostrar $\frac{1}{2}$ de $\frac{3}{4}$.

**C** $4 \times \frac{3}{4}$

**Piensa:** Ubica $\frac{3}{4}$ en el diagrama y sombrea esa distancia desde 0. Luego marca un punto para mostrar 4 por $\frac{3}{4}$.

---

**PRÁCTICA MATEMÁTICA 6** Completa los enunciados con *igual a, mayor que* o *menor que*. **Explica** tus elecciones.

- El producto de 1 y $\frac{3}{4}$ será _____ $\frac{3}{4}$.

_____

- El producto de un número menor que 1 y $\frac{3}{4}$ será

_____ $\frac{3}{4}$ y _____ el otro factor.

_____

_____

- El producto de un número mayor que 1 y $\frac{3}{4}$ será

_____ $\frac{3}{4}$ y _____ el otro factor.

_____

_____

> **Charla matemática**
>
> **PRÁCTICAS MATEMÁTICAS 2**
>
> Razona de forma abstracta ¿Qué pasaría si se multiplicara $\frac{3}{5}$ por $\frac{1}{6}$ o por el número entero 7? ¿Serían los productos iguales, mayores o menores que $\frac{3}{5}$? Explica.

Nombre _____

**Completa el enunciado con *igual a, mayor que* o *menor que*.**

**1.** $4 \times \frac{7}{8}$ será _____ $\frac{7}{8}$.

```
    0       1       2       3       4
```

☑ **2.** $\frac{3}{5} \times \frac{2}{7}$ será _____ $\frac{3}{5}$.    ☑ **3.** $\frac{5}{8} \times 6$ será _____ $\frac{5}{8}$.

## Por tu cuenta

**Completa el enunciado con *igual a, mayor que* o *menor que*.**

**4.** $\frac{4}{9} \times \frac{3}{8}$ será _____ $\frac{3}{8}$.

**5.** $7 \times \frac{9}{10}$ será _____ $\frac{9}{10}$.

**6.** $5 \times \frac{1}{3}$ será _____ $\frac{1}{3}$.

**7.** $\frac{6}{11} \times 1$ será _____ $\frac{6}{11}$.

## Resolución de problemas • Aplicaciones

**8.** Peter quiere ver television $\frac{2}{3}$ de las horas que vio televisión la semana pasada. ¿Pasará más o menos horas viendo televisión esta semana?

_____

**9.** *MÁS AL DETALLE* La Sra. Rodríguez tiene 18 paquetes de bolígrafos en su tienda el lunes. El martes tiene $\frac{5}{6}$ del número de bolígrafos que tenía el lunes. El miércoles tiene $\frac{2}{5}$ del número de bolígrafos que tenía el martes. ¿Cuántos paquetes de bolígrafos tiene el miércoles?

_____

**10.** PRÁCTICA MATEMÁTICA ② **Representa un problema** Ariel sale a correr durante $\frac{5}{6}$ de hora. El día siguiente corre $\frac{3}{4}$ de ese tiempo. ¿Corre más o menos tiempo el segundo día? Dibuja un diagrama o haz un modelo para representar el problema.

_____

## Conectar con el Arte

Un modelo a escala es una representación de un objeto con la misma forma que el objeto real. Los modelos pueden ser más grandes o más pequeños que el objeto real, pero suelen ser más pequeños.

Los arquitectos suelen hacer modelos a escala de los edificios o las estructuras que planean construir. Los modelos pueden darles una idea de cómo se verá la estructura una vez terminada. Todas las medidas del edificio se amplían o se reducen por el mismo factor.

Bob está construyendo un modelo a escala de su bicicleta. Quiere que su modelo tenga $\frac{1}{5}$ de la longitud de su bicicleta.

**11.** Si la biciceta de Bob mide 60 pulgadas de longitud, ¿cuál será la longitud de su modelo? _____

**12.** **PIENSA MÁS** Si una de las ruedas del modelo de Bob mide 4 pulgadas de ancho, ¿cuántas pulgadas de ancho mide la rueda real de su bicicleta? Explica.

_____

_____

_____

---

**Entrenador personal en matemáticas**

**13.** **PIENSA MÁS +**   Escribe cada expresión de multiplicación en el recuadro correcto.

$$\frac{5}{6} \times \frac{2}{3} \qquad 2 \times \frac{5}{6} \qquad \frac{5}{6} \times \frac{4}{4} \qquad \frac{5}{6} \times \frac{7}{3} \qquad \frac{10}{10} \times \frac{5}{6} \qquad \frac{5}{6} \times \frac{5}{6}$$

| El producto es igual a $\frac{5}{6}$. | El producto es mayor que $\frac{5}{6}$. | El producto es menor que $\frac{5}{6}$. |
|---|---|---|
|  |  |  |

Comparar los factores y los productos de las fracciones

**ESTÁNDARES COMUNES—5.NF.B.5a, 5.NF.B.5b** *Aplican y extienden conocimientos previos de multiplicación y división para multiplicar y dividir fracciones.*

**Completa los enunciados con** *igual a, mayor que* **o** *menor que.*

**1.** $\frac{3}{5} \times \frac{4}{7}$ será ____menor que____ $\frac{4}{7}$.

**2.** $5 \times \frac{7}{8}$ será _____ $\frac{7}{8}$.

> **Piensa:** $\frac{4}{7}$ está multiplicado por un número menor que 1; entonces, $\frac{3}{5} \times \frac{4}{7}$ será menor que $\frac{4}{7}$.

**3.** $6 \times \frac{2}{5}$ será _____ $\frac{2}{5}$.

**4.** $\frac{1}{9} \times 1$ será _____ $\frac{1}{9}$.

**5.** $\frac{7}{8} \times \frac{3}{5}$ será _____ $\frac{3}{5}$.

**6.** $\frac{4}{5} \times \frac{7}{7}$ será _____ $\frac{4}{5}$.

## Resolución de problemas · En el mundo

**7.** Starla prepara chocolate caliente. Quiere multiplicar la receta por 4 para preparar suficiente chocolate caliente para toda la clase. Si la receta lleva $\frac{1}{2}$ cucharadita de extracto de vainilla, ¿necesitará más de $\frac{1}{2}$ cucharadita o menos de $\frac{1}{2}$ cucharadita de extracto de vainilla para preparar la cantidad total de chocolate caliente?

**8.** Esta semana, Miguel planea andar en bicicleta $\frac{2}{3}$ de las horas que anduvo la semana anterior. ¿Andará Miguel esta semana más o menos horas en bicicleta que la semana anterior?

_____

_____

**9.** **ESCRIBE** *Matemáticas* Explica cómo puedes comparar el tamaño de un producto con el tamaño de un factor en la multiplicación de fracciones sin realizar la multiplicación. Incluye un modelo.

_____

**1.** Trevor ahorra $\frac{2}{3}$ del dinero que gana en el trabajo que tiene después de la escuela. Imagina que Trevor comienza a ahorrar $\frac{1}{4}$ de lo que está ahorrando ahora. ¿Ahorrará menos, más o la misma cantidad de dinero?

_____

_____

**2.** Imagina que multiplicas un número entero mayor que 1 por la fracción $\frac{3}{5}$. ¿El producto será mayor, menor o igual que $\frac{3}{5}$?

_____

_____

**3.** Durante los próximos 10 meses, Colin quiere ahorrar $900 para sus vacaciones. Planea ahorrar $75 en cada uno de los primeros 8 meses. ¿Cuánto deberá ahorrar en cada uno de los últimos 2 meses para alcanzar su meta si ahorra la misma cantidad en cada mes?

_____

**4.** ¿Cuánto cuestan en total 0.5 libras de duraznos que se venden a $0.80 la libra y 0.7 libras de naranjas que se venden a $0.90 la libra?

_____

**5.** Megan hizo una caminata de 15.12 millas en 6.3 horas. Si Megan caminó la misma cantidad de millas cada hora, ¿qué distancia caminó cada hora?

**6.** La distancia desde Eaton hasta Baxter es $42\frac{1}{2}$ millas y la distancia desde Baxter hasta Wellington es $37\frac{4}{5}$ millas. ¿Cuál es la distancia desde Eaton hasta Wellington si se pasa por Baxter?

_____

_____

PRACTICA MÁS CON EL
Entrenador personal
en matemáticas

© Houghton Mifflin Harcourt Publishing Company

# La multiplicación de fracciones

**Pregunta esencial** ¿Cómo se multiplican las fracciones?

Números y operaciones —
Fracciones—5.NF.B.4a, 5.NF.B.5b
También 5.NF.B.5a
PRÁCTICAS MATEMÁTICAS
MP1, MP2, MP3, MP6

**Estándares comunes**

## Soluciona el problema En el mundo

A Sasha le falta tejer $\frac{3}{5}$ de una bufanda. Si hoy termina $\frac{1}{2}$ de lo que le falta, ¿qué parte de la bufanda tejerá Sasha hoy?

**Multiplica.** $\frac{1}{2} \times \frac{3}{5}$

- ¿Qué parte de la bufanda le falta tejer a Sasha?

  _____

- De la parte que le falta tejer, ¿qué fracción terminará hoy?

  _____

### De una manera Usa un modelo.

- Sombrea $\frac{3}{5}$ del modelo de color amarillo.

- Dibuja una línea horizontal en el rectángulo para dividirlo en 2 partes iguales.

- Sombrea de color azul $\frac{1}{2}$ de las secciones amarillas.

- Cuenta las secciones que están sombreadas dos veces y escribe una fracción para representar las partes del entero que están sombreadas dos veces.

  $$\frac{1}{2} \times \frac{3}{5} = \text{\_\_\_\_\_}$$

- Compara el numerador y el denominador del producto con el numerador y el denominador de los factores. **Describe** lo que observas.

  _____

  _____

### De otra manera Usa lápiz y papel.

Puedes multiplicar fracciones sin usar un modelo.

- Multiplica los numeradores.

- Multiplica los denominadores.

$$\frac{1}{2} \times \frac{3}{5} = \frac{1 \times \square}{2 \times \square}$$

$$= \frac{\square}{\square}$$

Entonces, Sasha tejerá hoy _____ de la bufanda.

Recuerda que puedes escribir un número entero como una fracción con 1 como denominador.

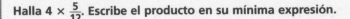

## 🔑 Ejemplo

Halla $4 \times \frac{5}{12}$. Escribe el producto en su mínima expresión.

$$4 \times \frac{5}{12} = \frac{4}{\square} \times \frac{5}{12}$$

Escribe el número entero como una fracción.

$$= \frac{4 \times \square}{\square \times \square} = \frac{\square}{\square}$$

Multiplica los numeradores.
Multiplica los denominadores.

$$= \frac{\square \div \square}{12 \div \square} = \frac{\square}{\square} \ o \ \square$$

Escribe el producto como una fracción o como un número mixto en su mínima expresión.

**Charla matemática** PRÁCTICAS MATEMÁTICAS ❶
Evalúa si es razonable ¿Es razonable el resultado? Explica.

Entonces, $4 \times \frac{5}{12} =$ _____ o _____ .

**¡Inténtalo!** Evalúa $c \times \frac{4}{5}$ para $c = \frac{2}{2}$.

- ¿De qué otra forma se puede escribir el valor de $c$? _____

- ¿Qué sucede cuando multiplicas un número entero por 1?

  _____

- Reemplaza $c$ en la expresión por _____ .

- Multiplica los numeradores.

- Multiplica los denominadores.

- ¿Qué notas en el producto?

  _____

$$\frac{\square}{\square} \times \frac{4}{5}$$

$$\frac{\square \times \square}{\square \times \square} = \frac{\square}{\square}$$

$$\frac{\square}{\square} = \frac{\square}{\square}$$

Entonces, multiplicar $c \times \frac{4}{5}$ es igual a _____ cuando $c = \frac{2}{2}$.

- **PRÁCTICA MATEMÁTICA ❸** Usa el razonamiento ¿Obtendrás el mismo resultado si multiplicas $\frac{4}{5}$ por cualquier fracción con un numerador y denominador que son el mismo dígito? Explica.

_____

_____

Nombre _____

**Halla el producto. Escríbelo en su mínima expresión.**

**1.** $6 \times \frac{3}{8}$

$$\frac{6}{1} \times \frac{3}{8} = \underline{\quad}$$

_____

**2.** $\frac{3}{8} \times \frac{8}{9}$

_____

**3.** $\frac{2}{3} \times 27$

_____

**4.** $\frac{5}{12} \times \frac{3}{5}$

_____

**5.** $\frac{1}{2} \times \frac{3}{5}$

_____

**6.** $\frac{2}{3} \times \frac{4}{5}$

_____

**7.** $\frac{1}{3} \times \frac{5}{8}$

_____

**8.** $4 \times \frac{1}{5}$

_____

Charla matemática

**PRÁCTICAS MATEMÁTICAS 6**

Explica cómo hallar el producto $\frac{1}{6} \times \frac{2}{3}$ en su mínima expresión.

## Por tu cuenta

**Halla el producto. Escríbelo en su mínima expresión.**

**9.** $2 \times \frac{1}{8}$

_____

**10.** $\frac{4}{9} \times \frac{4}{5}$

_____

**11.** $\frac{1}{12} \times \frac{2}{3}$

_____

**12.** $\frac{1}{7} \times 30$

_____

**13.** $\frac{2}{5} \times \frac{4}{7}$

_____

**14.** $\frac{7}{8} \times \frac{4}{5}$

_____

**15.** $\frac{2}{3} \times \frac{8}{8}$

_____

**16.** $5 \times \frac{4}{5}$

_____

**17.** De las mascotas que hay en una exhibición, $\frac{5}{6}$ son gatos y $\frac{4}{5}$ de los gatos tienen manchas. ¿Qué fracción de las mascotas son gatos con manchas?

_____

**18.** *MÁS AL DETALLE* Cada gato de un grupo de cinco se comió $\frac{1}{4}$ de taza de alimento enlatado y $\frac{1}{4}$ de taza de alimento seco. ¿Cuánta comida comieron entre todos?

_____

## Resolución de problemas · Aplicaciones

El patinaje de velocidad es un deporte popular en los Juegos Olímpicos de invierno. Muchos atletas jóvenes de los Estados Unidos participan en clubes y en campamentos de patinaje de velocidad.

**19.** En un campamento de Green Bay, Wisconsin, $\frac{7}{9}$ de los participantes eran de Wisconsin. De ese grupo, $\frac{3}{5}$ tenían 12 años de edad. ¿Qué fracción del grupo era de Wisconsin y tenía 12 años de edad?

_____

**20.** **PIENSA MÁS**   Maribel quiere patinar $1\frac{1}{2}$ millas el lunes. Si ella patina $\frac{9}{10}$ de milla el lunes por la mañana y $\frac{2}{3}$ de esa distancia el lunes por la tarde, ¿logrará su objetivo? Explica.

_____

**21.** **PRÁCTICA MATEMÁTICA ②** **Razona de forma cuantitativa**  El primer día de campamento, $\frac{5}{6}$ de los patinadores eran principiantes. De los principiantes, $\frac{1}{3}$ eran niñas. ¿Qué fracción de los patinadores eran niñas y principiantes? Explica por qué tu resultado es razonable.

_____

**22.** **PIENSA MÁS**   Un científico tenía $\frac{3}{5}$ de litro de solución. Usó $\frac{1}{6}$ de la solución para un experimento. ¿Cuánta solución usó el científico para el experimento? Usa los números de los recuadros para completar el cálculo. Puedes usar los números más de una vez o no usarlos para nada.

$$\frac{3}{5} \times \frac{1}{6} = \frac{3 \times \boxed{\phantom{0}}}{5 \times \boxed{\phantom{0}}} = \frac{\boxed{\phantom{0}}}{\boxed{\phantom{0}}} = \frac{\boxed{\phantom{0}}}{\boxed{\phantom{0}}}$$

| 1 | 2 | 3 | 4 |
| 6 | 10 | 20 | 30 |

_____ de litro

## La multiplicación de fracciones

**ESTÁNDAR COMÚN—5.NF.B.4a**
*Aplican y extienden conocimientos previos de multiplicación y división para multiplicar y dividir fracciones.*

**Halla el producto. Escríbelo en su mínima expresión.**

**1.** $\dfrac{4}{5} \times \dfrac{7}{8} = \dfrac{4 \times 7}{5 \times 8}$

$= \dfrac{28}{40}$

$= \dfrac{7}{10}$

**2.** $3 \times \dfrac{1}{6}$

**3.** $\dfrac{5}{9} \times \dfrac{3}{4}$

**4.** $\dfrac{4}{7} \times \dfrac{1}{2}$

**5.** $\dfrac{1}{8} \times 20$

**6.** Karen rastrilló $\dfrac{3}{5}$ del jardín. Minni rastrilló $\dfrac{1}{3}$ del área que rastrilló Karen. ¿Qué porción del jardín rastrilló Minni?

**7.** En la exhibición de mascotas, $\dfrac{3}{8}$ de estas son perros. De los perros, $\dfrac{2}{3}$ tienen pelo largo. ¿Qué fracción de las mascotas son perros con pelo largo?

**Álgebra** **Evalúa para el valor dado de la variable.**

**8.** $\dfrac{7}{8} \times c$ para $c = 8$

**9.** $t \times \dfrac{3}{4}$ para $t = \dfrac{8}{9}$

**10.** $\dfrac{1}{2} \times s$ para $s = \dfrac{3}{10}$

**11.** $y \times 6$ para $y = \dfrac{2}{3}$

## Resolución de problemas En el mundo

**12.** Jason corrió $\dfrac{5}{7}$ de la distancia total de la pista de la escuela. Sara corrió $\dfrac{4}{5}$ de la distancia que corrió Jason. ¿Qué fracción de la distancia total de la pista corrió Sara?

**13.** Un grupo de estudiantes asiste a un club de matemáticas. La mitad de los estudiantes son varones y $\dfrac{4}{9}$ de ellos tienen ojos color café. ¿Qué fracción del grupo son varones que tienen ojos color café?

**14.** **ESCRIBE** *Matemáticas* Explica en qué se parece multiplicar fracciones a multiplicar números enteros y en qué se diferencia.

_____

## Repaso de la lección (5.NF.B.4a)

**1.** Fritz asistió durante $\frac{5}{6}$ de hora al ensayo de la banda. Luego fue a su casa y practicó durante $\frac{2}{5}$ del tiempo que estuvo en el ensayo. ¿Cuántos minutos practicó en su casa?

**2.** Darlene leyó $\frac{5}{8}$ de un libro de 56 páginas. ¿Cuántas páginas leyó Darlene?

## Repaso en espiral (5.NBT.A.2, 5.NF.A.1, 5.NF.B.3, 5.NF.B.4a)

**3.** ¿Cuál es el cociente de $\frac{18}{1,000}$?

**4.** Una máquina produce 1,000 bolos de boliche por hora y cada uno está valorado en $8.37. ¿Cuál es el valor total de los bolos producidos en 1 hora?

**5.** Keith tenía $8\frac{1}{2}$ tazas de harina. Usó $5\frac{2}{3}$ tazas para hacer pan. ¿Cuántas tazas de harina le quedaron a Keith?

**6.** El sendero del lago Azul tiene una longitud de $11\frac{3}{8}$ millas. Gemma ha recorrido $2\frac{1}{2}$ millas por hora durante 3 horas. ¿A qué distancia del final del sendero está?

PRACTICA MÁS CON EL
Entrenador personal
en matemáticas

Nombre _____

# ✓ Revisión de la mitad del capítulo

## Conceptos y destrezas

1. **Explica** cómo representarías $5 \times \frac{2}{3}$. (5.NF.8.4a)

   _____

   _____

2. Cuando multiplicas $\frac{2}{3}$ por una fracción menor que uno, ¿qué relación hay entre el producto y los factores? **Explica.** (5.NF.B.5a)

   _____

   _____

**Halla el producto. Escribe el producto en su mínima expresión.** (5.NF.B.4a, 5.NF.B.4b)

3. $\frac{2}{3} \times 6$

4. $\frac{4}{5} \times 7$

5. $8 \times \frac{5}{7}$

6. $\frac{7}{8} \times \frac{3}{8}$

7. $\frac{1}{2} \times \frac{3}{4}$

8. $\frac{7}{8} \times \frac{4}{7}$

9. $2 \times \frac{3}{11}$

10. $\frac{5}{8} \times \frac{2}{3}$

11. $\frac{7}{12} \times 8$

**Completa el enunciado con *igual a, mayor que* o *menor que*.** (5.NF.B.5a)

12. $3 \times \frac{2}{3}$ será _____ 3.

13. $\frac{5}{7} \times 3$ será _____ $\frac{5}{7}$.

**14.** MÁS AL DETALLE En la cena, quedaron $\frac{5}{6}$ de una tarta de manzana. Víctor planea comer mañana $\frac{1}{6}$ de la tarta que quedó. ¿Qué parte de la tarta entera comerá mañana? (5.NF.B.4a)

_____

**15.** Everett y Marie van a preparar barras de frutas para una reunión familiar. Quieren preparar 4 veces la cantidad que indica la receta. Si para preparar la receta se necesitan $\frac{2}{3}$ de taza de aceite, ¿cuánto aceite necesitarán? (5.NF.B.5a)

_____

**16.** Matt hizo el siguiente modelo como ayuda para resolver su problema de matemáticas. Escribe una expresión que coincida con el modelo de Matt. (5.NF.B.4b)

_____

Nombre _____

# El área y los números mixtos

**Pregunta esencial** ¿Cómo puedes usar una ficha cuadrada unitaria para hallar el área de un rectángulo cuyos lados tienen longitudes en forma de fracciones?

**Estándares comunes** Números y operaciones — Fracciones—5.NF.B.4b

**PRÁCTICAS MATEMÁTICAS** MP2, MP4, MP5

## Investigar

Puedes usar fichas cuadradas cuya longitud de los lados sea una fracción unitaria para hallar el área de un rectángulo.

Li quiere cubrir el piso rectangular de su armario con losetas. El piso mide $2\frac{1}{2}$ pies por $3\frac{1}{2}$ pies. Quiere usar la menor cantidad posible de losetas y no quiere cortar ninguna. Las losetas se fabrican en tres tamaños: 1 pie por 1 pie, $\frac{1}{2}$ pie por $\frac{1}{2}$ pie y $\frac{1}{4}$ de pie por $\frac{1}{4}$ de pie. Elige la loseta que debe usar Li. ¿Cuál es el área del piso del armario?

**A.** Elige la loseta más grande que pueda usar Li para cubrir el piso del armario y evitar que queden espacios entre las losetas o que estas se superpongan.

1 pie — 1 pie

$\frac{1}{2}$ pie — $\frac{1}{2}$ pie

$\frac{1}{4}$ de pie — $\frac{1}{4}$ de pie

- ¿Qué loseta debe elegir Li? **Explica.** _____

_____

_____

**B.** En la cuadrícula, sea cada cuadrado las dimensiones de la loseta que elegiste. Haz un diagrama del piso.

**C.** Cuenta los cuadrados que hay en tu diagrama.

- ¿Cuántos cuadrados cubren el diagrama?

_____ × _____ o _____ cuadrados

- ¿Cuál es el área de la loseta que elegiste? _____

- Como 1 cuadrado de tu diagrama representa un área de _____ de pie cuadrado

el área representada por _____ cuadrados es _____ × _____

o _____ pies cuadrados.

Entonces, el área del piso escrita como un número mixto es

_____ pies cuadrados.

**Charla matemática** **PRÁCTICAS MATEMÁTICAS ⑤**

Comunica Explica cómo hallaste el área de la loseta que elegiste.

## Sacar conclusiones

**1.** Usando la fórmula del área, escribe una expresión de multiplicación que podría ser usada para encontrar el área del piso.

_____

**2.** **PRÁCTICA MATEMÁTICA ④ Escribe una expresión** Vuelve a escribir la expresión con fracciones mayores que 1 y calcula el área. ¿Es igual a lo que encontraste en el modelo?

_____

**3.** ¿Cuántas losetas de $\frac{1}{4}$ de pie por $\frac{1}{4}$ de pie necesitaría Li para cubrir una loseta de $\frac{1}{2}$ pie por $\frac{1}{2}$ pie? _____

**4.** ¿Cómo podrías hallar el número de losetas de $\frac{1}{4}$ de pie por $\frac{1}{4}$ de pie que se necesitan para cubrir el piso del mismo armario?

_____

_____

$\frac{1}{2}$ pie

$\frac{1}{2}$ pie

## Hacer conexiones

A veces es más fácil multiplicar números mixtos si los descompones en números enteros y fracciones.

**Usa un modelo de área para resolver el ejercicio.** $1\frac{3}{5} \times 2\frac{3}{4}$

**PASO 1** Vuelve a escribir cada número mixto como la suma de un número entero y una fracción.

$1\frac{3}{5} =$ _____     $2\frac{3}{4} =$ _____

_____

**PASO 2** Dibuja un modelo de área para mostrar el problema de multiplicación original.

_____

**PASO 3** Dibuja líneas discontinuas y rotula cada sección para mostrar cómo descompusiste los números mixtos en el Paso 1.

_____

**PASO 4** Halla el área de cada sección.

_____

**PASO 5** Suma el área de cada sección para hallar el área total del rectángulo.

_____

Entonces, el producto de $1\frac{3}{5} \times 2\frac{3}{4}$ es _____.

Nombre _____

Usa la cuadrícula para hallar el área. Sea cada cuadrado $\frac{1}{3}$ de metro por $\frac{1}{3}$ de metro.

**1.** $1\frac{2}{3} \times 1\frac{1}{3}$

- Haz un diagrama para representar las dimensiones.

- ¿Cuántos cuadrados cubren el diagrama? _____

- ¿Cuál es el área de cada cuadrado? _____

- ¿Cuál es el área del diagrama? _____

Usa la cuadrícula para hallar el área. Sea cada cuadrado $\frac{1}{4}$ de pie por $\frac{1}{4}$ de pie.

**2.** $1\frac{3}{4} \times 1\frac{2}{4} =$ _____

El área es _____ pies cuadrados.

**✅ 3.** $1\frac{1}{4} \times 1\frac{1}{2} =$ _____

El área es _____ pies cuadrados.

Usa un modelo de área para resolver los ejercicios.

**4.** $1\frac{3}{4} \times 2\frac{1}{2}$

**5.** $1\frac{3}{8} \times 2\frac{1}{2}$

**✅ 6.** $1\frac{1}{9} \times 1\frac{2}{3}$

_____    _____    _____

**7.** **PRÁCTICA MATEMÁTICA ②** **Usa el razonamiento** Explica qué relación hay entre hallar el área de un rectángulo en el que la longitud de los lados está expresada con un número entero y hallar el área de un rectángulo en el que la longitud de los lados está expresada con una fracción.

_____

_____

_____

# Resolución de problemas • Aplicaciones En el mundo

**PIENSA MÁS** **Plantea un problema**

**8.** Terrance está diseñando un jardín. Hizo el siguiente diagrama de su jardín. Plantea un problema con números mixtos que se pueda resolver con su diagrama.

**Plantea un problema.**

**Resuelve tu problema.**

**9.** **MÁS AL DETALLE** La recámara de Tucker es un rectángulo que mide $3\frac{1}{3}$ yardas por $4\frac{1}{2}$ yardas. Su padre compra dos alfombras que tienen una longitud de 4 yardas cada una. Una de las alfombras tiene un área de 16 yardas cuadradas. La otra tiene 12 yardas cuadradas. ¿Qué alfombra entrará en la recámara de Tucker? Explica.

_____

_____

**10.** **PIENSA MÁS** El jardín de Nancy tiene las dimensiones que se muestran en la gráfica. Ella necesita hallar el área del jardín para saber cuánta tierra fértil debe comprar. Completa el modelo de área que se muestra a continuación para hallar el área.

$3\frac{3}{4}$ yd

$4\frac{1}{2}$ yd

El área del jardín es _____ yardas cuadradas.

## El área y los números mixtos

ESTÁNDAR COMÚN—5.NF.B.4b
Aplican y extienden conocimientos previos de
multiplicación y división para multiplicar y
dividir fracciones.

**Usa la cuadrícula para hallar el área.**

**1.** Sea cada cuadrado $\frac{1}{4}$ de unidad por $\frac{1}{4}$ de unidad.

$2\frac{1}{4} \times 1\frac{1}{2} = \underline{\quad 3\frac{3}{8} \quad}$

___54___ cuadrados cubren el diagrama.

Cada cuadrado es ___$\frac{1}{16}$___ de unidad cuadrada.

El área del diagrama es

$54 \times \frac{1}{16} = \frac{54}{16} = 3\frac{3}{8}$ unidades cuadradas.

**2.** Sea cada cuadrado $\frac{1}{3}$ de unidad por $\frac{1}{3}$ de unidad.

$1\frac{2}{3} \times 2\frac{1}{3} = \underline{\qquad}$

El área es _____ unidades cuadradas.

**Usa un modelo de área para resolver los ejercicios.**

**3.** $1\frac{1}{8} \times 2\frac{1}{2}$

**4.** $2\frac{2}{3} \times 1\frac{1}{3}$

**5.** $1\frac{3}{4} \times 2\frac{1}{2}$

_____ _____ _____

## Resolución de problemas

**6.** El tapete de la recámara de Ava mide $2\frac{3}{4}$ pies de longitud y $2\frac{1}{2}$ pies de ancho. ¿Cuál es el área del tapete?

**7.** Una pintura mide $2\frac{2}{3}$ pies de longitud y $1\frac{1}{2}$ pies de altura. ¿Cuál es el área de la pintura?

_____ _____

**8.** **ESCRIBE** ▸ *Matemáticas* Dibuja una figura que tenga longitudes laterales fraccionarias. Describe cómo hallarías su área.

_____

**1.** La base de una fuente es rectangular. Sus dimensiones son $1\frac{2}{3}$ pies por $2\frac{2}{3}$ pies. ¿Cuál es el área de la base de la fuente?

**2.** El piso de la sala de Bill está cubierto con losetas de alfombra. Cada loseta mide $1\frac{1}{2}$ pies de longitud por $2\frac{3}{5}$ pies de ancho. ¿Cuál es el área de una loseta?

## Repaso en espiral (5.OA.A.2, 5.NBT.B.5, 5.NBT.B.6, 5.NF.B.4a)

**3.** Lucy ganó $18 por cuidar niños el viernes y $20 por cuidar niños el sábado. El domingo, gastó la mitad del dinero que ganó. Escribe una expresión que se relacione con las palabras.

**4.** Una empleada de una tienda de comestibles coloca latas de sopa en los estantes. Tiene 12 cajas y cada una de ellas contiene 24 latas de sopa. En total, ¿cuántas latas de sopa colocará la empleada en los estantes?

**5.** ¿Cuál es la mejor estimación para el cociente de $5,397 \div 62$?

**6.** En un estacionamiento hay 45 vehículos. Tres quintos de los vehículos son minibuses. ¿Cuántos vehículos del estacionamiento son minibuses?

**PRACTICA MÁS CON EL**
Entrenador personal
en matemáticas

# Comparar los factores y los productos de los números mixtos

**Estándares comunes** Números y operaciones — Fracciones—5.NF.B.5a, 5.NF.B.5b
PRÁCTICAS MATEMÁTICAS
MP2, MP3, MP5, MP6

**Pregunta esencial** ¿Qué relación hay entre el tamaño del producto y el tamaño de un factor cuando se multiplican fracciones mayores que uno?

## 🔑 Soluciona el problema En el mundo

Puedes hacer generalizaciones acerca del tamaño relativo de un producto cuando un factor es igual a 1, menor que 1 o mayor que 1.

### 🔑 De una manera Usa un modelo.

Sherise tiene una receta para la que se necesitan $1\frac{1}{4}$ tazas de harina. Quiere saber cuánta harina necesitaría si preparara la receta como está escrita, si preparara la mitad de la receta y si preparara $1\frac{1}{2}$ veces la receta.

Sombrea los modelos para mostrar $1\frac{1}{4}$ ampliado o reducido por 1, por $\frac{1}{2}$ y por $1\frac{1}{2}$.

**Ⓐ** $1 \times 1\frac{1}{4}$

**Piensa:** Puedo usar lo que sé acerca de la propiedad de identidad

- ¿Qué puedes decir acerca del producto cuando $1\frac{1}{4}$ se multiplica por 1?

_____

**Ⓑ** $\frac{1}{2} \times 1\frac{1}{4}$

**Piensa:** El producto será igual a la mitad de la cantidad con la que comencé.

- ¿Qué puedes decir acerca del producto cuando $1\frac{1}{4}$ se multiplica por

una fracción menor que 1? _____

**Ⓒ** $1\frac{1}{2} \times 1\frac{1}{4} = \left(1 \times 1\frac{1}{4}\right) + \left(\frac{1}{2} \times 1\frac{1}{4}\right)$

[ ] [ ] + [ ] [ ]

**Piensa:** El producto será igual a la cantidad con la que comencé y $\frac{1}{2}$ más.

- ¿Qué puedes decir acerca del producto cuando $1\frac{1}{4}$ se multiplica por un número mayor que 1?

_____

**Charla matemática** PRÁCTICAS MATEMÁTICAS ❷

Razona de forma cuantitativa
Explica tu respuesta para la parte C.

También puedes usar un diagrama para mostrar la relación entre los productos cuando una fracción mayor que uno se multiplica o se amplía o se reduce (cambia el tamaño) por un número.

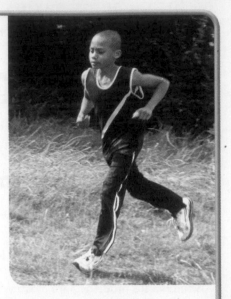

## 🔓 De otra manera  Usa un diagrama.

Jake quiere entrenarse para una carrera en carretera. Quiere correr $2\frac{1}{2}$ millas el primer día. El segundo día quiere correr $\frac{3}{5}$ de la distancia que corre el primer día. El tercer día quiere correr $1\frac{2}{5}$ de la distancia que corre el primer día. ¿Qué distancia es mayor: la distancia del día 2 cuando corre $\frac{3}{5}$ de las $2\frac{1}{2}$ millas o la distancia del día 3 cuando corre $1\frac{2}{5}$ de las $2\frac{1}{2}$ millas?

**Marca un punto en el diagrama para mostrar el tamaño del producto. Luego completa el enunciado con *igual a, mayor que* o *menor que*.**

**A** $1 \times 2\frac{1}{2}$

**Piensa:** Ubica $2\frac{1}{2}$ en el diagrama y sombrea esa distancia. Luego marca un punto para mostrar 1 de $2\frac{1}{2}$.

- El producto de 1 y $2\frac{1}{2}$ será _____ $2\frac{1}{2}$.

**B** $\frac{3}{5} \times 2\frac{1}{2}$

**Piensa:** Ubica $2\frac{1}{2}$ en el diagrama y sombrea esa distancia. Luego marca un punto para mostrar $\frac{3}{5}$ de $2\frac{1}{2}$.

- El producto de un número menor que 1 y $2\frac{1}{2}$

  es _____ $2\frac{1}{2}$.

**C** $1\frac{2}{5} \times 2\frac{1}{2} = \left(1 \times 2\frac{1}{2}\right) + \left(\frac{2}{5} \times 2\frac{1}{2}\right)$

**Piensa:** Ubica $2\frac{1}{2}$ en el diagrama y sombrea esa distancia. Luego marca un punto para mostrar 1 de $2\frac{1}{2}$ y $\frac{2}{5}$ más de $2\frac{1}{2}$.

- El producto de un número mayor que 1 y $2\frac{1}{2}$ será

  _____ $2\frac{1}{2}$ y _____ el otro factor.

Entonces, _____ de _____ millas es una distancia mayor que _____ de _____ millas.

Nombre _____

**Completa el enunciado con *igual a, mayor que* o *menor que*.**

**1.** $\frac{5}{6} \times 2\frac{1}{5}$ será _____ $2\frac{1}{5}$.

Sombrea el modelo para mostrar $\frac{5}{6} \times 2\frac{1}{5}$.

**2.** $1\frac{1}{5} \times 2\frac{2}{3}$ será _____ $2\frac{2}{3}$.

**3.** $\frac{4}{5} \times 2\frac{2}{5}$ será _____ $2\frac{2}{5}$.

## Por tu cuenta

**Completa el enunciado con *igual a, mayor que* o *menor que*.**

**4.** $\frac{2}{2} \times 1\frac{1}{2}$ será _____ $1\frac{1}{2}$.

**5.** $\frac{2}{3} \times 3\frac{1}{6}$ será _____ $3\frac{1}{6}$.

**PRÁCTICA MATEMÁTICA ②** Usa el razonamiento **Álgebra** Indica si el factor desconocido es *menor que 1* o *mayor que 1*.

**6.** ■ $\times 1\frac{2}{3} = \frac{5}{6}$

**7.** ■ $\times 1\frac{1}{4} = 2\frac{1}{2}$

El factor desconocido es _____ 1.

El factor desconocido es _____ 1.

**8.** *MÁS AL DETALLE* Kadeem está haciendo dos dibujos de una hoja de roble. Las dimensiones del primer dibujo serán $\frac{1}{3}$ de las dimensiones de la hoja. Las dimensiones del segundo dibujo serán $2\frac{1}{2}$ de las dimensiones de la hoja. Si la longitud de la hoja de roble es $5\frac{1}{2}$ pulgadas, ¿será igual, mayor o menor que $5\frac{1}{2}$ pulgadas la longitud de cada dibujo?

_____

_____

## Resolución de problemas • Aplicaciones En el mundo

**9.** **PRÁCTICA MATEMÁTICA ③** **Verifica el razonamiento de otros** Penny quiere hacer un modelo de un escarabajo que es más grande que el tamaño real. Penny dice que va a usar un factor de escala de $\frac{7}{12}$. ¿Tiene sentido? Explica.

_____

_____

_____

**10.** **PIENSA MÁS** Shannon, Mary y John reciben una mesada semanal. Shannon recibe una cantidad que es $\frac{2}{3}$ de la cantidad que recibe John. Mary recibe una cantidad que es $1\frac{2}{3}$ de la cantidad que recibe John. John recibe $20 por semana. ¿Quién recibe la mesada mayor? ¿Quién recibe la mesada menor?

_____

**11.** **PIENSA MÁS** Stuart anduvo en su bicicleta $6\frac{3}{5}$ millas el viernes. El sábado anduvo $1\frac{1}{3}$ veces la distancia que anduvo el viernes. El domingo anduvo $\frac{5}{6}$ veces la distancia que anduvo el viernes. En los ejercicios 11a a 11d, elige Verdadero o Falso para cada enunciado.

**11a.** Stuart anduvo más millas el sábado que lo que anduvo el viernes.

○ Verdadero  ○ Falso

**11b.** Stuart anduvo más millas el viernes que lo que anduvo el sábado y el domingo combinados.

○ Verdadero  ○ Falso

**11c.** Stuart anduvo menos millas el domingo que lo que anduvo el viernes.

○ Verdadero  ○ Falso

**11d.** Stuart anduvo más millas el domingo que lo que anduvo el sábado.

○ Verdadero  ○ Falso

## Comparar los factores y los productos de los números mixtos

ESTÁNDARES COMUNES—5.NF.B.5a,
5.NF.B.5b *Aplican y extienden conocimientos previos de multiplicación y división para multiplicar y dividir fracciones.*

Estándares comunes

**Completa los enunciados con** *igual a, mayor que* **o** *menor que.*

1. $\frac{2}{3} \times 1\frac{5}{8}$ será _____ menor que _____ $1\frac{5}{8}$.

   Piensa: $1 \times 1\frac{5}{8}$ es igual a $1\frac{5}{8}$.

   Puesto que $\frac{2}{3}$ es menor que 1,

   $\frac{2}{3} \times 1\frac{5}{8}$ será menor que $1\frac{5}{8}$.

2. $\frac{5}{5} \times 2\frac{3}{4}$ será _____ $2\frac{3}{4}$.

3. $3 \times 3\frac{2}{7}$ será _____ $3\frac{2}{7}$.

4. $9 \times 1\frac{4}{5}$ será _____ $1\frac{4}{5}$.

5. $1\frac{7}{8} \times 2\frac{3}{8}$ será _____ $2\frac{3}{8}$.

6. $3\frac{4}{9} \times \frac{5}{9}$ será _____ $3\frac{4}{9}$.

## Resolución de problemas (En el mundo)

7. Fraser hace un dibujo a escala de una casa para perros. Las dimensiones del dibujo serán $\frac{1}{8}$ de las dimensiones de la casa real. La altura de la casa real es $36\frac{3}{4}$ pulgadas. ¿Serán las dimensiones del dibujo de Fraser iguales, mayores o menores que las dimensiones de la casa para perros real?

_____

8. Jorge tiene una receta que lleva $2\frac{1}{3}$ tazas de harina. Planea preparar $1\frac{1}{2}$ veces la receta. ¿Será la cantidad de harina que necesita Jorge igual, mayor o menor que la cantidad de harina que lleva su receta?

_____

9. **ESCRIBE** *Matemáticas* Explica cómo ampliar o reducir un número mixto por $\frac{1}{2}$ afectará el tamaño del número.

_____

_____

_____

1. Jenna esquía $2\frac{1}{3}$ millas en una hora. Su instructor esquía $1\frac{1}{2}$ veces esa distancia en una hora. ¿Esquía Jenna una distancia igual, menor o mayor que la que esquía su instructor?

_____

_____

_____

2. Imagina que multiplicas una fracción menor que 1 por el número mixto $2\frac{3}{4}$. ¿Será el producto mayor, menor o igual que $2\frac{3}{4}$?

_____

_____

_____

3. El condado de Washington es rectangular y mide 15.9 millas por 9.1 millas. ¿Cuál es el área del condado?

_____

4. Marsha corrió 7.8 millas. Érica corrió 0.5 veces esa distancia. ¿Qué distancia recorrió Érica?

_____

5. Una receta de galletas lleva $2\frac{1}{3}$ tazas de harina. Otra receta de galletas lleva $2\frac{1}{2}$ tazas de harina. Tim tiene 5 tazas de harina. Si prepara las dos recetas, ¿cuánta harina le quedará?

_____

6. El lunes llovió $1\frac{1}{4}$ pulgadas. El martes llovió $\frac{3}{5}$ pulgadas. ¿Cuánto más llovió el lunes que el martes?

_____

**PRACTICA MÁS CON EL**
Entrenador personal
en matemáticas

Nombre _____

# Multiplicar números mixtos

**Pregunta esencial** ¿Cómo se multiplican los números mixtos?

Estándares comunes
Números y operaciones —
Fracciones—5.NF.B.6
PRÁCTICAS MATEMÁTICAS
MP1, MP2, MP6

## Soluciona el problema En el mundo

Un tercio de un parque de $1\frac{1}{4}$ acres se ha destinado como parque para perros. Halla el número de acres que se usan como parque para perros.

Multiplica. $\frac{1}{3} \times 1\frac{1}{4}$

● ¿El área que se usa como parque para perros es menor o mayor que el área del parque de $1\frac{1}{4}$ acres?

_____

### De una manera Usa un modelo.

**PASO 1** Sombrea el modelo para representar el parque entero.

**Piensa:** El parque entero ocupa _____ acres.

**PASO 2** Vuelve a sombrear el modelo para representar la parte del parque que es un parque para perros.

**Piensa:** El parque para perros es _____ del parque.

Dibuja líneas horizontales en cada rectángulo para representar _____.

● ¿Cuántas partes se muestran en cada rectángulo? _____

● ¿Qué fracción de cada rectángulo está sombreada dos veces?

_____ y _____

● ¿Qué fracción representa todas las partes que están sombreadas dos veces?

_____ + _____ = _____

Entonces, _____ de acre se ha destinado como parque para perros.

### De otra manera Convierte el número mixto en una fracción.

**PASO 1** Escribe el número mixto como una fracción mayor que 1.

_____

**PASO 2** Multiplica las fracciones.

$$\frac{1}{3} \times 1\frac{1}{4} = \frac{1}{3} \times \frac{\square}{4}$$

$$= \frac{1 \times \square}{3 \times 4} = \frac{\square}{\square}$$

**Charla matemática** PRÁCTICAS MATEMÁTICAS ❶

Evalúa si es razonable Explica por qué tu resultado es razonable.

Entonces, $\frac{1}{3} \times 1\frac{1}{4} =$ _____.

## 🔑 Ejemplo 1 Convierte el número entero.

Multiplica. $12 \times 2\frac{1}{6}$ Escribe el producto en su mínima expresión.

**PASO 1** Determina qué relación hay entre el producto y el factor mayor.

$12 \times 2\frac{1}{6}$ será _____ 12.

**PASO 2** Escribe el número entero y el número mixto como fracciones.

**PASO 3** Multiplica las fracciones.

**PASO 4** Escribe el producto en su mínima expresión.

Entonces, $12 \times 2\frac{1}{6} =$ _____.

$$12 \times 2\frac{1}{6} = \frac{\quad}{1} \times \frac{\quad}{6}$$

$$= \frac{\quad}{\quad} = \frac{\quad}{\quad} \text{ o } \quad$$

## 🔑 Ejemplo 2 Usa la propiedad distributiva.

Multiplica. $16 \times 4\frac{1}{8}$ Escribe el producto en su mínima expresión.

**PASO 1** Usa la propiedad distributiva para volver a escribir la expresión.

**PASO 2** Multiplica 16 por cada número.

**PASO 3** Suma.

$$16 \times 4\frac{1}{8} = 16 \times \left( \underline{\quad} + \frac{1}{8} \right)$$

$$= (16 \times 4) + \left( 16 \times \frac{\quad}{\quad} \right)$$

$$= \underline{\quad} + 2 = \underline{\quad}$$

Entonces, $16 \times 4\frac{1}{8} =$ _____.

**Charla matemática**

**PRÁCTICAS MATEMÁTICAS ❷**

Usa el razonamiento Explica cómo sabes que tus resultados para ambos ejemplos son razonables.

1. **PRÁCTICA MATEMÁTICA ❷** Usa el razonamiento Explica por qué elegirías usar la propiedad distributiva para resolver el Ejemplo 2.

_____

2. Cuando multiplicas dos factores mayores que 1, ¿el producto es menor que los dos factores, es mayor o está entre los dos factores? Explica.

_____

_____

Nombre _____

## Comparte y muestra

**Halla el producto. Escríbelo en su mínima expresión.**

1. $1\frac{2}{3} \times 3\frac{4}{5} = \frac{\boxed{\phantom{x}}}{3} \times \frac{\boxed{\phantom{x}}}{5}$

   $= \dfrac{\boxed{\phantom{x}}}{\rule{1cm}{0.4pt}}$

   $= \underline{\phantom{xxx}}$

2. $1\frac{1}{8} \times 2\frac{1}{3}$

3. $\frac{3}{4} \times 6\frac{5}{6}$

**Usa la propiedad distributiva para hallar el producto.**

4. $16 \times 2\frac{1}{2}$

_____

5. $1\frac{4}{5} \times 15$

_____

## Por tu cuenta

**Halla el producto. Escríbelo en su mínima expresión.**

6. $\frac{3}{4} \times 1\frac{1}{2}$

7. $4\frac{2}{5} \times 1\frac{1}{2}$

8. $5\frac{1}{3} \times \frac{3}{4}$

9. $2\frac{1}{2} \times 1\frac{1}{5}$

10. **PIENSA MÁS** La tabla muestra cuántas horas trabajaron algunos estudiantes en su proyecto de matemáticas.

April trabajó en su proyecto de matemáticas $1\frac{1}{2}$ veces el tiempo que trabajó Carl. Debbie trabajó $1\frac{1}{4}$ veces el tiempo que trabajó Sonia. Richard trabajó $1\frac{3}{8}$ veces el tiempo que trabajó Tony. Une el nombre de cada estudiante con la cantidad de horas que trabajaron en el proyecto de matemáticas.

| Proyecto de matemáticas | |
|---|---|
| Nombre | Horas trabajadas |
| Carl | $5\frac{1}{4}$ |
| Sonia | $6\frac{1}{2}$ |
| Tony | $5\frac{2}{3}$ |

| Estudiante | Horas trabajadas |
|---|---|
| April ● | ● $7\frac{19}{24}$ |
| Debbie ● | ● $7\frac{7}{8}$ |
| Richard ● | ● $8\frac{1}{8}$ |

## MODIFICAR RECETAS

Puedes hacer que muchas recetas sean más saludables si reduces la cantidad de grasas, azúcar y sal.

Kelly tiene una receta de panecillos para la qué se necesitan $1\frac{1}{2}$ tazas de azúcar. Quiere usar $\frac{1}{2}$ de esa cantidad de azúcar. ¿Cuánta azúcar usará?

Multiplica $1\frac{1}{2}$ por $\frac{1}{2}$ para hallar qué parte de la cantidad original de azúcar debe usar.

Escribe el número mixto como una fracción mayor que 1.

$$\frac{1}{2} \times 1\frac{1}{2} = \frac{1}{2} \times \frac{\boxed{\phantom{0}}}{2}$$

Multiplica.

$$= \frac{\boxed{\phantom{0}}}{\boxed{\phantom{0}}}$$

Entonces, Kelly usará _____ de taza de azúcar.

11. **PRÁCTICA MATEMÁTICA ⑥ Describe un método** Para preparar su receta de sopa, Tony necesita $1\frac{1}{4}$ cucharaditas de sal. Quiere usar $\frac{1}{2}$ de esa cantidad. ¿Cuánta sal usará? Describe cómo hallaste tu respuesta.

_____

_____

_____

12. **MÁS AL DETALLE** Para preparar su receta de panecillos de avena, Jeffrey necesita $2\frac{1}{4}$ tazas de harina de avena para una docena de panecillos. Si quiere preparar $1\frac{1}{2}$ docenas de panecillos para una reunión familiar, ¿cuánta harina de avena usará?

_____

13. **PIENSA MÁS** Para preparar su receta de panecillos, Carla necesita $1\frac{1}{2}$ tazas de harina para los panecillos y $\frac{1}{4}$ de taza de harina para la cobertura. Si prepara $\frac{1}{2}$ de la receta original, ¿cuánta harina usará en total?

_____

## Multiplicar números mixtos

**Estándares comunes**

**ESTÁNDAR COMÚN—5.NF.B.6**
*Aplican y extienden conocimientos previos de multiplicación y división para multiplicar y dividir fracciones.*

**Halla el producto. Escríbelo en su mínima expresión.**

1. $1\frac{2}{3} \times 4\frac{2}{5}$

$1\frac{2}{3} \times 4\frac{2}{5} = \frac{5}{3} \times \frac{22}{5}$

$= \frac{110}{15} = \frac{22}{3}$

$= 7\frac{1}{3}$

_____

2. $1\frac{1}{7} \times 1\frac{3}{4}$

_____

3. $8\frac{1}{3} \times \frac{3}{5}$

_____

4. $2\frac{5}{8} \times 1\frac{2}{3}$

_____

5. $5\frac{1}{2} \times 3\frac{1}{3}$

_____

6. $7\frac{1}{5} \times 2\frac{1}{6}$

_____

7. $\frac{2}{3} \times 4\frac{1}{5}$

_____

8. $2\frac{2}{5} \times 1\frac{1}{4}$

_____

**Usa la propiedad distributiva para hallar el producto.**

9. $4\frac{2}{5} \times 10$

_____

10. $26 \times 2\frac{1}{2}$

_____

11. $6 \times 3\frac{2}{3}$

_____

## Resolución de problemas En el mundo

12. Jake puede llevar $6\frac{1}{4}$ libras de madera desde el granero. Su padre puede llevar $1\frac{5}{7}$ veces el peso que lleva Jake. ¿Cuántas libras puede llevar el padre de Jake?

_____

13. Un vaso puede contener $3\frac{1}{3}$ tazas de agua. Un tazón puede contener $2\frac{3}{5}$ veces el contenido del vaso. ¿Cuántas tazas puede contener un tazón?

_____

14. **ESCRIBE** ▸ *Matemáticas* Escribe y resuelve un problema que implique la multiplicación por un número mixto.

_____

## Revisión de la lección (5.NF.B.6)

**1.** Un veterinario pesa dos cachorros. El cachorro pequeño pesa $4\frac{1}{2}$ libras. El cachorro grande pesa $4\frac{2}{3}$ veces el peso del cachorro pequeño. ¿Cuánto pesa el cachorro grande?

_____

**2.** Becky vive a $5\frac{5}{8}$ millas de la escuela. Steve vive a $1\frac{5}{9}$ veces esa distancia de la escuela. ¿A qué distancia de la escuela vive Steve?

_____

## Repaso en espiral (5.OA.A.2, 5.NBT.B.7, 5.NF.A.1, 5.NF.A.2)

**3.** Craig anotó 12 puntos en un partido. María anotó el doble de puntos que Craig, pero 5 puntos menos que los que anotó Nelson. Escribe una expresión para representar cuántos puntos anotó Nelson.

_____

**4.** Yvette ganó $66.00 por 8 horas de trabajo. Lizbeth ganó $68.80 y trabajó la misma cantidad de horas. ¿Cuánto más por hora ganó Lizbeth que Yvette?

_____

**5.** ¿Cuál es el mínimo común denominador de las cuatro fracciones de abajo?

$$20\frac{7}{10}, \qquad 20\frac{3}{4} \qquad 18\frac{9}{10} \qquad 20\frac{18}{25}$$

_____

**6.** Tres niñas buscaron geodas en el desierto. Corinne recolectó $11\frac{1}{8}$ libras, Ellen recolectó $4\frac{5}{8}$ libras y Leonda recolectó $3\frac{3}{4}$ libras. ¿Cuánto más recolectó Corinne que las otras dos niñas juntas?

_____

PRACTICA MÁS CON EL
Entrenador personal
en matemáticas

# Resolución de problemas • Hallar longitudes desconocidas

**Pregunta esencial** ¿Cómo puedes usar la estrategia *adivinar, comprobar y revisar* para resolver problemas con fracciones?

**Estándares comunes** Números y operaciones—
Fracciones—5.NF.B.4b, 5.NF.B.6
**PRÁCTICAS MATEMÁTICAS**
MP1, MP3, MP6

## Soluciona el problema En el mundo

Sara quiere diseñar un jardín rectangular con una sección para flores que atraigan mariposas. Quiere que el área de esta sección sea $\frac{3}{4}$ de yarda cuadrada. Si quiere que el ancho sea $\frac{1}{3}$ de la longitud, ¿cuáles serán las dimensiones de la sección destinada a las mariposas?

## Lee el problema

**¿Qué debo hallar?**

Debo hallar _____

_____

_____

_____.

**¿Qué información debo usar?**

La parte del jardín para

mariposas tiene un área de

_____ de yarda cuadrada y el

ancho es _____ de la longitud.

**¿Cómo usaré la información?**

_____ los lados del área para

mariposas. Luego _____

mi cálculo y lo _____ si no es

correcto.

## Resuelve el problema

Puedo probar diferentes longitudes y calcular los anchos si hallo $\frac{1}{3}$ de la longitud. Para cada longitud y ancho, hallo el área y luego comparo. Si el producto es menor o mayor que $\frac{3}{4}$ de yarda cuadrada, debo revisar la longitud.

| Adivinar | | Comprobar | Revisar |
|---|---|---|---|
| Longitud (en yardas) | Ancho (en yardas) ($\frac{1}{3}$ de la longitud) | Área del jardín para mariposas (en yardas cuadradas) | |
| $\frac{3}{4}$ | $\frac{1}{3} \times \frac{3}{4} = \frac{1}{4}$ | $\frac{3}{4} \times \frac{1}{4} = \frac{3}{16}$ demasiado bajo | Pruebo con una longitud mayor. |
| $2\frac{1}{4}$ o $\frac{9}{4}$ | | | |
| | | | |

Entonces, las dimensiones del jardín para mariposas de Sara serán _____ yarda por _____ yardas.

## 🔒 Haz otro problema

Marcus está construyendo una caja rectangular donde pueda dormir su gatito. Quiere que el área del fondo de la caja mida 360 pulgadas cuadradas y que la longitud de uno de los lados sea $1\frac{3}{5}$ de la longitud del otro lado. ¿Cuáles deben ser las dimensiones del fondo de la cama?

## Lee el problema

| ¿Qué debo hallar? | ¿Qué información debo usar? | ¿Cómo usaré la información? |
|---|---|---|
|  |  |  |

## Resuelve el problema

Entonces, las dimensiones del fondo de la cama para el gatito serán _____ por _____.

- **PRÁCTICA MATEMÁTICA ❸** **Aplica** ¿Qué pasaría si el lado más largo fuera $1\frac{3}{5}$ veces la longitud del lado más corto y el lado más corto midiera 20 pulgadas de longitud? ¿Cuál sería entonces el área del fondo de la cama?

_____

_____

Nombre _____

1. Cuando Pascal construyó una casa para su perro, sabía
   que quería que el piso de la casa tuviera un área de 24 pies
   cuadrados. También quería que el ancho fuera $\frac{2}{3}$ de la longitud.
   ¿Cuáles son las dimensiones de la casa para su perro?

   **Primero,** elige dos números cuyo producto sea 24.

   Adivina: _____ pies y _____ pies.

   **Luego,** comprueba esos números. ¿Es el número
   mayor $\frac{2}{3}$ del otro número?

   Comprueba: $\frac{2}{3} \times$ _____ = _____

   Mi cálculo es _____.

   **Por último,** si el cálculo no es correcto, revísalo y compruébalo
   otra vez. Continúa de esta manera hasta que halles el resultado
   correcto.

   Entonces, las dimensiones de la casa para perros son _____.

2. **¿Qué pasaría si** Pascal quisiera que el área del
   piso midiera 54 pies cuadrados y que el ancho
   fuera también $\frac{2}{3}$ de la longitud? ¿Cuáles serían
   las dimensiones del piso?

3. Leo quiere pintar un mural que cubra una pared
   cuya área es 1,440 pies cuadrados. La altura de la
   pared es $\frac{2}{5}$ de su longitud. ¿Cuáles son la longitud
   y la altura de la pared?

## Por tu cuenta

**4.** **MÁS AL DETALLE** Barry quiere hacer un dibujo que sea $\frac{1}{4}$ del tamaño del original. Si un árbol del dibujo original mide 14 pulgadas de altura y 5 pulgadas de ancho, ¿qué altura tendrá el árbol del dibujo de Barry?

_____

**5.** **PIENSA MÁS** Un plano es un dibujo a escala de un edificio. Las dimensiones del plano para la casa de muñecas de Patricia son $\frac{1}{4}$ de las medidas de la casa de muñecas real. El piso de la casa de muñecas tiene un área de 864 pulgadas cuadradas. Si el ancho de la casa de muñecas es $\frac{2}{3}$ de la longitud, ¿cuáles serán las dimensiones del piso en el plano de la casa de muñecas?

_____

**ESCRIBE** ▸ *Matemáticas* · **Muestra tu trabaj**

**6.** **PRÁCTICA MATEMÁTICA ③ Verifica el razonamiento de otros** Beth quiere que el piso de su casa del árbol mida 48 pies cuadrados. Quiere que la longitud sea $\frac{3}{4}$ del ancho. Usando la estrategia de adivinar, comprobar y revisar, Beth adivina que las dimensiones serán 4 pies por 12 pies. ¿Adivina Beth las dimensiones correctas? Explica.

_____

_____

_____

**7.** **PIENSA MÁS** Sally tiene una fotografía que tiene un área de 35 pulgadas cuadradas. Ella crea dos ampliaciones de la fotografía. Las ampliaciones tienen un área de 140 pulgadas cuadradas y 560 pulgadas cuadradas. En cada fotografía, la longitud es $1\frac{2}{5}$ veces el ancho. Selecciona cuál de las siguientes opciones podría ser la dimensión de la fotografía original o una de las ampliaciones. Marca todas las opciones que correspondan.

(A) 5 pulgadas por 7 pulgadas

(B) 20 pulgadas por 28 pulgadas

(C) 7 pulgadas por 20 pulgadas

(D) 21 pulgadas por 15 pulgadas

(E) 10 pulgadas por 14 pulgadas

## Resolución de problemas • Hallar longitudes desconocidas

**ESTÁNDAR COMÚN—5.NF.B.5b**
*Aplican y extienden conocimientos previos de multiplicación y división para multiplicar y dividir fracciones.*

---

1. La recámara de Kamal tiene un área de 120 pies cuadrados. El ancho de la recámara es $\frac{5}{6}$ de la longitud de la recámara. ¿Cuáles son las dimensiones de la recámara de Kamal?

   Adivina: $6 \times 20 = 120$
   Comprueba: $\frac{5}{6} \times 20 = 16\frac{2}{3}$; prueba con un ancho mayor.
   Adivina: $10 \times 12 = 120$
   Comprueba: $\frac{5}{6} \times 12 = 10$. ¡Correcto!

   _____ **10 pies por 12 pies** _____

---

2. Marisol pinta sobre un lienzo que tiene un área de 180 pulgadas cuadradas. La longitud de la pintura es $1\frac{1}{4}$ veces su ancho. ¿Qué dimensiones tiene la pintura?

   _____

---

3. Un pequeño avión exhibe un cartel que tiene forma rectangular. El área del cartel es 144 pies cuadrados. El ancho del cartel es $\frac{1}{4}$ de su longitud. ¿Qué dimensiones tiene el cartel?

   _____

---

4. **ESCRIBE** ▸ *Matemáticas* Explica cómo puedes usar la estrategia *adivinar*, *comprobar* y *revisar* para resolver problemas cuyos datos incluyen el área y la relación entre las longitudes laterales.

   _____

1. La sala de Consuelo tiene la forma de un rectángulo y un área de 360 pies cuadrados. El ancho de la sala es $\frac{5}{8}$ de su longitud. ¿Qué longitud tiene la sala?

2. Un parque rectangular tiene un área de $\frac{2}{3}$ de milla cuadrada. La longitud del parque es $2\frac{2}{3}$ de su ancho. ¿Qué ancho tiene el parque?

**Repaso en espiral** (5.NBT.B.4, 5.NF.A.1, 5.NF.B.4a, 5.NF.B.5a, 5.NF.B.5b)

3. Debra cuidó niños durante $3\frac{1}{2}$ horas el viernes y $1\frac{1}{2}$ veces ese tiempo el sábado. ¿Debra cuidó niños durante más, menos o la misma cantidad de horas el sábado que el viernes?

4. Tory practicó lanzamientos de básquetbol durante $\frac{2}{3}$ de hora. Tim practicó lanzamientos de básquetbol $\frac{3}{4}$ del tiempo que practicó Tory. ¿Cuánto tiempo practicó Tim lanzamientos de básquetbol?

5. Leah compró $4\frac{1}{2}$ libras de uvas. De esas uvas, $1\frac{7}{8}$ libras eran uvas rojas. El resto eran uvas verdes. ¿Cuántas libras de uvas verdes compró Leah?

6. ¿A qué valor posicional está redondeado el siguiente número?

   5.927 a 5.93

PRACTICA MÁS CON EL
Entrenador personal
en matemáticas

Nombre _____

# ✓ Repaso y prueba del Capítulo 7

Entrenador personal en matemáticas
Evaluación e
intervención en línea

1. La Sra. Williams está organizando sus suministros de oficina. Hay 3 cajas abiertas de clips en el cajón de su escritorio. Cada caja tiene $\frac{7}{8}$ de clips en su interior. ¿Cuántas cajas de clips quedan? Sombrea el modelo y completa los cálculos de abajo para mostrar cómo hallaste tu respuesta.

$3 \times \frac{7}{8} = \dfrac{\boxed{\phantom{xx}}}{8} =$ _____ cajas enteras de clips

2. Diana trabajó en su proyecto de ciencias durante $5\frac{1}{3}$ horas. Gabi trabajó en su proyecto de ciencias $1\frac{1}{4}$ veces el tiempo que trabajó Diana. Paula trabajó en su proyecto de ciencias $\frac{3}{4}$ del tiempo que trabajó Diana. En los ejercicios 2a a 2d, elige Verdadero o Falso para cada enunciado.

   2a. Diana trabajó en su proyecto de ciencias más tiempo que lo que Gabi trabajó en el suyo.　　○ Verdadero　　○ Falso

   2b. Paula trabajó en su proyecto de ciencias menos tiempo que lo que Diana trabajó en el suyo.　　○ Verdadero　　○ Falso

   2c. Gabi trabajó en su proyecto de ciencias más tiempo que lo que Paula trabajó en el suyo.　　○ Verdadero　　○ Falso

   2d. Gabi trabajó en su proyecto de ciencias más tiempo que la suma de lo que trabajaron Diana y Paula en conjunto.　　○ Verdadero　　○ Falso

3. MÁS AL DETALLE Louis quiere colocar alfombra en el piso rectangular de su sótano. El sótano tiene un área de 864 metros cuadrados. El ancho del sótano es $\frac{2}{3}$ de su longitud. ¿Cuál es la longitud del sótano de Louis?

   _____ pies

Opciones de evaluación
Prueba del capítulo

**4.** Frannie colocó $\frac{2}{3}$ de su colección de música en un reproductor de MP3. Mientras estaba de vacaciones, escuchó $\frac{3}{5}$ de la música que había en el reproductor. ¿Cuánto de su colección escuchó mientras estaba de vacaciones? En los ejercicios 4a a 4d, elige los valores correctos para describir cómo resolver el problema.

**4a.** Dibujo una matriz rectangular con 3 hileras y $\boxed{\begin{array}{c} 3 \\ 4 \\ 5 \end{array}}$ columnas.

**4b.** Sombreo $\boxed{\begin{array}{c} 1 \\ 2 \\ 3 \end{array}}$ de las hileras de gris.

**4c.** Sombreo $\boxed{\begin{array}{c} 3 \\ 5 \\ 6 \end{array}}$ de los cuadrados grises de negro.

**4d.** Frannie escuchó $\boxed{\begin{array}{c} \frac{2}{5} \\ \frac{3}{5} \\ \frac{3}{10} \end{array}}$ de la música de su colección mientras estaba de vacaciones.

**5.** Logan compró 15 globos. Cuatro quintos de los globos son morados. ¿Cuántos de los globos son morados? Dibuja un modelo para mostrar cómo hallaste tu respuesta.

_____ globos morados

**6.** Kayla camina $3\frac{2}{5}$ millas cada día. ¿Cuáles de los siguientes enunciados describen correctamente qué tan lejos camina? Marca todas las opciones que correspondan.

(A) Kayla camina $14\frac{2}{5}$ millas en 4 días.

(B) Kayla camina $23\frac{4}{5}$ millas en 7 días.

(C) Kayla camina 34 millas en 10 días.

(D) Kayla camina $102\frac{2}{5}$ millas en 31 días.

**7.** Escribe cada expresión de multiplicación en el recuadro correcto.

| El producto es igual a $\frac{4}{5}$. | El producto es mayor que $\frac{4}{5}$. | El producto es menor que $\frac{4}{5}$. |
| --- | --- | --- |
| | | |

**8.** Una tarjeta postal tiene un área de 24 pulgadas cuadradas. Dos ampliaciones de la tarjeta tienen áreas de 54 pulgadas cuadradas y 96 pulgadas cuadradas. En cada tarjeta, la longitud es $1\frac{1}{2}$ veces el ancho. ¿Cuál de las siguientes opciones podría ser la dimensión de la tarjeta o una de las ampliaciones? Selecciona todas las que correspondan.

(A) 6 pulgadas por 9 pulgadas

(D) 6 pulgadas por 12 pulgadas

(B) 10 pulgadas por 15 pulgadas

(E) 4 pulgadas por 6 pulgadas

(C) 8 pulgadas por 12 pulgadas

**9.** En una clase de quinto grado, $\frac{4}{5}$ de las niñas tienen cabello castaño. De las niñas con cabello castaño, $\frac{3}{4}$ tienen cabello largo. De las niñas con cabello castaño y largo, $\frac{1}{3}$ tienen ojos verdes.

**Parte A**

¿Qué fracción de las niñas en la clase tienen cabello castaño?

_____ de las niñas

**Parte B**

¿Qué fracción de las niñas de la clase tiene cabello largo y castaño y ojos verdes? Explica cómo hallaste tu respuesta.

_____ de las niñas

**10.** **PIENSA MÁS +** La sala familiar de Caleb tiene las dimensiones que se muestran. Él necesita encontrar el área de la sala para saber cuánta alfombra comprar. Completa el modelo del área que se muestra abajo para hallar el área de la sala familiar.

$3\frac{7}{8}$ yd

$5\frac{1}{4}$ yd

área de la sala = _____ yardas cuadradas

**11.** Doreen vive a $\frac{3}{4}$ de milla de la biblioteca. Sheila vive a $\frac{1}{3}$ de la distancia de la biblioteca a la que vive Doreen. Para los números 11a a 11c, elige Sí o No para responder cada pregunta.

**11a.** ¿Doreen vive más lejos de la biblioteca que Sheila?  ○ Sí  ○ No

**11b.** ¿Sheila vive a $\frac{1}{4}$ de milla de la biblioteca?  ○ Sí  ○ No

**11c.** ¿Sheila vive dos veces más lejos de la biblioteca que Doreen?  ○ Sí  ○ No

**12.** Taniqua hizo una prueba que tenía 20 preguntas de respuesta múltiple y 10 preguntas de Verdadero/Falso. Contestó correctamente $\frac{9}{10}$ de las preguntas de respuesta múltiple y contestó correctamente $\frac{4}{5}$ de las preguntas de Verdadero/Falso.

**12a.** ¿Cuántas preguntas de respuesta múltiple contestó correctamente Taniqua?

_____ preguntas de respuesta múltiple

**12b.** ¿Cuántas preguntas de Verdadero/Falso contestó correctamente Taniqua?

_____ preguntas de Verdadero/Falso

**13.** En la tabla se muestra cuántas horas trabajaron la semana pasada algunos de los empleados de medio tiempo de la tienda de juguetes.

| Nombre | Horas trabajadas |
|--------|------------------|
| Conrad | $6\frac{2}{3}$ |
| Giovanni | $9\frac{1}{2}$ |
| Sally | $10\frac{3}{4}$ |

Esta semana, Conrad trabajará $1\frac{3}{4}$ veces la cantidad que trabajó la semana pasada. Giovanni trabajará $1\frac{1}{3}$ veces la cantidad que trabajó la semana pasada. Sally trabajará $\frac{2}{3}$ de la cantidad de horas que trabajó la semana pasada. Une el nombre de cada empleado con el número de horas que trabajará esta semana.

**Empleado**                **Horas esta semana**

Conrad  •                    •  $7\frac{1}{6}$

Giovanni  •                  •  $12\frac{2}{3}$

Sally  •                     •  $11\frac{2}{3}$

**14.** Peggy está haciendo un edredón con paneles que tienen $\frac{1}{2}$ pie por $\frac{1}{2}$ pie. La colcha tiene $5\frac{1}{2}$ pies de longitud y 4 pies de ancho.

**Parte A**

Cada cuadrado de la siguiente cuadrícula representa $\frac{1}{2}$ pie por $\frac{1}{2}$ pie. Dibuja un rectángulo en la cuadrícula para representar el edredón.

**Parte B**

¿Cuál es el área del edredón? Explica cómo hallaste tu respuesta.

_____ pies cuadrados

**15.** Ruby hizo una encuesta y descubrió que $\frac{5}{6}$ de sus compañeros de clase tienen una mascota y que $\frac{2}{3}$ de esas mascotas son perros. ¿Qué fracción de sus compañeros de clase tiene perros? Escribe un número de las fichas numéricas en cada recuadro para completar el cálculo que se muestra más abajo. Puedes usar los números más de una vez o no usarlos para nada.

$$\frac{5}{6} \times \frac{2}{3} = \frac{5 \times \boxed{\phantom{0}}}{6 \times \boxed{\phantom{0}}} = \frac{\boxed{\phantom{0}}}{\boxed{\phantom{0}}} = \frac{\boxed{\phantom{0}}}{\boxed{\phantom{0}}}$$

| 1 | 2 | 3 | 4 |
| 5 | 9 | 10 | 18 |

_____ de sus compañeros de clase

**16.** Robbie está usando la receta que se muestra a continuación para hacer sopa de pollo y fideos. Planea hacer 6 tandas de sopa. Tiene $\frac{2}{3}$ de cucharadita de pimienta negra.

> **Sopa de pollo y fideos**
>
> 4 tazas de caldo de pollo
>
> 1 zanahoria mediana, cortada
>
> 1 tallo de apio, cortado
>
> $\frac{1}{2}$ taza de fideos de huevo sin cocinar
>
> $\frac{1}{8}$ de cucharadita de pimienta negra
>
> 1 taza de pollo cocido desmenuzado

**Parte A**

Escribe una expresión que Robbie puede usar para determinar cuánta pimienta negra se necesita para 6 tandas.

_____

**Parte B**

Dibuja un modelo para mostrar cómo puede Robbie hallar el producto de la Parte A.

**Parte C**

¿Tiene Robbie suficiente pimienta negra para 6 tandas de la sopa? Explica tu razonamiento.

# Dividir fracciones

Entrenador personal en matemáticas
Evaluación e
intervención en línea

## ✓ Muestra lo que sabes

**Comprueba si comprendes las destrezas importantes.**

Nombre _____

▶ **Parte de un grupo** **Escribe la fracción que indica la parte sombreada.** (3.NF.A.1)

**1.** fichas en total _____

fichas sombreadas _____

fracción _____

**2.** grupos en total _____

grupos sombreados _____

fracción _____

▶ **Relacionar la multiplicación y la división** **Usa operaciones inversas y familias de operaciones para resolver los problemas.** (3.OA.B.6)

**3.** Puesto que $6 \times 4 = 24$,

entonces _____ $\div 4 = 6$.

**4.** Puesto que _____ $\times 8 = 56$,

entonces _____ $\div 7 = 8$.

**5.** Puesto que $9 \times 3 =$ _____,

entonces _____ $\div 3 = 9$.

**6.** Puesto que _____ $\div 4 = 10$,

entonces $4 \times 10 =$ _____.

▶ **Fracciones equivalentes** **Escribe una fracción equivalente.** (4.NF.A.1)

**7.** $\frac{16}{20}$ _____

**8.** $\frac{3}{8}$ _____

**9.** $\frac{5}{12}$ _____

**10.** $\frac{25}{45}$ _____

## Matemáticas En el mundo

Emily gastó $\frac{1}{2}$ de su dinero en la tienda de comestibles. Luego, gastó en la panadería $\frac{1}{2}$ de lo que sobró. A continuación, en la tienda de música, gastó $\frac{1}{2}$ de lo que sobró en un CD que estaba en oferta. Gastó los $6.00 restantes en un almuerzo en la cafetería. Halla cuánto dinero tenía Emily al principio.

## Desarrollo del vocabulario

▶ **Visualízalo**

Completa el mapa de flujo con las palabras de repaso.

**Palabras de repaso**

cociente

dividendo

divisor

ecuación

fracción

### Operaciones inversas

**Multiplicación**

| factor | × | factor | = | producto |
|--------|---|--------|---|----------|
| $\frac{1}{3}$ | | 6 | | 2 |

**División**

| 2 | ÷ | $\frac{1}{3}$ | = | 6 |
|---|---|---------------|---|---|

▶ **Comprende** el vocabulario

Completa las oraciones con las palabras de repaso.

1. El número que divide el dividendo es el

   _____.

2. Una expresión numérica o algebraica que muestra que dos

   cantidades son iguales es una _____.

3. Un número que nombra una parte de un entero o una parte de un

   grupo se denomina _____.

4. El _____ es el número que se va a dividir en
   un problema de división.

5. El _____ es el número que resulta de la división,
   sin incluir el residuo.

- Libro interactivo del estudiante
- Glosario multimedia

# Vocabulario del Capítulo 8

**dividendo**

dividend

21

**divisor**

divisor

22

**ecuación**

equation

23

**fracción**

fraction

35

**operaciones inversas**

inverse operations

50

**producto**

product

62

**cociente**

quotient

5

**residuo**

remainder

67

Número entre el cual se divide el dividendo

Ejemplo: $15 \div 3$ o $3\overline{)15}$

divisor

Número que se divide en una división

Ejemplo: $36 \div 6$ o $6\overline{)36}$

dividendo

Número que nombra una parte de un entero o una parte de un grupo

Ejemplos:

$\frac{3}{4}$

parte de un entero

parte de un grupo

Enunciado numérico o algebraico que muestra que dos cantidades son iguales

Ejemplos: $3 + 1 = 4$ y $2x + 5 = 9$

Resultado de una multiplicación

Ejemplo: $3 \times 15 = 45$

producto

Operaciones opuestas u operaciones que se cancelan entre sí, como la suma y la resta o la multiplicación y la división

Ejemplos:

$6 + 3 = 9$
$9 - 6 = 3$

$5 \times 2 = 10$
$10 \div 2 = 5$

Cantidad que sobra cuando un número no se puede dividir en partes iguales

Ejemplo:

$102\,r2$ ← residuo
$6\overline{)614}$
$\underline{-6}$
$01$
$\underline{-0}$
$14$
$\underline{-12}$
$2$ ← residuo

Resultado de una división

Ejemplo: $8 \div 4 = 2$

cociente

# De visita con las palabras de ¡VIVAN LAS MATEMÁTICAS!

## Juego

# ¡Toma una!

Para 3 jugadores

## Materiales

- 4 juegos de tarjetas de palabras

## Instrucciones

1. Se reparten 5 tarjetas a cada jugador. Con las tarjetas que quedan se forma una pila.

2. Cuando sea tu turno, pregunta a algún jugador si tiene una palabra que coincide con una de tus tarjetas de palabras.

3. Si el jugador tiene la palabra, te da la tarjeta de palabras y tú defines la palabra.

   - Si aciertas, quédate con la tarjeta y coloca el par que coincide frente a ti. Vuelve a jugar.

   - Si te equivocas, devuelve la tarjeta . Tu turno terminó.

4. Si el jugador no tiene la palabra, contesta: "¡Toma una!" y tomas una tarjeta de la pila.

5. Si la tarjeta que sacaste coincide con una de tus tarjetas de palabras, sigue las instrucciones del Paso 3. Si no coincide, tu turno terminó.

6. El juego terminará cuando un jugador se quede sin tarjetas. Ganará la partida el jugador con la mayor cantidad de pares.

## Recuadro de palabras

cociente

dividendo

divisor

ecuación

fracción

operaciones
inversas

producto

residuo

# Escríbelo

## Reflexiona

**Elige una idea. Escribe sobre ella.**

- Explica cómo puedes usar operaciones inversas para comprobar tu resultado en un problema de división.

- Lena quiere dividir 5 sándwiches en cuartos. Dibuja y rotula un diagrama para representar cuántos pedazos de sándwich tendrá.

- ¿Cuál de las siguientes expresiones tendrá un cociente mayor que su dividendo? Explica tu respuesta.

$$\frac{1}{4} \div 6 \qquad\qquad 6 \div \frac{1}{4}$$

- Escribe una nota a un amigo sobre algo que aprendiste en el Capítulo 8.

Nombre _____

# Dividir fracciones y números enteros

**Pregunta esencial** ¿Cómo se divide un número entero entre una fracción y una fracción entre un número entero?

**Estándares comunes** Números y operaciones—
Fracciones—5.NF.B.7a, 5.NF.B.7b
*También 5.NF.B.7c*
**PRÁCTICAS MATEMÁTICAS**
**MP2, MP3, MP5**

## Investigar

**Materiales** ■ tiras fraccionarias

**A.** María recorre un sendero de ejercicios físicos de 2 millas. Se detiene cada $\frac{1}{5}$ de milla para hacer ejercicio. ¿Cuántas veces se detiene a hacer ejercicio?

- Dibuja una recta numérica de 0 a 2. Divide la recta numérica en quintos. Rotula cada quinto en la recta numérica.

- Cuenta de quinto en quinto de 0 a 2 para hallar $2 \div \frac{1}{5}$.

  Hay _____ quintos en 2 enteros.

  Puedes usar la relación que existe entre la multiplicación y la división para explicar y comprobar tu solución.

- Anota y comprueba el cociente.

  $2 \div \frac{1}{5} =$ _____ porque _____ $\times \frac{1}{5} = 2$.

Entonces, María se detiene a hacer ejercicio _____ veces.

**B.** Roger tiene 2 yardas de cuerda. Corta la cuerda en pedazos de $\frac{1}{3}$ de yarda de longitud. ¿Cuántos pedazos de cuerda tiene Roger?

- Usa 2 tiras fraccionarias enteras para representar 2.

- Luego coloca suficientes tiras de $\frac{1}{3}$ que encajen exactamente debajo de los 2 enteros. Hay _____ pedazos de un tercio en 2 enteros.

- Anota y comprueba el cociente.

  $2 \div \frac{1}{3} =$ _____ porque _____ $\times \frac{1}{3} = 2$.

Entonces, Roger tiene _____ pedazos de cuerda.

1. Cuando divides un número entero entre una fracción, ¿qué relación hay entre el cociente y el dividendo? Explícalo.

_____

_____

2. **PRÁCTICA MATEMÁTICA 3** **Aplica** Explica de qué manera conocer el número de quintos que hay en 1 podría ayudarte a hallar el número de quintos que hay en 2.

_____

_____

3. Describe cómo hallarías $4 \div \frac{1}{5}$.

_____

_____

## Hacer conexiones

Puedes usar tiras fraccionarias para dividir una fracción entre un número entero.

Calia reparte medio paquete de plastilina en partes iguales entre ella y 2 amigas. ¿Qué fracción del paquete de plastilina entero recibirá cada amiga?

**PASO 1** Coloca una tira de $\frac{1}{2}$ debajo de una tira de 1 entero para representar $\frac{1}{2}$ de paquete de plastilina.

**PASO 2** Halla 3 tiras fraccionarias, todas con el mismo denominador, que encajen exactamente debajo de la tira de $\frac{1}{2}$.

    Cada pedazo es _____ del entero.

**Piensa:** ¿A cuánto del entero equivale cada pedazo cuando se divide $\frac{1}{2}$ entre 3 partes iguales?

**PASO 3** Anota y comprueba el cociente.

$\frac{1}{2} \div 3 = $ _____ porque _____ $\times 3 = \frac{1}{2}$.

Entonces, cada amiga recibirá _____ del paquete de plastilina entero.

**Charla matemática**

**PRÁCTICAS MATEMÁTICAS 2**

**Razona de forma cuantitativa** Cuando divides una fracción entre un número entero, ¿qué relación hay entre el cociente y el dividendo? Explica.

Nombre _____

## Comparte y muestra

**Divide y comprueba el cociente.**

**1.**

$3 \div \frac{1}{3} =$ _____ porque _____ $\times \frac{1}{3} = 3.$

**2.**

0    1    2    3

**Piensa:** ¿Qué rótulo debería escribir para cada una de las marcas chicas?

$3 \div \frac{1}{6} =$ _____ porque

_____ $\times \frac{1}{6} = 3.$

**3.**

1

$\frac{1}{4}$

$\frac{1}{8}$   $\frac{1}{8}$

$\frac{1}{4} \div 2 =$ _____ porque

_____ $\times 2 = \frac{1}{4}.$

**Divide. Dibuja una recta numérica o usa tiras fraccionarias.**

**4.** $1 \div \frac{1}{3} =$ _____

**5.** $3 \div \frac{1}{4} =$ _____

**6.** $\frac{1}{5} \div 2 =$ _____

## Resolución de problemas • Aplicaciones

**7.** **MÁS AL DETALLE** Luke tiene $\frac{1}{3}$ de un paquete de albaricoques desecados. Divide los albaricoques en partes iguales en 3 pequeñas bolsas. Le da una de las bolsas a un amigo y se queda con las otras dos bolsas. ¿Con qué fracción del paquete entero de albaricoques se quedó Luke?

_____

**8.** **PIENSA MÁS** En los ejercicios 8a a 8e, elige Verdadero o Falso para cada ecuación.

**8a.** $4 \div \frac{1}{3} = \frac{1}{12}$      ○ Verdadero    ○ Falso

**8b.** $6 \div \frac{1}{2} = 12$      ○ Verdadero    ○ Falso

**8c.** $\frac{1}{8} \div 2 = 16$      ○ Verdadero    ○ Falso

**8d.** $\frac{1}{3} \div 4 = \frac{1}{12}$      ○ Verdadero    ○ Falso

**8e.** $\frac{1}{5} \div 3 = 15$      ○ Verdadero    ○ Falso

**PIENSA MÁS** ¿Tiene sentido?

**9.** Emilio y Julia usaron maneras diferentes de hallar $\frac{1}{2} \div 4$. Emilio usó un modelo para hallar el cociente. Julia usó una ecuación de multiplicación relacionada para hallar el cociente. ¿Qué resultado tiene sentido? ¿Qué resultado no tiene sentido? Explica tu razonamiento.

### Trabajo de Emilio

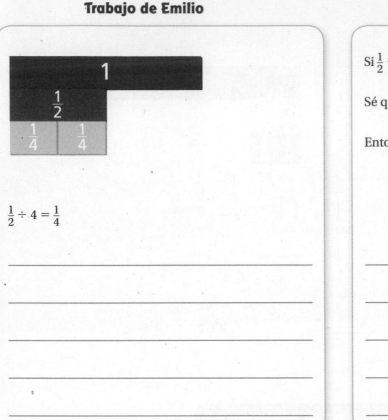

$\frac{1}{2} \div 4 = \frac{1}{4}$

_____

_____

_____

_____

### Trabajo de Julia

Si $\frac{1}{2} \div 4 = \blacksquare$, entonces $\blacksquare \times 4 = \frac{1}{2}$.

Sé que $\frac{1}{8} \times 4 = \frac{1}{2}$.

Entonces, $\frac{1}{2} \div 4 = \frac{1}{8}$ porque $\frac{1}{8} \times 4 = \frac{1}{2}$.

_____

_____

_____

_____

- Para el resultado que no tiene sentido, describe cómo hallar el resultado correcto.

_____

_____

**10.** **PRÁCTICA MATEMÁTICA ⑤** **Usa un modelo concreto** Si quisieras hallar $\frac{1}{2} \div 5$, explica cómo usarías tiras fraccionarias para hallar el cociente.

_____

_____

_____

# Dividir fracciones y números enteros

**ESTÁNDARES COMUNES—5.NF.B.7a,**
**5.NF.B.7.b** *Aplican y extienden*
*conocimientos previos de multiplicación y*
*división para multiplicar y dividir*
*fracciones.*

Estándares comunes

**Divide y comprueba el cociente.**

**1.**

| 1 | | | 1 | | |
|---|---|---|---|---|---|
| $\frac{1}{3}$ | $\frac{1}{3}$ | $\frac{1}{3}$ | $\frac{1}{3}$ | $\frac{1}{3}$ | $\frac{1}{3}$ |

$2 \div \frac{1}{3} = $ __6__ porque __6__ $\times \frac{1}{3} = 2$.

**2.**

$2 \div \frac{1}{4} = $ _____ porque _____ $\times \frac{1}{4} = 2$.

**3.**

$\frac{1}{4} \div 2 = $ _____ porque _____ $\times 2 = \frac{1}{4}$.

**Divide. Dibuja una recta numérica o usa tiras fraccionarias.**

**4.** $1 \div \frac{1}{5} = $ _____

**5.** $\frac{1}{6} \div 3 = $ _____

**6.** $4 \div \frac{1}{6} = $ _____

**7.** $3 \div \frac{1}{3} = $ _____

**8.** $\frac{1}{4} \div 6 = $ _____

**9.** $5 \div \frac{1}{4} = $ _____

## Resolución de problemas · En el mundo

**10.** Amy puede correr $\frac{1}{10}$ de milla por minuto. ¿Cuántos minutos tardará Amy en correr 3 millas?

**11.** Jeremy tiene 3 yardas de cinta que usa para envolver regalos. Corta la cinta en trozos que miden $\frac{1}{4}$ de yarda de largo. ¿Cuántos trozos de cinta tiene Jeremy?

_____

_____

**11.** **ESCRIBE** *Matemáticas* Explica cómo podrías usar un modelo para hallar el cociente $4 \div \frac{1}{3}$.

_____

_____

## Repaso de la lección (5.NF.B.7a, 5.NF.B.7b)

**1.** Kaley corta la mitad de una barra de pan en 4 partes iguales. ¿Qué fracción de la barra entera representa cada una de las 4 partes?

_____

_____

**2.** Cuando divides una fracción menor que 1 entre un número entero mayor que 1, ¿el cociente es mayor que, menor que o igual al dividendo?

_____

_____

## Repaso en espiral (5.NF.A.1, 5.NF.B.4a, 5.NF.B.6)

**3.** Para una receta de pollo y arroz se necesitan $3\frac{1}{2}$ libras de pollo. Lisa quiere ajustar la receta para que rinda $1\frac{1}{2}$ veces más de pollo y arroz. ¿Cuánto pollo necesitará?

_____

**4.** Tim y Sue comparten una pizza. Tim come $\frac{2}{3}$ de la pizza. Sue come la mitad de la cantidad que come Tim. ¿Qué fracción de la pizza come Sue?

_____

**5.** En una clase de gimnasia, corres $\frac{3}{5}$ de milla. Tu entrenador corre 10 veces esa distancia por día. ¿Qué distancia corre tu entrenador por día?

_____

**6.** Sterling planta un árbol que mide $4\frac{3}{4}$ pies de altura. Un año después, el árbol mide $5\frac{2}{5}$ pies de altura. ¿Cuántos pies creció el árbol?

_____

**PRACTICA MÁS CON EL**
Entrenador personal
en matemáticas

Nombre _____

# Resolución de problemas •
# Usar la multiplicación

**Pregunta esencial** ¿De qué manera la estrategia *hacer un diagrama* te puede ayudar a escribir un enunciado de multiplicación para resolver problemas de división de fracciones?

**Estándares comunes** Números y operaciones— Fracciones—5.NF.B.7b
**PRÁCTICAS MATEMÁTICAS** MP6, MP8

## 🔑 Soluciona el problema En el mundo

Érica prepara 6 emparedados con una barra entera de pan y corta cada emparedado en tercios. ¿Cuántas partes de $\frac{1}{3}$ de emparedado tiene?

## Lee el problema

**¿Qué debo hallar?**

Debo hallar _____

_____

_____.

**¿Qué información debo usar?**

Debo usar el tamaño de cada _____ de

emparedado y el número de _____ que

corta.

**¿Cómo usaré la información?**

Puedo _____ para organizar la información del problema. Luego puedo usar la información organizada para hallar

_____

_____.

## Resuelve el problema

Como Érica corta 6 emparedados, en mi diagrama se deben mostrar 6 rectángulos que representen los emparedados. Puedo dividir cada uno de los 6 rectángulos en tercios.

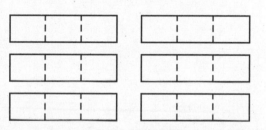

Para hallar el número total de tercios que hay en los 6 rectángulos, puedo multiplicar la cantidad de tercios que hay en cada rectángulo por la cantidad de rectángulos.

$6 \div \frac{1}{3} = 6 \times$ _____ $=$ _____

Entonces, Érica tiene _____ partes de un tercio de emparedado.

**Charla matemática** PRÁCTICAS MATEMÁTICAS ⑥

Describe cómo puedes usar la multiplicación para comprobar tu resultado.

# 🔑 Haz otro problema

Roberto corta 3 tartas de arándanos en mitades para repartir entre sus vecinos. ¿Cuántos vecinos recibirán un trozo de $\frac{1}{2}$ tarta?

| Lee el problema | Resuelve el problema |
|---|---|
| **¿Qué debo hallar?** | |
| **¿Qué información debo usar?** | |
| **¿Cómo usaré la información?** | |

Entonces, _____ vecinos recibirán un trozo de $\frac{1}{2}$ tarta.

- **PRÁCTICA MATEMÁTICA ⑥ Explica** de qué manera el diagrama que hiciste para el problema de división te ayuda para escribir un enunciado de multiplicación.

_____

_____

## Comparte y muestra

1. Una cocinera tiene 5 bloques de mantequilla. Cada bloque pesa
   1 libra. Corta cada bloque en cuartos. ¿Cuántos trozos de $\frac{1}{4}$ de libra
   de mantequilla tiene la cocinera?

   **Primero,** dibuja rectángulos para representar los bloques de mantequilla.

   **Luego,** divide cada rectángulo en cuartos.

   **Por último,** multiplica la cantidad de cuartos de cada bloque por
   la cantidad de bloques.

   Entonces, la cocinera tiene _____ trozos de mantequilla de un
   cuarto de libra.

**ESCRIBE** ▸ *Matemáticas*
**Muestra tu trabajo**

2. **¿Qué pasaría si** la cocinera tuviera 3 bloques de mantequilla y
   los cortara en tercios? ¿Cuántos trozos de $\frac{1}{3}$ de libra de mantequilla
   tendría la cocinera?

   _____

3. Holly corta 3 cintas en octavos para un proyecto de manualidades.
   ¿Cuántos pedazos de $\frac{1}{8}$ de cinta tiene Holly?

   _____

4. Jason tiene 2 pizzas y las corta en cuartos. Cuántas trozos de $\frac{1}{4}$ de
   pizza hay?

   _____

5. Thomas prepara 5 emparedados y los corta en tercios. ¿Cuántas partes de
   $\frac{1}{3}$ de emparedado tiene?

   _____

## Por tu cuenta

**6.** **PIENSA MÁS** Julie quiere hacer un dibujo que sea $\frac{1}{4}$ del tamaño del original. Sahil hace un dibujo que es $\frac{1}{3}$ del tamaño del original. Un árbol en el dibujo original mide 12 pulgadas de altura. ¿Cuál será la diferencia entre la altura del árbol en el dibujo de Julie y la altura del árbol en el dibujo de Sahil?

_____

**7.** Tres amigos van a una feria de libros. Allen gasta $2.60. María gasta 4 veces más que Allen. Akio gasta $3.45 menos que María. ¿Cuánto gasta Akio?

_____

**8.** **MÁS AL DETALLE** Brianna tiene una hoja de papel que mide 6 pies de longitud. Corta la longitud del papel en sextos y luego corta la longitud de cada uno de estos pedazos de $\frac{1}{6}$ en tercios. ¿Cuántos pedazos tiene? ¿Cuántas pulgadas de longitud tiene cada pedazo?

_____

**9.** **PRÁCTICA MATEMÁTICA** **8** **Usa el razonamiento repetitivo** Vuelve a mirar el Problema 8. Cambia la longitud del papel y el tamaño de los pedazos y escribe un problema similar.

_____

_____

_____

_____

_____

**Entrenador personal en matemáticas**

**10.** **PIENSA MÁS +** Adrian hizo 3 barras de cereal. Cortó cada barra en cuartos. ¿Cuántos trozos de $\frac{1}{4}$ de barra de cereal tiene Adrian? Dibuja líneas en el modelo para hallar la respuesta.

☐☐☐

Adrian tiene _____ trozos de un cuarto de barra de cereal.

Nombre _____

## Resolución de problemas •
## Usar la multiplicación

**ESTÁNDAR COMÚN—5.NF.B.7b**
*Aplican y extienden conocimientos previos de multiplicación y división para multiplicar y dividir fracciones.*

1. Sebastián hornea 4 tartas y las corta en sextos. ¿Cuántos trozos de $\frac{1}{6}$ de tarta tiene?

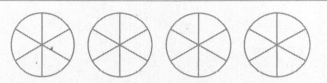

Para hallar el número total de sextos que hay en las 4 tartas, multiplica 4 por el número de sextos de cada tarta. $4 \div \frac{1}{6} = 4 \times 6 = 24$ trozos de un sexto de tarta

2. Ali tiene 2 pizzas de verduras que corta en octavos. ¿Cuántos trozos de $\frac{1}{8}$ tiene?

_____

3. Un panadero tiene 6 barras de pan que pesan 1 libra cada una. Corta cada una de las barras en tercios. ¿Cuántas barras de $\frac{1}{3}$ de libra tiene el panadero ahora?

_____

4. Supón que el panadero tiene 4 barras de pan y las corta en mitades. ¿Cuántas barras de pan de $\frac{1}{2}$ libra tendría?

_____

5. Madalyn tiene 3 sandías, las corta en mitades y las regala a sus vecinos. ¿Cuántos vecinos recibirán una parte de $\frac{1}{2}$ sandía?

_____

6. **ESCRIBE** ▸*Matemáticas* Haz un diagrama y explica cómo puedes usarlo para hallar $3 \div \frac{1}{5}$.

_____

_____

**1.** Julia tiene 12 trozos de tela y corta cada trozo en cuartos. ¿Cuántos trozos de $\frac{1}{4}$ de tela tiene?

**2.** Josué tiene 3 tartas de queso y las corta en tercios. ¿Cuántos trozos de $\frac{1}{3}$ de tarta tiene?

_____

_____

## Repaso en espiral (5.NBT.A.2, 5.NF.B.4a, 5.NF.B.7a, 5.NF.B.7b)

**3.** Escribe un enunciado de multiplicación relacionado que pueda ayudarte a hallar el cociente $6 \div \frac{1}{4}$?

**4.** Ellie usa 12.5 libras de papas para hacer puré de papas. Usa un décimo de esa cantidad de libras de mantequilla. ¿Cuántas libras de mantequilla usa Ellie?

_____

_____

**5.** Tiffany colecciona botellas de perfumes. Tiene 99 botellas en su colección. Dos tercios de las botellas son de cristal. ¿Cuántas botellas de la colección de Tiffany son de cristal?

**6.** Stephen compra un melón y lo corta en 6 trozos. Come $\frac{1}{3}$ del melón durante el fin de semana. ¿Cuántos trozos de melón come Stephen durante el fin de semana?

_____

_____

**PRACTICA MÁS CON EL**
Entrenador personal
en matemáticas

Nombre _____

# Relacionar las fracciones con la división

**Pregunta esencial** ¿Cómo puedes usar una fracción para representar la división?

**Estándares comunes** Números y operaciones— Fracciones—5.NF.B.3
PRÁCTICAS MATEMÁTICAS
MP1, MP2, MP6

**RELACIONA** Se puede escribir una fracción como un problema de división.

$$\frac{3}{4} = 3 \div 4 \qquad\qquad \frac{12}{2} = 12 \div 2$$

## Soluciona el problema En el mundo

En una clase de artesanías, hay 3 estudiantes y 2 hojas de cartulina para repartir en partes iguales. ¿Qué parte de la cartulina recibirá cada estudiante?

- Encierra en un círculo el dividendo.
- Subraya el divisor.

 **Usa un dibujo.**

**Divide.** 2 ÷ 3

**PASO 1** Dibuja líneas para dividir cada cartulina en 3 pedazos iguales.

La parte de una hoja de cartulina que corresponde a cada estudiante es _____.

**PASO 2** Cuenta el número de tercios que recibe cada estudiante. Como hay 2 hojas de cartulina, cada estudiante recibirá 2 de los

_____ o 2 × _____.

**PASO 3** Completa el enunciado numérico.

2 ÷ 3 = —

**PASO 4** Comprueba tu resultado.

Puesto que _____ × _____ = _____, el cociente es correcto.
          cociente   divisor   dividendo

Entonces, cada estudiante recibirá _____ de una hoja de cartulina.

**Charla matemática** PRÁCTICAS MATEMÁTICAS ❻

Describe un problema de división en el que cada estudiante reciba $\frac{3}{4}$ de una hoja de cartulina.

# 🔓 Ejemplo

Cuatro amigos reparten 6 hojas de cartulina en partes iguales.
¿Cuántas hojas de cartulina recibe cada amigo?

**Divide.** $6 \div 4$

**PASO 1** Dibuja líneas para dividir cada una de las 6 hojas en cuartos.

La parte de 1 hoja de cartulina
que corresponde a cada amigo es _____.

**PASO 2** Cuenta el número de cuartos que recibe cada amigo.
Como hay 6 hojas de cartulina, cada amigo recibirá

_____ de los cuartos, o ——.

**PASO 3** Completa el enunciado numérico. Escribe la fracción
como un número mixto en su mínima expresión.

$6 \div 4 =$ —— o ___ ——

**PASO 4** Comprueba tu resultado.

Puesto que _____ × 4 = _____, el cociente es correcto.

Entonces, cada amigo recibirá _____ hojas de cartulina.

> **Charla matemática**
>
> **PRÁCTICAS MATEMÁTICAS ❷**
>
> Razona de forma abstracta
> Describe una manera diferente
> en la que las hojas de cartulina
> podrían dividirse en 4 partes
> iguales.

## ¡Inténtalo!

La maestra Ruiz tiene una cuerda que mide 125 pulgadas de longitud. La maestra divide la
cuerda en partes iguales entre 8 grupos de estudiantes para un experimento de ciencias.
¿Cuánta cuerda recibirá cada grupo?

Puedes representar este problema como una ecuación de división o como una fracción.

- Divide. Escribe el residuo como una fracción. $125 \div 8 =$ _____

- Escribe $\frac{125}{8}$ como un número mixto en su mínima expresión. $\frac{125}{8} =$ _____

Entonces, cada grupo recibirá _____ pulgadas de cuerda.

- **PRÁCTICA MATEMÁTICA ❶ Evalúa** Explica por qué $125 \div 8$ da el mismo resultado que $\frac{125}{8}$.

_____

_____

Nombre _____

**Dibuja líneas en el modelo para completar el enunciado numérico.**

1. Seis amigos reparten 4 pizzas en partes iguales.

$4 \div 6 =$ _____

La parte de cada amigo es _____ de una pizza.

2. Cuatro hermanos reparten 5 paquetes de adhesivos en partes iguales.

$5 \div 4 =$ _____

La parte de cada hermano es _____ paquetes de adhesivos.

**Completa el enunciado numérico para resolver el problema.**

3. Doce amigos reparten 3 melones en partes iguales. ¿Qué fracción de un melón recibe cada amigo?

$3 \div 12 =$ _____

La parte de cada amigo es _____ de un melón.

4. Tres estudiantes reparten 8 bloques de plastilina en partes iguales. ¿Cuánta plastilina recibe cada estudiante?

$8 \div 3 =$ _____

La parte de cada estudiante es _____ bloques de plastilina.

**Charla matemática** PRÁCTICAS MATEMÁTICAS ❶

Entiende los problemas Explica cómo puedes comprobar tu resultado.

## Por tu cuenta

**Completa el enunciado numérico para resolver el problema.**

5. Cuatro estudiantes reparten 7 pies de cinta en partes iguales. ¿Cuántos pies de cinta recibe cada estudiante?

$7 \div 4 =$ _____

La parte de cada estudiante es _____ pies de cinta.

6. Ocho niñas reparten 5 barras de frutas en partes iguales. ¿Qué fracción de una barra de frutas recibe cada niña?

$5 \div 8 =$ _____

La parte de cada niña es _____ de una barra de frutas.

7. **PIENSA MÁS** Ocho estudiantes reparten 12 panecillos de avena en partes iguales y 6 estudiantes reparten 15 panecillos de manzana en partes iguales. Carmine se encuentra en ambos grupos de estudiantes. ¿Cuántos panecillos recibe Carmine en total?

_____

# Resolución de problemas • Aplicaciones En el mundo

**8.** A la casa de Shawna irán 3 adultos y 2 niños. Shawna va a servir 2 tartas pequeñas de manzana. Si planea darle a cada persona, incluida ella misma, la misma cantidad de tarta, ¿cuánta tarta recibirá cada persona?

_____

**9.** MÁS AL DETALLE  Addison compró 9 libras de naranjas y 7 libras de cerezas para hacer una ensalada de frutas para una recaudación de fondos. Quiere colocar la ensalada de frutas en 12 envases en partes iguales. ¿Qué cantidad de ensalada de frutas debería colocar en cada envase?

_____

**10.** PRÁCTICA MATEMÁTICA ② **Usa el razonamiento**  Nueve amigos piden 4 pizzas grandes. Cuatro de los amigos reparten 2 pizzas en partes iguales y los otros 5 amigos reparten 2 pizzas en partes iguales. ¿En qué grupo recibe más pizza cada miembro? Explica tu razonamiento.

_____

_____

_____

**11.** PIENSA MÁS  Jason cultivó 5 calabacines en su jardín. Quiere repartirlos en partes iguales entre 3 de sus vecinos. ¿Cuántos calabacines recibirá cada vecino? Usa los números para completar el enunciado numérico. Algunos números pueden usarse más de una vez o no usarse en absoluto.

## Relacionar las fracciones con la división

 **ESTÁNDAR COMÚN—5.NF.B.3**
*Aplican y extienden conocimientos previos de multiplicación y división para multiplicar y dividir fracciones.*

**Completa el enunciado numérico para resolver el problema.**

**1.** Seis estudiantes reparten 8 manzanas en partes iguales. ¿Cuántas manzanas recibe cada estudiante?

$$8 \div 6 = \underline{\frac{8}{6} \text{ o } 1\frac{1}{3}}$$

**2.** Diez niños reparten 7 barras de cereal en partes iguales. ¿Qué fracción de una barra de cereal recibe cada niño?

$$7 \div 10 = \underline{\hspace{2cm}}$$

**3.** Ocho amigos reparten 12 tartas en partes iguales. ¿Cuántas tartas recibe cada amigo?

$$12 \div 8 = \underline{\hspace{2cm}}$$

**4.** Tres niñas reparten 8 yardas de tela en partes iguales. ¿Cuántas yardas de tela recibe cada niña?

$$8 \div 3 = \underline{\hspace{2cm}}$$

**5.** Cinco panaderos reparten 2 barras de pan en partes iguales. ¿Qué fracción de una barra de pan recibe cada panadero?

$$2 \div 5 = \underline{\hspace{2cm}}$$

**6.** Nueve amigos reparten 6 galletas en partes iguales. ¿Qué fracción de una galleta recibe cada amigo?

$$6 \div 9 = \underline{\hspace{2cm}}$$

## Resolución de problemas · En el mundo

**7.** Hay 12 estudiantes en una clase de joyería y 8 conjuntos de dijes. ¿Qué fracción de un conjunto de dijes recibirá cada estudiante?

_____

_____

**8.** Cinco amigos reparten 6 tartas de fruta en partes iguales. ¿Cuántas tartas de fruta recibirá cada amigo?

_____

_____

**9.** **ESCRIBE** *Matemáticas* Jason divide 8 libras de comida para perro en partes iguales entre 6 perros. Dibuja un diagrama y explica cómo puedes usarlo para hallar la cantidad de comida que recibe cada perro.

_____

_____

## Repaso de la lección (5.NF.B.3)

**1.** Ocho amigos reparten 4 racimos de uvas en partes iguales. ¿Qué fracción de un racimo de uvas recibe cada amigo?

_____

**2.** Diez estudiantes reparten 8 láminas de cartón para cartel en partes iguales. ¿Qué fracción de una lámina de cartón para cartel recibe cada estudiante?

_____

## Repaso en espiral (5.NBT.B.6, 5.NBT.B.7, 5.NF.B.7a, 5.NF.B.7b)

**3.** Arturo tiene un tronco que mide 4 yardas de longitud. Lo corta en partes que miden $\frac{1}{3}$ de yarda de longitud. ¿Cuántas partes tendrá Arturo?

_____

**4.** Vince tiene 2 pizzas y las corta en sextos. ¿Cuántos trozos de $\frac{1}{6}$ tiene?

_____

**5.** Se alquilan kayaks a $35 por día. Usa la propiedad distributiva para escribir una expresión que pueda usarse para hallar el costo en dólares del alquiler de 3 kayaks por un día.

_____

_____

**6.** Louisa mide 152.7 centímetros de estatura. Su hermana menor es 8.42 centímetros más baja que ella. ¿Cuál es la estatura de la hermana menor de Louisa?

_____

_____

**PRACTICA MÁS CON EL**
Entrenador personal
en matemáticas

Nombre _____

## Conceptos y destrezas

1. **Explica** cómo puedes saber, sin calcular, si el cociente de $\frac{1}{2} \div 6$ es mayor que 1 o menor que 1. (5.NF.B.7a, 5.NF.B.7b)

_____

_____

**Divide. Dibuja una recta numérica o usa tiras fraccionarias.** (5.NF.B.7a, 5.NF.B.7b)

2. $3 \div \frac{1}{2} =$ _____

3. $1 \div \frac{1}{4} =$ _____

4. $\frac{1}{2} \div 2 =$ _____

5. $\frac{1}{3} \div 4 =$ _____

6. $2 \div \frac{1}{6} =$ _____

7. $\frac{1}{4} \div 3 =$ _____

**Completa el enunciado numérico para resolver el problema.** (5.NF.B.3)

8. Dos estudiantes reparten 3 barras de cereal en partes iguales. ¿Cuántas barras recibe cada estudiante?

   $3 \div 2 =$ _____

   La parte de cada estudiante es _____ barras de cereal.

9. Cinco niñas reparten 4 emparedados en partes iguales. ¿Qué fracción de un emparedado recibe cada niña?

   $4 \div 5 =$ _____

   La parte de cada niña es _____ de un emparedado.

10. Nueve niños reparten 4 pizzas en partes iguales. ¿Qué fracción de una pizza recibe cada niño?

    $4 \div 9 =$ _____

    La parte de cada niño es _____ de una pizza.

11. Cuatro amigos reparten 10 barras de frutas en partes iguales. ¿Cuántas barras de frutas recibe cada amigo?

    $10 \div 4 =$ _____

    La parte de cada amigo es _____ barras de frutas

**12.** Mateo tiene 8 litros de refresco de frutas para una fiesta. Cada vaso puede contener $\frac{1}{5}$ de litro de refresco. ¿Cuántos vasos de refresco puede llenar Mateo? (5.NF.B.7b)

_____

**13.** Cuatro amigos reparten 3 hojas de cartulina en partes iguales. ¿Qué fracción de una hoja de cartulina recibe cada amigo? (5.NF.B.3)

_____

**14.** Caleb y 2 amigos reparten $\frac{1}{2}$ cuarto de leche en partes iguales. ¿Qué fracción del cuarto de leche recibe cada amigo? (5.NF.B.7a)

_____

**15.** MÁS AL DETALLE  Toni y Makayla están trabajando en un proyecto de manualidades. Makayla tiene 3 yardas de cinta y Toni tiene 4 yardas de cinta. Cortan la cinta en pedazos que miden $\frac{1}{4}$ de yarda de longitud. ¿Cuántos pedazos de cinta tienen? (5.NF.B.7b)

_____

Nombre _____

# La división de fracciones y números enteros

**Estándares comunes** Números y operaciones— Fracciones—5.NF.B.7c
*También 5.NF.B.7a, 5.NFB.7b*
**PRÁCTICAS MATEMÁTICAS**
**MP.3, MP.5**

**Pregunta esencial** ¿Cómo puedes dividir fracciones si resuelves un enunciado de multiplicación relacionado?

##  Soluciona el problema En el mundo

Tres amigos reparten un paqucte de cuentas de $\frac{1}{4}$ de libra en partes iguales. ¿Qué fracción de una libra de cuentas recibe cada amigo?

🔑 **Divide.** $\frac{1}{4} \div 3$

- Sea el rectángulo 1 libra de cuentas. Divide el rectángulo en cuartos y luego divide cada cuarto en tres partes iguales.

  El rectángulo ahora está dividido en _____ partes iguales.

- Cuando divides un cuarto en 3 partes iguales, estás hallando una de tres partes iguales, o $\frac{1}{3}$ de $\frac{1}{4}$. Sombrea $\frac{1}{3}$ de $\frac{1}{4}$.

  La parte sombreada representa _____ del rectángulo ontero

- Completa el enunciado numérico.

$$\frac{1}{4} \div 3 = \frac{1}{3} \times \frac{1}{4} = \text{_____}$$

Entonces, cada amigo recibe _____ de una libra de cuentas.

## 🔑 Ejemplo

Brad tiene 9 libras de carne de pavo molida para preparar hamburguesas para una merienda. ¿Cuántas hamburguesas de $\frac{1}{3}$ de libra puede preparar?

**Divide.** $9 \div \frac{1}{3}$

- Dibuja 9 rectángulos para representar cada libra de carne de pavo molida. Divide cada rectángulo en tercios.

- Cuando divides los _____ rectángulos en tercios, estás hallando la cantidad de tercios que hay en 9 rectángulos, o

  bien, estás hallando 9 grupos de _____ . Hay _____ tercios.

- Completa el enunciado numérico.

> • ¿La cantidad de hamburguesas de pavo será menor o mayor que 9?
> _____

$$9 \div \frac{1}{3} = \text{_____} \times \text{_____} = \text{_____}$$

Entonces, Brad puede preparar _____ hamburguesas de pavo de un tercio de libra.

RELACIONA Has aprendido cómo usar un modelo y cómo escribir un enunciado de multiplicación para resolver un problema de división.

## 🔑 Ejemplos

**A** $\frac{1}{4} \div 2 = \frac{1}{8}$   $\frac{1}{2} \times \frac{1}{4} = \frac{1}{8}$

**B** $4 \div \frac{1}{2} = 8$   $4 \times 2 = 8$

**1.** Observa el Ejemplo A. Describe de qué manera se muestra en el modelo que dividir entre 2 es lo mismo que multiplicar por $\frac{1}{2}$.

_____

_____

**2.** Observa el Ejemplo B. Describe de qué manera se muestra en el modelo que dividir entre $\frac{1}{2}$ es lo mismo que multiplicar por 2.

_____

_____

Cuando divides entre números enteros mayores que 1, el cociente siempre es menor que el dividendo. Por ejemplo, el cociente de $6 \div 2$ es menor que 6 y el cociente de $2 \div 3$ es menor que 2. Completa la sección ¡Inténtalo! para aprender sobre la relación que existe entre el cociente y el dividendo cuando divides fracciones y números enteros.

## ¡Inténtalo!

**De las dos expresiones de abajo, ¿cuál tendrá un cociente mayor que el dividendo? Explica.**

$\frac{1}{2} \div 3$          $3 \div \frac{1}{2}$

_____

_____

Entonces, cuando divido una fracción entre un número entero mayor que 1, el cociente es

_____ el dividendo. Cuando divido un número entero entre una fracción

menor que 1, el cociente es _____ el dividendo.

## Comparte y muestra

1. Usa el modelo para completar el enunciado numérico.

$2 \div \frac{1}{4} = 2 \times$ _____ = _____

**Escribe un enunciado de multiplicación relacionado para resolver los ejercicios.**

2. $\frac{1}{9} \div 3$

3. $7 \div \frac{1}{2}$

_____ _____

## Por tu cuenta

**Escribe un enunciado de multiplicación relacionado para resolver los ejercicios.**

4. $\frac{1}{3} \div 4$

5. $\frac{1}{4} \div 12$

6. $6 \div \frac{1}{5}$

7. $\frac{2}{3} \div 3$

_____ _____ _____ _____

8. **PRÁCTICA MATEMÁTICA 3 Describe las relaciones** Describe de qué manera el modelo representa que dividir entre 2 es lo mismo que hallar $\frac{1}{2}$ de $\frac{1}{4}$.

_____

_____

_____

$\frac{1}{4} \div 2 = \frac{1}{8}$

9. **MÁS AL DETALLE** La maestra Lía tiene 12 libras de plastilina para modelar. Divide la plastilina en bloques de $\frac{1}{2}$ libra. Si la maestra Lía separa 6 bloques y reparte el resto entre los estudiantes de su clase de manualidades, ¿cuántos bloques de plastilina de $\frac{1}{2}$ libra reparte entre los estudiantes?

_____

## Soluciona el problema En el mundo

**10.** PIENSA MÁS El mamífero más lento es el perezoso de tres dedos. La mayor velocidad de desplazamiento de un perezoso de tres dedos en la tierra es aproximadamente $\frac{1}{4}$ de pie por segundo. La mayor velocidad de desplazamiento de una tortuga gigante en la tierra es aproximadamente $\frac{1}{3}$ de pie por segundo. ¿Cuánto tiempo más tardaría un perezoso de tres dedos en avanzar en la tierra 10 pies que una tortuga gigante?

**a.** ¿Qué debes hallar? _____

_____

**b.** ¿Qué operaciones usarás para resolver el problema? _____

_____

**c.** Muestra los pasos que seguiste para resolver el problema.

**d.** Completa las oraciones.

Un perezoso de tres dedos avanzaría 10 pies en

_____ segundos.

Una tortuga gigante avanzaría 10 pies en

_____ segundos.

Puesto que _____ − _____ = _____, un perezoso de tres dedos tardaría

_____ segundos más en avanzar 10 pies.

Entrenador personal en matemáticas

**11.** PIENSA MÁS + Jamie tiene una tela a rayas que mide 5 yardas de longitud y una tela lisa que mide 4 yardas de largo. Corta la tela a rayas en partes iguales que miden $\frac{1}{4}$ de yarda de largo y la tela lisa en partes iguales que miden $\frac{1}{3}$ de yarda de largo. ¿Cuántas partes más de tela a rayas que de tela lisa tiene Jamie? Explica cómo resolviste el problema.

_____

_____

_____

_____

## La división de fracciones y números enteros

**ESTÁNDAR COMÚN—5.NF.B.7c**
*Aplican y extienden conocimientos previos de multiplicación y división para multiplicar y dividir fracciones.*

Estándares comunes

**Escribe un enunciado de multiplicación relacionado para resolver los ejercicios.**

1. $3 \div \frac{1}{2}$

2. $\frac{1}{5} \div 3$

3. $2 \div \frac{1}{8}$

4. $\frac{1}{3} \div 4$

5. $5 \div \frac{1}{4}$

6. $\frac{1}{2} \div 2$

7. $\frac{1}{4} \div 6$

8. $6 \div \frac{1}{5}$

9. $\frac{1}{5} \div 5$

10. $4 \div \frac{1}{8}$

11. $\frac{1}{3} \div 7$

12. $9 \div \frac{1}{2}$

## Resolución de problemas En el mundo

13. Isaac tiene una cuerda que mide 5 yardas de largo. ¿En cuántas partes de $\frac{1}{2}$ yarda puede cortar la cuerda Isaac?

14. Dos amigos reparten $\frac{1}{2}$ de una piña en partes iguales. ¿Qué fracción de la piña entera recibe cada amigo?

15. **ESCRIBE** *Matemáticas* Indica si el cociente es mayor o menor que el dividendo cuando divides un número entero entre una fracción. Explica tu razonamiento.

## Repaso de la lección (5.NF.B.7c)

**1.** Steven divide 8 tazas de cereal en porciones de $\frac{1}{4}$ de taza. ¿Cuántas porciones de cereal tiene?

_____

**2.** Brandy usó una expresión de multiplicación relacionada para resolver $\frac{1}{6} \div 5$. ¿Qué expresión de multiplicación usó?

_____

## Repaso en espiral (5.NF.A.2, 5.NF.B.3, 5.NF.B.4a, 5.NF.B.7b)

**3.** Nueve amigos reparten 12 libras de pacanas en partes iguales. ¿Cuántas libras de pacanas recibe cada amigo?

_____

**4.** Un científico tiene $\frac{2}{3}$ de litro de solución. Usa $\frac{1}{2}$ de la solución para un experimento. ¿Cuánta solución usa el científico para el experimento?

_____

**5.** Naomi necesita 2 tazas de manzanas cortadas para una ensalada de fruta que va a hacer. Tiene solamente una taza graduada de $\frac{1}{4}$. ¿Cuántas veces tendrá que llenar la taza graduada para obtener 2 tazas de manzanas?

_____

**6.** Michaela pescó 3 peces que pesan un total de $19\frac{1}{2}$ libras. Un pez pesa $7\frac{5}{8}$ libras y otro pesa $5\frac{3}{4}$ libras. ¿Cuánto pesa el tercer pez?

_____

PRACTICA MÁS CON EL
Entrenador personal
en matemáticas

# Interpretar la división con fracciones

**Pregunta esencial** ¿Cómo puedes usar diagramas, ecuaciones y problemas para representar la división?

Números y operaciones—
**Fracciones—5.NF.B.7a, 5.NF.B.7b**
*También 5.NF.B.7c*
**PRÁCTICAS MATEMÁTICAS**
**MP2, MP5**

## Soluciona el problema En el mundo

Elisa tiene 6 tazas de pasas y las divide en porciones de $\frac{1}{4}$ de taza. ¿Cuántas porciones de pasas tiene?

Puedes usar diagramas, ecuaciones y problemas para representar la división.

- ¿Cuántas porciones de $\frac{1}{4}$ de taza hay en 1 taza?

_____

- ¿Cuántas tazas tiene Elisa?

_____

🔑 **Haz un diagrama para resolver el problema.**

- Dibuja 6 rectángulos para representar las tazas de pasas. Dibuja líneas para dividir cada uno de los rectángulos en cuartos.

- Para hallar $6 \div \frac{1}{4}$, cuenta la cantidad total de cuartos que hay en los 6 rectángulos.

  $6 \div$ _____ = _____

Entonces, Elisa tiene _____ porciones de pasas.

## 🔑 Ejemplo 1  Escribe una ecuación para resolver el problema.

Cuatro amigos reparten $\frac{1}{4}$ de galón de jugo de naranja. ¿Qué fracción de un galón de jugo de naranja recibe cada amigo?

**PASO 1**

Escribe una ecuación.

$\frac{1}{4} \div$ _____ = $n$

**PASO 2**

Escribe una ecuación de multiplicación relacionada. Luego resuélvela.

$\frac{1}{4} \times$ _____ = $n$

_____ = $n$

$\frac{1}{4}$

Entonces, cada amigo recibe _____ de galón de jugo de naranja.

© Houghton Mifflin Harcourt Publishing Company

## 🔑 Ejemplo 2 Escribe un problema. Luego haz un diagrama para resolverlo.

$4 \div \dfrac{1}{3}$

**PASO 1** Elige el objeto que quieres dividir.

    **Piensa:** Tu problema debería ser sobre la cantidad de grupos de $\dfrac{1}{3}$ que hay en 4 enteros.

    Objetos posibles: 4 emparedados, 4 pies de cinta, 4 manzanas

**PASO 2** Usa el objeto que elegiste para escribir un problema que represente $4 \div \dfrac{1}{3}$. Describe cómo se divide el objeto en tercios. Luego escribe una pregunta sobre la cantidad de tercios que hay.

_____

_____

_____

**PASO 3** Haz un diagrama para resolver el problema.

    $4 \div \dfrac{1}{3} =$ _____

## 🔑 Ejemplo 3 Escribe un problema. Luego haz un diagrama para resolverlo.

$\dfrac{1}{2} \div 5$

**PASO 1** Elige el objeto que quieres dividir.

    **Piensa:** Tu problema debería ser sobre $\dfrac{1}{2}$ de un objeto que se pueda dividir en 5 partes iguales.

    Objetos posibles: $\dfrac{1}{2}$ pizza, $\dfrac{1}{2}$ yarda de cuerda, $\dfrac{1}{2}$ galón de leche

**PASO 2** Usa el objeto que elegiste para escribir un problema que represente $\dfrac{1}{2} \div 5$. Describe cómo se divide el objeto en 5 partes iguales. Luego escribe una pregunta sobre el tamaño de cada parte.

_____

_____

_____

**PASO 3** Haz un diagrama para resolver el problema.

    $\dfrac{1}{2} \div 5 =$ _____

**Charla matemática**

**PRÁCTICAS MATEMÁTICAS ④**

**Usa diagramas** Explica cómo decidiste qué tipo de diagrama hacer para resolver tu problema.

© Houghton Mifflin Harcourt Publishing Company • Image Credits: (t) ©Kraig Scarbinsky/Getty Images

## Comparte y muestra

**1.** Completa el problema para representar $3 \div \frac{1}{4}$.

Carmen tiene un rollo de papel que mide _____ pies de largo.

Lo corta en pedazos que miden _____ de pie de largo cada uno.
¿Cuántos pedazos de papel tiene Carmen?

**2.** Haz un diagrama para representar el problema.
Luego resuélvelo.

April tiene 6 barras de frutas. Las corta en mitades.
¿Cuántas partes de $\frac{1}{2}$ barra tiene?

**3.** Escribe una ecuación para representar el problema.
Luego resuélvelo.

Dos amigos reparten $\frac{1}{4}$ de una tarta grande de durazno. ¿Qué fracción de la tarta entera recibe cada amigo?

_____

_____

## Por tu cuenta

**4.** **PIENSA MÁS** Escribe una ecuación para representar el problema. Luego resuélvelo.

Benito tiene $\frac{1}{3}$ de kilogramo de uvas. Reparte las uvas en partes iguales en 3 bolsas. ¿Qué fracción de un kilogramo de uvas contiene cada bolsa?

_____

_____

**5.** **MÁS AL DETALLE** Haz un diagrama para representar el problema. Luego resuélvelo.

Sonya tiene 5 emparedados. Corta cada emparedado en cuartos y regala 6 partes. ¿Cuántas partes de $\frac{1}{4}$ de emparedado tiene Sonya?

_____

_____

**6.** **PRÁCTICA MATEMÁTICA ❷** **Representa un problema** Escribe un problema para

representar $2 \div \frac{1}{8}$. Luego resuélvelo.

_____

_____

## Resolución de problemas • Aplicaciones  En el mundo

**PIENSA MÁS**   **Plantea un problema**

**7.** Amy escribió el siguiente problema para representar $4 \div \frac{1}{6}$.

Jacob tiene una tabla que mide 4 pies de longitud. La corta en pedazos que tienen una longitud de $\frac{1}{6}$ de pie. ¿Cuántos pedazos tiene Jacob ahora?

Luego Amy hizo este diagrama para resolver su problema.

Entonces, Jacob tiene 24 pedazos.

Escribe otro problema en el que se divida un objeto diferente y que incluya partes fraccionarias diferentes. Luego haz un diagrama para resolver tu problema.

**Plantea un problema.**

**Haz un diagrama para resolver tu problema.**

---

**8.** **PIENSA MÁS**   Melvin tiene $\frac{1}{4}$ de galón de refresco de frutas. Reparte el refresco en partes iguales entre él y 2 amigos. ¿Qué ecuación representa la fracción de galón de refresco que recibe cada amigo? Marca todas las que correspondan.

**(A)** $\frac{1}{4} \div \frac{1}{3} = n$     **(C)** $3 \div \frac{1}{4} = n$     **(E)** $\frac{1}{4} \div 3 = n$

**(B)** $\frac{1}{4} \times \frac{1}{3} = n$     **(D)** $3 \div 4 = n$     **(F)** $3 \times \frac{1}{4} = n$

## Interpretar la división con fracciones

 **Estándares comunes**

**ESTÁNDAR COMÚN—5.NF.B.7a, 5.NF.B.7b** *Aplican y extienden conocimientos previos de multiplicación y división para multiplicar y dividir fracciones.*

**Escribe una ecuación para representar el problema. Luego resuélvelo.**

1. Daniel tiene un trozo de cable que mide $\frac{1}{2}$ yarda de longitud. Lo corta en 3 partes iguales. ¿Qué fracción de una yarda mide cada parte?

$\frac{1}{2} \div 3 = n; \frac{1}{2} \times \frac{1}{3} = n; n = \frac{1}{6}; \frac{1}{6}$ de yarda

2. Vivian tiene un trozo de cinta que mide 5 metros de longitud. La corta en partes que miden $\frac{1}{3}$ de metro de longitud. ¿Cuántas partes corta Vivian?

**Haz un diagrama para representar el problema. Luego resuélvelo.**

3. Lina tiene 3 panecillos. Corta cada panecillo en cuartos. ¿Cuántas partes de $\frac{1}{4}$ de panecillo tiene?

4. Dos amigos reparten $\frac{1}{4}$ de galón de limonada en partes iguales. ¿Qué fracción del galón de limonada recibe cada amigo?

5. **ESCRIBE** ▸*Matemáticas* Escribe un problema para representar $3 \div \frac{1}{2}$.

6. **ESCRIBE** ▸*Matemáticas* Escribe un problema para representar $\frac{1}{4} \div 2$.

## Resolución de problemas *En el mundo*

7. Spencer tiene $\frac{1}{3}$ de libra de frutos secos. Divide los frutos en partes iguales en 4 bolsas. ¿Qué fracción de una libra de frutos secos hay en cada bolsa?

8. Humma tiene 3 manzanas. Corta cada manzana en octavos. ¿Cuántas partes de $\frac{1}{8}$ de manzana tiene?

## Repaso de la lección (5.NF.B.7c)

**1.** Abigail tiene $\frac{1}{2}$ galón de jugo de naranja. Vierte la misma cantidad de jugo en cada uno de los 6 vasos que tiene. ¿Qué ecuación representa la fracción de un galón de jugo de naranja que hay en cada vaso?

**2.** Escribe una expresión que represente la siguiente situación. Riley tiene un cable de 4 yardas de largo. Lo corta en trozos que miden $\frac{1}{2}$ yarda de largo. ¿Cuántos trozos de cable tiene Riley?

## Repaso en espiral (5.NF.A.1, 5.NF.B.3, 5.NF.B.4a, 5.NF.B.6)

**3.** Hannah compra $\frac{2}{3}$ de libra de rosbif. Usa $\frac{1}{4}$ de libra para hacer un sándwich para el almuerzo. ¿Cuánto rosbif le queda?

**4.** Alex compra $2\frac{1}{2}$ libras de uvas y compra $1\frac{1}{4}$ veces más libras de manzanas que de uvas. ¿Cuántas libras de manzana compra?

**5.** El carro de Maritza tiene 16 galones de gasolina en el tanque. Maritza usa $\frac{3}{4}$ de la gasolina. ¿Cuántos galones de gasolina usa?

**6.** Jaime tiene un cartón que mide 8 pies de largo. Lo corta en tres partes iguales. ¿Cuál es la longitud de cada parte?

**PRACTICA MÁS CON EL**
Entrenador personal
en matemáticas

# ✓ Repaso y prueba del Capítulo 8

Entrenador personal en matemáticas
Evaluación e
intervención en línea

1. Un constructor tiene un terreno de 8 acres dividido en lotes de $\frac{1}{4}$ de acre. ¿Cuántos lotes de $\frac{1}{4}$ de acre hay?

Hay ⬚ lotes.

2. En los ejercicios 2a a 2e, elige Verdadero o Falso para cada ecuación.

2a. $3 \div \frac{1}{4} = \frac{1}{12}$ ○ Verdadero ○ Falso

2b. $7 \div \frac{1}{2} = 14$ ○ Verdadero ○ Falso

2c. $\frac{1}{5} \div 4 = 20$ ○ Verdadero ○ Falso

2d. $\frac{1}{2} \div 5 = \frac{1}{10}$ ○ Verdadero ○ Falso

2e. $\frac{1}{7} \div 3 = 21$ ○ Verdadero ○ Falso

3. Se reparten doce libras de frijoles en 8 bolsas para donar al banco de alimentos. ¿Cuántas libras de frijoles hay en cada bolsa?

_____ libras

Entrenador personal en matemáticas

4. **PIENSA MÁS ➕** Gabriel hizo 4 panes de carne pequeños. Cortó cada pan en cuartos. ¿Cuántos trozos de $\frac{1}{4}$ de pan de carne tiene Gabriel? Dibuja líneas en el modelo para hallar la respuesta.

| | | | |
|---|---|---|---|
| | | | |

Gabriel tiene ⬚ trozos de $\frac{1}{4}$ de pan de carne.

5. Cinco amigos se reparten 3 bolsas de frutos secos surtidos en partes iguales. ¿Qué fracción de una bolsa de frutos secos surtidos recibe cada amigo?

Opciones de evaluación
Prueba del capítulo

**6.** Landon y Colin compraron $\frac{1}{2}$ libra de fresas y las reparten en partes iguales.

Cada uno recibirá [ ] de libra de fresas.

**7.** Elige los números para crear un problema que represente $4 \div \frac{1}{3}$.

Bill compró [ 4 / $\frac{1}{3}$ / $\frac{4}{3}$ ] libras de queso.

Hizo emparedados de queso gratinado y usó [ 4 / $\frac{1}{3}$ / $\frac{4}{3}$ ] de libra de queso para cada emparedado.

Bill hizo 12 emparedados.

**8.** Una tortuga gigante puede desplazarse sobre tierra a alrededor de $\frac{1}{10}$ de metro por segundo. Una tortuga de agua puede desplazarse sobre tierra a alrededor de $\frac{1}{2}$ de metro por segundo.

**Parte A**

¿Cuánto tardaría una tortuga gigante en desplazarse 5 metros?
Muestra tu trabajo.

**Parte B**

¿Cuánto más tardaría una tortuga gigante que una tortuga de agua en desplazarse 10 metros sobre tierra? Explica cómo hallaste tu respuesta.

**9.** Camilla tiene $\frac{1}{2}$ libra de pasas que dividirá en partes iguales entre 5 bolsas. Sombrea el diagrama para representar la fracción de una libra que habrá en cada bolsa.

**10.** La maestra Green escribió el siguiente problema en la pizarra:

Lisa y Frank compartieron $\frac{1}{3}$ de libra de cerezas en partes iguales. ¿Qué fracción de una libra recibió cada uno?

**Parte A**

Molly escribió la siguiente ecuación para resolver el problema: $2 \div \frac{1}{3} = n$. ¿Estás de acuerdo con la ecuación de Molly? Usa la información del problema para apoyar tu respuesta.

**Parte B**

Noah dibujó este diagrama para resolver el problema. ¿Puede Noah usar este diagrama para hallar la fracción de una libra de cerezas que recibió cada persona? Usa la información del problema para apoyar tu respuesta.

**11.** Divide. Dibuja una recta numérica para mostrar tu trabajo.

$2 \div \frac{1}{3} = \boxed{\phantom{xx}}$

**12.** Zoe tiene 5 pepinos que cultivó en su jardín. Quiere repartirlos en partes iguales entre 4 de sus vecinos. ¿Cuántos pepinos recibirá cada vecino? Usa los números de las fichas para completar el enunciado numérico. Puedes usar algún número más de una vez o no usarlo en absoluto.

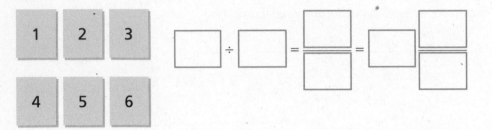

**13.** Dora compra un paquete de 1 libra, un paquete de 2 libras y un paquete de 4 libras de carne molida para hacer hamburguesas.

¿Cuántas hamburguesas de $\frac{1}{4}$ de libra de carne molida puede hacer? Muestra tu trabajo usando palabras, dibujos o números.

**14.** Adán tiene $\frac{1}{2}$ cuarto de leche. Si vierte la leche en 3 vasos en partes iguales, cada vaso contendrá $\boxed{\phantom{xx}}$ de cuarto de leche.

**15.** Nueve amigos reparten 3 tartas de calabaza en partes iguales. ¿Qué fracción de una tarta de calabaza recibe cada amigo?

Cada amigo recibe $\boxed{\phantom{xx}}$ de una tarta de calabaza.

**16.** Jesse está preparando una jarra de un batido de frutas que contiene 3 tazas de jugo de naranjas. Su taza medidora solo tiene capacidad para $\frac{1}{4}$ de taza. ¿Cuántas veces tendrá que llenar Jesse la taza medidora para alcanzar las 3 tazas de jugo de naranjas?

**17.** Kayleigh tiene $\frac{1}{4}$ de taza de aceite. Lo vierte en dos lámparas de aceite en partes iguales. ¿Qué ecuación representa la fracción de una taza de aceite que hay en cada lámpara? Marca todas las que correspondan.

(A) $\frac{1}{2} \div \frac{1}{4} = n$

(B) $\frac{1}{4} \times \frac{1}{2} = n$

(C) $2 \div \frac{1}{4} = n$

(D) $4 \div 2 = n$

(E) $\frac{1}{4} \div 2 = n$

(F) $2 \times \frac{1}{4} = n$

**18.** Brendan hizo una barra de pan. Dio porciones iguales de $\frac{1}{2}$ de la barra de pan a 6 amigos. ¿Qué diagrama podría usar Brendan para hallar la fracción de la barra de pan que recibió cada amigo? Marca todas las opciones que correspondan.

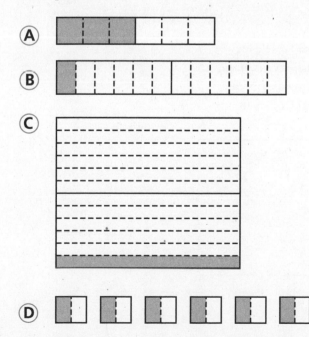

(A)

(B)

(C)

(D)

**19.** Tu maestra te da el siguiente problema: $6 \div \frac{1}{5}$.

**Parte A**

Dibuja un diagrama para representar $6 \div \frac{1}{5}$.

**Parte B**

Escribe un problema para representar $6 \div \frac{1}{5}$.

**Parte C**

Usa una expresión de multiplicación relacionada para resolver tu problema. Muestra tu trabajo.

**20.** *MÁS AL DETALLE* Siete amigos compraron 7 cuartos de arándanos. Tres de los amigos compartirán 4 cuartos de los arándanos en partes iguales y los otros 4 amigos compartirán 3 cuartos de los arándanos en partes iguales. ¿En qué grupo cada amigo recibirá una mayor cantidad de arándanos? Explica tu razonamiento.

# Geometría y medición

**Estándares comunes**

**ÁREA DE ATENCIÓN** Desarrollar la comprensión del volumen

Un *rover* lunar es un vehículo que se usa en la Luna para explorar su superficie. ▶

## Arquitectura espacial

El Equipo de Arquitectura Lunar de la NASA desarrolla ideas para *rovers* y hábitats espaciales. Un hábitat espacial está formado por módulos unidos por esclusas de aire. Las esclusas tienen puertas dobles que permiten que las personas se muevan entre los módulos sin perder atmósfera.

## Para comenzar — ESCRIBE ▸ *Matemáticas*

Con un compañero, diseña un hábitat espacial compuesto por 3 módulos. En el recuadro de Datos importantes se mencionan algunos módulos que puedes elegir para tu diseño. Recorta, dobla y pega con cinta adhesiva los patrones de los módulos que elegiste, y los del cubo para medir.

Usa una fórmula para hallar el volumen del cubo para medir en centímetros cúbicos. Para estimar el volumen de los módulos, llena cada módulo con arroz y luego echa el arroz en el cubo para medir. Haz de cuenta que cada centímetro cúbico del cubo representa 32 pies cúbicos. Determina cuál sería el volumen de tu hábitat espacial en pies cúbicos.

Conecta los módulos para completar tu hábitat espacial.

### Datos importantes

**Módulos de un hábitat espacial**

- recámara
- cocina
- habitación para hacer ejercicio
- baño
- habitación de trabajo
- esclusa de aire
- habitación de almacenamiento (para las provisiones de aire y agua)

_____

_____

_____

_____

_____

_____

_____

Completado por _____

# Álgebra: Patrones y confección de gráficas

## ✓ Muestra lo que sabes

**Entrenador personal en matemáticas**
Evaluación e intervención en línea

Comprueba si comprendes las destrezas importantes.

Nombre _____

▶ **Leer y usar una gráfica de barras** Usa la gráfica para responder las preguntas. (3.MD.B.3)

1. ¿Qué fruta obtuvo la mayor cantidad de votos?

   _____

2. ¿Qué fruta obtuvo 5 votos? _____

3. Hubo _____ votos en total.

### Frutas favoritas

Gráfica de barras: Número de votos (eje vertical, de 0 a 12). Tipo de fruta (eje horizontal): Manzana 7, Naranja 4, Plátano 5, Uvas 6.

▶ **Ampliar patrones** Halla los números que faltan. Luego escribe una descripción para cada patrón. (4.OA.C.5)

4. 0, 5, 10, 15, _____, _____, _____

   descripción: _____

5. 70, 60, 50, 40, _____, _____, _____

   descripción: _____

6. 12, 18, 24, 30, _____, _____, _____

   descripción: _____

7. 150, 200, 250, 300, _____, _____, _____

   descripción: _____

8. 200, 180, 160, 140, _____, _____, _____

   descripción: _____

Representa gráficamente las coordenadas del mapa y conéctalas para localizar los documentos secretos en el maletín perdido.

(3, 3), (4, 2), (4, 4), (5, 3)

# Desarrollo del vocabulario

▶ **Visualízalo** • • • • • • • • • • • • • • • • • • • • • • • • • • • • • • •

Usa las palabras marcadas para completar el mapa de árbol.

**Palabras de repaso**

datos

diagrama de puntos

**Palabras nuevas**

coordenada x

coordenada y

✓ eje x

✓ eje y

✓ escala

✓ gráfica lineal

✓ intervalo

✓ origen

✓ par ordenado

datos ⟨ _____

cuadrícula de coordenadas ⟨ _____

▶ **Comprende el vocabulario** • • • • • • • • • • • • • • • • • • • •

Completa las oraciones con las palabras nuevas.

1. Una gráfica en la que se usan segmentos para mostrar cómo

   cambian los datos a través del tiempo es una _____ .

2. El par de números que se usa para ubicar puntos

   en una cuadrícula se llama _____ .

3. El punto (0, 0), también llamado _____ , es donde se
   cruzan el eje x y el eje y.

4. En una cuadrícula de coordenadas, la recta numérica horizontal es el

   _____ y la recta numérica vertical es el _____ .

5. El primer número de un par ordenado es la _____ y

   el segundo número de un par ordenado es la _____ .

6. La diferencia entre los valores de la escala de una gráfica

   es un _____ .

• Libro interactivo del estudiante
• Glosario multimedia

# Vocabulario del Capítulo 9

**cuadrícula de coordenadas**

coordinate grid

10

**datos**

data

13

**intervalo**

interval

39

**gráfica lineal**

line graph

37

**diagrama de puntos**

line plot

19

**par ordenado**

ordered pair

53

**origen**

origin

52

**escala**

scale

27

Información recopilada sobre personas o cosas, generalmente para sacar conclusiones sobre ellas

Ejemplo:

| Temperatura exterior | |
|---|---|
| Hora | Temp. (en °F) |
| 6:00 a. m. | 38° |
| 8:00 a. m. | 41° |
| 10:00 a. m. | 49° |
| 12:00 p. m. | 59° |
| 2:00 p. m. | 62° |

Cuadrícula formada por una línea horizontal llamada eje $x$ y una línea vertical llamada eje $y$

Ejemplo:

Gráfica en la que se usan segmentos para mostrar cómo cambian los datos en el transcurso del tiempo

Ejemplo:

Diferencia entre un número y el siguiente en la escala de una gráfica

Ejemplo:

Par de números que se usan para ubicar un punto en una cuadrícula; el primer número indica la posición izquierda-derecha y el segundo número indica la posición arriba-abajo.

Ejemplo:

Gráfica que muestra la frecuencia de los datos en una recta numérica

Ejemplo:

Sucesión de números que están ubicados a una distancia fija entre sí en una gráfica, que ayudan a rotular esa gráfica

Ejemplo:

Punto donde se intersecan los dos ejes de una cuadrícula de coordenadas; (0, 0)

Ejemplo:

**eje *x***

*x*-axis

24

**coordenada *x***

*x*-coordinate

8

**eje *y***

*y*-axis

25

**coordenada *y***

*y*-coordinate

9

Primer número de un par ordenado que indica la distancia desde la cual hay que moverse hacia la derecha o la izquierda desde (0, 0)

Ejemplo:

Recta numérica horizontal de un plano de coordenadas

Ejemplo:

Segundo número de un par ordenado que indica la distancia desde la cual hay que moverse hacia arriba o hacia abajo desde (0, 0)

Ejemplo:

Recta numérica vertical de un plano de coordenadas

Ejemplo:

# Visita a la Luna

Para 2 jugadores

## Materiales

- 1 de cada color: fichas de juego rojas y azules
- 1 cubo numerado

## Instrucciones

1. Cada jugador elige una ficha de juego y la coloca en la SALIDA.

2. Cuando sea tu turno, lanza el cubo numerado. Avanza tu ficha de juego ese número de espacios.

3. Si caes en los siguientes espacios:

   **Espacio verde claro** Explica el significado del término matemático o úsalo en una oración. Si tu respuesta es correcta, avanza hasta el próximo espacio que tiene el mismo término.

   **Espacio verde oscuro** Sigue las instrucciones del espacio. Si no tiene instrucciones, quédate donde estás.

4. Ganará la partida el primer jugador que alcance la LLEGADA.

**Recuadro de palabras**

coordenada x

coordenada y

cuadrícula de coordenadas

datos

diagrama de puntos

eje x

eje y

escala

gráfica lineal

intervalo

origen

par ordenado

**INSTRUCCIONES** Cada jugador elige una ficha de juego y la coloca en la SALIDA. • Cuando sea tu turno, lanza el cubo numerado . Avanza tu ficha de juego ese número de espacios. • Si caes en los siguientes espacios: Espacio verde claro: Explica el significado del término matemático o úsalo en una oración. Si tu respuesta es correcta, avanza hasta el próximo espacio que tiene el mismo término. • Espacio verde oscuro: Sigue las instrucciones del espacio. Si no tiene instrucciones, quédate donde estás. • Ganará la partida el primer jugador que alcance la LLEGADA.

**LLEGADA** | datos | cuadrícula de coordenadas | coordenada *y* | eje *y*

eje *y* | coordenada *y* | Vuelve a | cuadrícula de coordenadas | datos

coordenada *x* | eje *x* | escala | origen

diagrama de puntos | par ordenado | origen | escala | eje *x*

gráfica lineal | intervalo | Vuelve a | datos | cuadrícula de coordenadas

**SALIDA** | cuadrícula de coordenadas | datos | intervalo | gráfica lineal

coordenada x

Vuelve a

eje x

escala

Vuelve a

intervalo

gráfica lineal

diagrama de puntos

par ordenado

origen

par ordenado

dlagrama de puntos

gráfica lineal

intervalo

datos

coordenada x

eje y

coordenada y

cuadrícula de coordenadas

coordenada y

eje y

coordenada x

eje x

diagrama de puntos

par ordenado

origen

escala

© Houghton Mifflin Harcourt Publishing Company

# Escríbelo

## Reflexiona

**Elige una idea. Escribe sobre ella.**

- Explica cómo se relacionan los términos *coordenada x, coordenada y* y *par ordenado.*

- Explica a qué distancia del origen se encuentra el par ordenado (4, 2).

- ¿Cuándo usarías un diagrama de puntos para colocar datos? ¿Cuándo usarías una gráfica lineal? Explica tu respuesta.

- Durante una tormenta, mides la cantidad de agua que cae cada hora durante seis horas. Describe una tabla con una escala e intervalo adecuados para tus datos.

Nombre _____

# Diagramas de puntos

**Pregunta esencial** ¿De qué manera un diagrama de puntos te puede ayudar a hallar un promedio a partir de datos expresados en fracciones?

**Estándares comunes** Medición y datos—5.MD.B.2
También 5.OA.A.1
**PRÁCTICAS MATEMÁTICAS**
MP1, MP2, MP4

## 🔑 Soluciona el problema (En el mundo)

Los estudiantes midieron distintas cantidades de agua en vasos de precipitados para un experimento. A continuación se muestra la cantidad de agua que había en cada vaso de precipitados.

$\frac{1}{4}$ de taza,  $\frac{1}{4}$ de taza,  $\frac{1}{2}$ taza,  $\frac{3}{4}$ de taza,  $\frac{1}{4}$ de taza,  $\frac{1}{4}$ de taza,

$\frac{1}{4}$ de taza,  $\frac{1}{2}$ taza,  $\frac{1}{4}$ de taza,  $\frac{3}{4}$ de taza,  $\frac{1}{4}$ de taza,  $\frac{3}{4}$ de taza

Si la cantidad total de agua quedó igual, ¿cuál sería la cantidad de agua promedio en un vaso de precipitados?

**Agua usada (en tazas)**

**PASO 1** Cuenta el número de tazas para cada cantidad. Dibuja una **X** para representar el número de veces que se registra cada cantidad en el diagrama de puntos.

$\frac{1}{4}$: _____   $\frac{1}{2}$: _____   $\frac{3}{4}$: _____

**PASO 2** Halla la cantidad total de agua en todos los vasos de precipitados que contienen $\frac{1}{4}$ de taza de agua.

Hay _____ vasos de precipitados con $\frac{1}{4}$ de taza de agua. Entonces, hay _____ cuartos, o

☐/☐ o ☐/☐ tazas.

**PASO 3** Halla la cantidad total de agua en todos los vasos de precipitados que contienen $\frac{1}{2}$ taza de agua.

Hay _____ vasos de precipitados con $\frac{1}{2}$ taza de agua. Entonces, hay _____ mitades o

☐/☐ o 1 taza.

**PASO 4** Halla la cantidad total de agua en todos los vasos de precipitados que contienen $\frac{3}{4}$ de taza de agua.

$3 \times \frac{3}{4} = \frac{☐}{☐}$ o ☐ $\frac{☐}{☐}$

**PASO 5** Suma para hallar la cantidad total de agua en todos los vasos de precipitados.

$1\frac{3}{4} + 1 + 2\frac{1}{4} =$ _____

**PASO 6** Para hallar el promedio, divide la suma que hallaste en el Paso 5 entre el número de vasos de precipitados.

$5 \div 12 = \frac{☐}{☐}$

Entonces, la cantidad de agua promedio en un vaso de precipitados

es _____ de taza.

## ¡Inténtalo!

Puedes usar el orden de las operaciones para hallar el promedio. Resuelve el problema como una serie de expresiones separadas con paréntesis y corchetes. Primero, haz las operaciones que están entre los paréntesis y luego las que están entre los corchetes.

$$\left[\left(7 \times \tfrac{1}{4}\right) + \left(2 \times \tfrac{1}{2}\right) + \left(3 \times \tfrac{3}{4}\right)\right] \div 12$$

Haz las operaciones que están entre paréntesis.

A continuación, haz las operaciones que están entre corchetes.

$\boxed{\phantom{x}} \div 12$

Divide.

$\dfrac{\boxed{\phantom{x}}}{\boxed{\phantom{x}}}$

Escribe la expresión como una fracción.

## 🔑 Ejemplo

Raine divide tres bolsas de arroz de 2 onzas en bolsas más pequeñas. La primera bolsa se divide en bolsas que pesan $\tfrac{1}{6}$ de onza cada una, la segunda se divide en bolsas que pesan $\tfrac{1}{3}$ de onza cada una y la tercera se divide en bolsas que pesan $\tfrac{1}{2}$ de onza cada una.

**Halla el número de bolsas de arroz de $\tfrac{1}{6}$ de onza, $\tfrac{1}{3}$ de onza y $\tfrac{1}{2}$ de onza. Luego representa los resultados gráficamente en el diagrama de puntos.**

**PASO 1** Escribe un título para tu diagrama de puntos. Debe describir lo que estás contando.

**PASO 2** Rotula $\tfrac{1}{6}$, $\tfrac{1}{3}$ y $\tfrac{1}{2}$ en el diagrama de puntos para representar las distintas cantidades en las que se dividen las tres bolsas de 2 onzas.

**PASO 3** Usa la división para hallar el número de bolsas de $\tfrac{1}{6}$ de onza, $\tfrac{1}{3}$ de onza y $\tfrac{1}{2}$ de onza que se hicieron a partir de las tres bolsas de arroz originales.

$2 \div \dfrac{1}{6}$ 　　　 $2 \div \dfrac{1}{3}$ 　　　 $2 \div \dfrac{1}{2}$

$2 \times \boxed{\phantom{x}} = \boxed{\phantom{x}}$ 　 $2 \times \boxed{\phantom{x}} = \boxed{\phantom{x}}$ 　 $2 \times \boxed{\phantom{x}} = \boxed{\phantom{x}}$

$\tfrac{1}{6}$ 　　 $\tfrac{1}{3}$ 　　 $\tfrac{1}{2}$

**PASO 4** Dibuja una ✗ sobre $\tfrac{1}{6}$, $\tfrac{1}{3}$ o $\tfrac{1}{2}$ para representar el número de bolsas de arroz.

**Charla matemática**

**PRÁCTICAS MATEMÁTICAS ❷**

**Razona de forma cuantitativa** Explica por qué hay más bolsas de arroz de $\tfrac{1}{6}$ de onza que de $\tfrac{1}{2}$ de onza.

Nombre _____

## Comparte y muestra

**Usa los datos para completar el diagrama de puntos. Luego responde las preguntas.**

Lilly necesita comprar cuentas para un collar. Las cuentas se venden por masa. Lilly hace un diseño para determinar qué cuentas necesita y luego anota sus tamaños. Los tamaños son los siguientes:

$\frac{2}{5}$g, $\frac{2}{5}$g, $\frac{4}{5}$g, $\frac{2}{5}$g, $\frac{1}{5}$g, $\frac{1}{5}$g, $\frac{3}{5}$g,

$\frac{4}{5}$g, $\frac{1}{5}$g, $\frac{2}{5}$g, $\frac{3}{5}$g, $\frac{3}{5}$g, $\frac{2}{5}$g

1. ¿Cuál es la masa combinada de las cuentas que tienen una masa de $\frac{1}{5}$ gramo?

   **Piensa:** Hay _____ X sobre $\frac{1}{5}$ en el diagrama de puntos, entonces la masa combinada de las cuentas

   es igual a _____ quintos o _____ de gramo.

**Masa de las cuentas (en gramos)**

2. ¿Cuál es la masa combinada de todas las cuentas que tienen una masa de $\frac{2}{5}$ de gramo?

   _____

3. ¿Cuál es la masa combinada de todas las cuentas del collar?

   _____

4. ¿Cuál es el peso promedio de las cuentas del collar?

   _____

## Por tu cuenta

**Usa los datos para completar el diagrama de puntos. Luego responde las preguntas.**

Un cocinero usó distintas cantidades de leche para preparar un desayuno con panqueques, según el número de órdenes de panqueques. A continuación se muestran los resultados.

$\frac{1}{2}$ tz, $\frac{1}{4}$ de tz, $\frac{1}{2}$ tz, $\frac{3}{4}$ de tz, $\frac{1}{2}$ tz, $\frac{3}{4}$ de tz, $\frac{1}{2}$ tz, $\frac{1}{4}$ de tz, $\frac{1}{2}$ tz, $\frac{1}{2}$ tz

**Leche usada en pedidos de panqueque (en tazas)**

5. ¿Cuánta leche combinada se usa en las cantidades de $\frac{1}{2}$ taza? _____

6. **PIENSA MÁS** ¿Cuál es la cantidad promedio de leche que se usa para un pedido de panqueques? _____

7. **MÁS AL DETALLE** ¿Cuántas órdenes más de panqueques usaron $\frac{1}{2}$ taza que $\frac{1}{4}$ de taza y $\frac{3}{4}$ de taza de leche combinadas? _____

8. **PRÁCTICA MATEMÁTICA ②** Usa el razonamiento Describe una cantidad que podrías sumar a los datos que haría que el promedio aumentara.

_____

## Soluciona el problema · En el mundo

**9.** **PRÁCTICA MATEMÁTICA ①** **Entiende los problemas** Durante 10 días consecutivos, Samantha midió la cantidad de alimento que comió su gato Dewey y anotó los resultados que se muestran a continuación. Representa los resultados gráficamente en el diagrama de puntos. ¿Cuál es la cantidad promedio de alimento que Dewey comió por día?

$\frac{1}{2}$ tz, $\frac{3}{8}$ de tz, $\frac{5}{8}$ de tz, $\frac{1}{2}$ tz, $\frac{5}{8}$ de tz, $\frac{1}{4}$ de tz, $\frac{3}{4}$ de tz, $\frac{1}{4}$ de tz, $\frac{1}{2}$ tz, $\frac{5}{8}$ de tz

$\frac{1}{4}$    $\frac{3}{8}$    $\frac{1}{2}$    $\frac{5}{8}$    $\frac{3}{4}$

**Cantidad de alimento para gatos que comió (en tazas)**

a. ¿Qué debes saber? _____

_____

b. ¿Cómo puedes usar un diagrama de puntos para organizar la información?

_____

_____

_____

c. ¿Qué pasos podrías seguir para hallar la cantidad promedio de alimento que Dewey comió por día?

_____

_____

_____

d. Completa los espacios en blanco con los totales de cada cantidad medida.

$\frac{1}{4}$ de taza: _____     $\frac{5}{8}$ de taza: _____

$\frac{3}{8}$ de taza: _____     $\frac{3}{4}$ de taza: _____

$\frac{1}{2}$ taza: _____

e. Halla la cantidad total de alimento que comió en 10 días.

_____ + _____ + _____ + _____ +

_____ = _____

Entonces, la cantidad promedio de alimento que Dewey comió por día fue _____.

**10.** **PIENSA MÁS** Maya midió las alturas de las plántulas que está cultivando. Las alturas fueron $\frac{3}{4}$ in, $\frac{7}{8}$ in, $\frac{1}{2}$ in, $\frac{3}{4}$ in, $\frac{5}{8}$ in, $\frac{3}{4}$ in, $\frac{7}{8}$ in, $\frac{5}{8}$ in, $\frac{1}{2}$ in. y $\frac{3}{4}$ in. Organiza la información en un diagrama de puntos.

¿Cuál es la altura promedio de las plántulas? _____ de pulgada.

# Diagramas de puntos

Usa los datos para completar el diagrama de puntos. Luego responde las preguntas.

**Estándares comunes**

**ESTÁNDAR COMÚN—5.MD.B.2**
*Representan e interpretan datos.*

Un empleado de una tienda naturista rellena bolsas con frutos secos surtidos. A continuación se enumera la cantidad de frutos secos surtidos que hay en cada bolsa.

$\frac{1}{4}$ lb, $\frac{1}{4}$ lb, $\frac{3}{4}$ lb, $\frac{1}{2}$ lb, $\frac{1}{4}$ lb, $\frac{3}{4}$ lb,

$\frac{3}{4}$ lb, $\frac{3}{4}$ lb, $\frac{1}{2}$ lb, $\frac{1}{4}$ lb, $\frac{1}{2}$ lb, $\frac{1}{2}$ lb

**1.** ¿Cuánto pesan las bolsas de $\frac{1}{4}$ lb juntas? _____ 1 lb

   **Piensa:** Hay cuatro bolsas de $\frac{1}{4}$ de libra.

**2.** ¿Cuánto pesan las bolsas de $\frac{1}{2}$ lb juntas? _____

**3.** ¿Cuánto pesan las bolsas de $\frac{3}{4}$ lb juntas? _____

Peso de los frutos secos surtidos (en libras)

$\frac{1}{4}$    $\frac{1}{2}$    $\frac{3}{4}$

**4.** ¿Cuánto pesan en total los frutos secos surtidos que se usaron para rellenar todas las bolsas? _____

**5.** ¿Cuál es la cantidad promedio de frutos secos surtidos que hay en cada bolsa? _____

Julie usa cristales para hacer una pulsera. A continuación se muestra la longitud de los cristales.

$\frac{1}{2}$ in, $\frac{5}{8}$ in, $\frac{3}{4}$ in, $\frac{1}{2}$ in, $\frac{3}{8}$ in, $\frac{1}{2}$ in, $\frac{3}{4}$ in,

$\frac{3}{8}$ in, $\frac{3}{4}$ in, $\frac{5}{8}$ in, $\frac{1}{2}$ in, $\frac{3}{8}$ in, $\frac{5}{8}$ in, $\frac{3}{4}$ in

$\frac{3}{8}$    $\frac{1}{2}$    $\frac{5}{8}$    $\frac{3}{4}$

Longitud de los cristales (en pulgadas)

**6.** ¿Cuál es la longitud de los cristales de $\frac{1}{2}$ in juntos? _____

**7.** ¿Cuál es la longitud de los cristales de $\frac{5}{8}$ in juntos? _____

**8.** ¿Cuál es la longitud total de todos los cristales de la pulsera? _____

**9.** ¿Cuál es la longitud promedio de cada cristal de la pulsera? _____

**10.** ESCRIBE *Matemáticas* Describe los pasos que puedes usar para hallar el promedio de las cantidades fraccionarias.

_____

## Repaso de la lección (5.MD.B.2)

Una panadera usa diferentes cantidades de sal para hacer panes según la receta que siga. En el siguiente diagrama de puntos se muestra la cantidad de sal que se necesita para cada receta.

**Cantidad de sal (en cucharaditas)**

1. Según el diagrama de puntos, ¿en cuántas recetas se necesita más de $\frac{1}{4}$ de cdta. de sal?

_____

2. ¿Cuál es la cantidad promedio de sal que se necesita para cada receta?

_____

## Repaso en espiral (5.NBT.A.4, 5.NF.A.1, 5.NF.B.4a, 5.NF.B.7c)

3. Ramona tenía $8\frac{3}{8}$ in de cinta. Usó $2\frac{1}{2}$ in para un proyecto de arte. ¿Cuántas pulgadas de cinta le quedan? Halla la diferencia en su mínima expresión.

4. Benjamín compró $\frac{1}{2}$ libra de queso para preparar 3 sándwiches. Si usa la misma cantidad de queso en cada sándwich, ¿cuánto queso tendrá cada sándwich?

5. ¿Cuánto es 92.583 redondeado al décimo más próximo?

6. En el jardín de Yoshi, $\frac{3}{4}$ de las flores son tulipanes. De esos tulipanes, $\frac{2}{3}$ son amarillos. ¿Qué fracción de las flores del jardín de Yoshi son tulipanes amarillos?

**PRACTICA MÁS CON EL**
Entrenador personal
en matemáticas

# Nombre _____

## Pares ordenados

**Pregunta esencial** ¿Cómo puedes identificar y marcar puntos en una cuadrícula de coordenadas?

**Estándares comunes**  Geometría—5.G.A.1
**PRÁCTICAS MATEMÁTICAS**
**MP4, MP6**

**RELACIONA**  Ubicar un punto en una cuadrícula de coordenadas es como usar norte/sur y oeste/este para indicar direcciones. La recta numérica horizontal de la cuadrícula es el **eje x**. La recta numérica vertical de la cuadrícula es el **eje y**.

Cada punto de la cuadrícula de coordenadas se puede describir con un **par ordenado** de números. La **coordenada x,** el primer número del par ordenado, representa la ubicación horizontal, o la distancia a la que se encuentra el punto del 0 en la dirección del eje x. La **coordenada y**, el segundo número del par ordenado, representa la ubicación vertical, o la distancia a la que se encuentra el punto del 0 en la dirección del eje y.

$$(x, y)$$

coordenada x ⤴ ⤴ coordenada y

El eje x y el eje y se cruzan en el punto (0, 0), llamado **origen**.

## 🔑 Soluciona el problema *En el mundo*

**Escribe los pares ordenados que representan las ubicaciones del estadio y del acuario.**

Ubica el punto para el que quieres escribir un par ordenado.

Observa el eje x abajo para identificar la distancia horizontal del punto desde 0, que es su coordenada x.

Observa el eje y a la izquierda para identificar la distancia vertical del punto desde 0, que es su coordenada y.

Entonces, el par ordenado del estadio es (3, 2) y el par ordenado

del acuario es (_____, _____).

• Describe el camino que seguirías para llegar al acuario desde el origen, usando primero desplazamientos horizontales y luego verticales.

_____

_____

**Charla matemática**  PRÁCTICAS MATEMÁTICAS ④

Usa gráficas  Usa las coordenadas x y y para describir la distancia del punto (3, 2) respecto de los ejes x e y.

# Ejemplo 1 Usa la gráfica.

Se puede rotular un punto de una cuadrícula de coordenadas con un par ordenado, una letra o ambos.

**A** Marca el punto (5, 7) y rotúlalo con la letra *J*.

Desde el origen, desplázate 5 unidades hacia la derecha y luego 7 unidades hacia arriba.

Marca y rotula el punto.

**B** Marca el punto (8, 0) y rotúlalo con la letra *S*.

Desde el origen, desplázate _____ unidades hacia la

derecha y luego _____ unidades hacia arriba.

Marca y rotula el punto.

# Ejemplo 2 Halla la distancia entre dos puntos.

Puedes hallar la distancia entre dos puntos cuando se encuentran sobre la misma recta horizontal o vertical.

- Dibuja un segmento que conecte el punto *A* y el punto *B*.

- Cuenta las unidades verticales que hay entre los dos puntos.

Hay _____ unidades entre los puntos *A* y *B*.

1. Los puntos *A* y *B* forman un segmento vertical y tienen las mismas coordenadas *x*. ¿Cómo puedes usar la resta para hallar la distancia entre los puntos?

   _____

   _____

   _____

2. Representa gráficamente los puntos (3, 2) y (5, 2). Explica cómo puedes usar la resta para hallar la distancia horizontal entre los dos puntos.

   _____

   _____

   _____

Nombre _____

## Comparte y muestra

En la Cuadrícula de coordenadas A, escribe un par ordenado para el punto dado.

**1.** C _____

**2.** D _____

**3.** E _____

☑ **4.** F _____

Marca y rotula los puntos en la Cuadrícula de coordenadas A.

**5.** M(0, 9)

**6.** H(8, 6)

**7.** K(10, 4)

**8.** T(4, 5)

**9.** W(5, 10)

☑ **10.** R(1, 3)

Cuadrícula de coordenadas A

## Por tu cuenta

En la Cuadrícula de coordenadas B, escribe un par ordenado para el punto dado.

**11.** G _____

**12.** H _____

**13.** I _____

**14.** J _____

**15.** K _____

**16.** L _____

Marca y rotula los puntos en la Cuadrícula de coordenadas B.

**17.** W(8, 2)

**18.** E(0, 4)

**19.** X(2, 9)

**20.** B(3, 4)

**21.** R(4, 0)

**22.** F(7, 6)

**23.** T(5, 7)

**24.** A(7, 1)

Cuadrícula de coordenadas B

**25.** ESCRIBE ▸ *Matemáticas* Explica cómo hallar la distancia que hay entre el punto F y el punto A.

_____

_____

# Resolución de problemas • Aplicaciones

Nathan y sus amigos planean un viaje a la Ciudad de Nueva York. Usa el mapa para resolver los problemas 26 a 30. Cada unidad representa 1 cuadra de la ciudad.

**26.** ¿Qué par ordenado representa la ubicación del parque Bryant?

_____

**27.** **PRÁCTICA MATEMÁTICA ④** **Usa gráficas** El edificio Empire State está ubicado 5 cuadras a la derecha y 1 cuadra hacia arriba de (0, 0). Escribe el par ordenado que representa esta ubicación. Marca y rotula un punto para el edificio Empire State.

_____

**Mapa de la Ciudad de Nueva York**

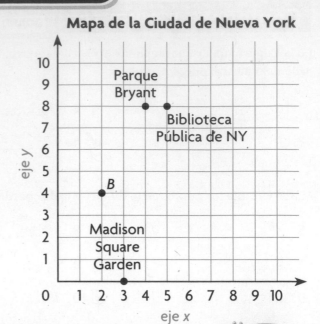

**28.** **PIENSA MÁS** **¿Cuál es el error?** Nathan dice que el Madison Square Garden está ubicado en (0, 3) en el mapa. ¿Es correcto su par ordenado? Explica.

_____

_____

**29.** **MÁS AL DETALLE** Paulo camina desde el punto _B_ hasta el parque Bryant. Raúl camina desde el punto _B_ hasta el Madison Square Garden. Si solo caminan por las líneas de la cuadrícula, ¿quién camina más? Explica.

_____

_____

**Entrenador personal en matemáticas**

**30.** **PIENSA MÁS ➕** Observa el mapa de la Ciudad de Nueva York de arriba. Imagina que una estación de subterráneo está ubicada en el punto (6, 5). ¿Cuál de los siguientes enunciados describe con precisión la ubicación de la estación de subterráneo? Marca todas las opciones que correspondan.

Ⓐ La estación queda 2 cuadras a la derecha y 3 hacia abajo respecto del Parque Bryant.

Ⓑ La estación queda 4 cuadras a la derecha y 1 hacia abajo respecto del punto B.

Ⓒ La estación queda 1 cuadra a la derecha y 3 hacia abajo respecto de la biblioteca.

Ⓓ La estación queda 5 cuadras a la derecha y 3 hacia arriba respecto del Madison Square Garden.

## Pares ordenados

En la Cuadrícula de coordenadas A, escribe un par ordenado para el punto dado.

ESTÁNDAR COMÚN—5.G.A.1
*Representan puntos gráficos en un plano de coordenadas para resolver problemas matemáticos del mundo real.*

Estándares comunes

**1.** A *(2, 3)*

**2.** B

**3.** C

**4.** D

**5.** E

**6.** F

### Cuadrícula de coordenadas A

Marca y rotula los puntos en la Cuadrícula de coordenadas B.

**7.** $N(7, 3)$

**8.** $R(0, 4)$

**9.** $O(8, 7)$

**10.** $M(2, 1)$

**11.** $P(5, 6)$

**12.** $Q(1, 5)$

### Cuadrícula de coordenadas B

## Resolución de problemas · En el mundo

Usa el mapa para responder las preguntas 13 y 14.

**13.** ¿Qué edificio está ubicado en el punto $(5, 6)$?

_____

**14.** ¿Cuál es la distancia entre La Pizzería de Kip y el banco?

_____

**15.** **ESCRIBE** ▸ *Matemáticas* ¿En qué situación podrías ubicar puntos en una cuadrícula de coordenadas?

_____

### Port Charlotte

## Repaso de la lección (5.G.A.1)

**1.** ¿Qué par ordenado describe la ubicación del parque?

_____

**2.** ¿Cuál es la distancia entre la escuela y la biblioteca?

_____

## Repaso en espiral (5.NBT.A.1, 5.NBT.B.5, 5.NBT.B.6)

**3.** ¿Cuál es el valor del dígito subrayado?

45,7<u>6</u>9,331

**4.** Andrew cobra $18 por cortar el césped de un jardín. Si corta el césped de 17 jardines por mes, ¿cuánto dinero ganará Andrew por mes?

_____

**5.** Harlow puede andar en bicicleta a una tasa de 18 millas por hora. ¿Cuántas horas tardaría en recorrer un tramo de carretera que mide 450 millas de largo?

**6.** Molly usa 192 cuentas para hacer una pulsera y un collar. El collar lleva 5 veces más cuentas que la pulsera. ¿Cuántas cuentas usa Molly para hacer el collar?

_____

PRACTICA MÁS CON EL
Entrenador personal
en matemáticas

Nombre _____

# Representar datos gráficamente

**Pregunta esencial** ¿Cómo puedes usar una cuadrícula de coordenadas para mostrar datos recopilados en un experimento?

**Estándares comunes** Geometría—
5.G.A.2
**PRÁCTICAS MATEMÁTICAS**
MP3, MP4, MP8

## Investigar

**Materiales** ▪ vaso de papel ▪ agua ▪ termómetro en grados Fahrenheit ▪ cubos de hielo ▪ cronómetro

Al recopilar datos, estos se pueden organizar en una tabla.

**A.** Llena más de la mitad del vaso de papel con agua a temperatura ambiente.

**B.** Coloca el termómetro en grados Fahrenheit en el agua y mide su temperatura inicial antes de añadir hielo. Anota la temperatura en la tabla, en la hilera de los 0 segundos.

**C.** Coloca tres cubos de hielo en el agua e inicia el cronómetro. Mide la temperatura cada 10 segundos durante 60 segundos. Anota las temperaturas en la tabla.

| Temperatura del agua | |
|---|---|
| Tiempo (en segundos) | Temperatura (en °F) |
| 0 | |
| 10 | |
| 20 | |
| 30 | |
| 40 | |
| 50 | |
| 60 | |

© Houghton Mifflin Harcourt Publishing Company

**Capítulo 9    545**

## Sacar conclusiones

**1.** Explica por qué anotarías la temperatura inicial en la hilera de los 0 segundos.

_____

_____

**2.** Describe lo que sucede con la temperatura del agua a los 60 segundos, durante el experimento.

_____

_____

**3.**  **Saca conclusiones** Analiza tus observaciones sobre la temperatura del agua durante los 60 segundos, y explica qué crees que sucedería con la temperatura si el experimento continuara durante 60 segundos más.

_____

_____

_____

## Hacer conexiones

Puedes usar una cuadrícula de coordenadas para representar gráficamente y analizar los datos que recopilaste en el experimento.

**PASO 1** Escribe los pares de datos relacionados como pares ordenados

(0, _____ )    (20, _____ )   (40, _____ )

(10, _____ )   (30, _____ )   (50, _____ )

                          (60, _____ )

**PASO 2** Haz una cuadrícula de coordenadas y escribe un título para ella. Rotula los ejes.

**PASO 3** Marca un punto para cada par ordenado.

**PRÁCTICAS MATEMÁTICAS ④**

Usa gráficas ¿Cuál es el par ordenado que anotaste para los datos a los 10 segundos? Explica qué representa cada coordenada.

Temperatura del agua

(eje y: Temperatura (en °F) — 5, 10, 15, 20, 25, 30, 35, 40, 45, 50, 55, 60, 65, 70, 75; eje x: Tiempo (en segundos) — 0, 10, 20, 30, 40, 50, 60)

Nombre _____

**Para los ejercicios 1 a 3, representa los datos gráficamente en la cuadrícula de coordenadas.**

✔ **1.** Escribe los pares ordenados para cada punto.

_____

**2.** ¿Qué indica el par ordenado (3, 38) acerca de la edad y la estatura de Ryan?

_____

_____

✔ **3.** ¿Por qué el punto (6, 42) no tendría sentido?

_____

_____

_____

_____

### Estatura de Ryan

| Edad (en años) | 1 | 2 | 3 | 4 | 5 |
|---|---|---|---|---|---|
| Estatura (en pulgadas) | 30 | 35 | 38 | 41 | 44 |

Estatura de Ryan

## Resolución de problemas • Aplicaciones

**4.** **PIENSA MÁS** En la tabla se muestra la profundidad el río Dakota en diferentes momentos durante una tormenta.

Representa gráficamente los pares ordenados de las fichas en la cuadrícula de coordenadas.

### Río Dakota

| Tiempo (horas) | 1 | 2 | 3 | 4 | 5 |
|---|---|---|---|---|---|
| Profundidad (pies) | 7 | 8 | 10 | 12 | 15 |

(1, 7)

(2, 8)

(3, 10)

(4, 12)

(5, 15)

PIENSA MÁS   **¿Cuál es el error?**

**5.** Mary coloca un carro en miniatura en una pista con lanzadores. A cada pie, se anota la velocidad del carro. Algunos de los datos se muestran en la tabla. Mary representa los datos gráficamente en la siguiente cuadrícula de coordenadas.

| Velocidad del carro en miniatura | |
|---|---|
| Distancia (en pies) | Velocidad (en millas por hora) |
| 0 | 0 |
| 1 | 4 |
| 2 | 8 |
| 3 | 6 |
| 4 | 3 |

**Observa los datos que Mary representó gráficamente. Halla su error.**

**Representa los datos gráficamente y corrige el error.**

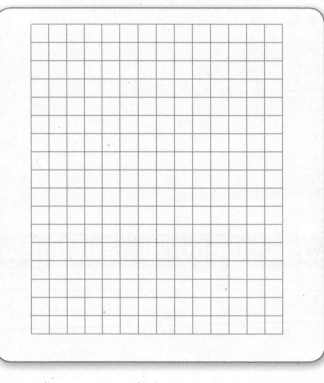

**6.** PRÁCTICA MATEMÁTICA ③ **Verifica el razonamiento de otros** Describe el error de Mary.

_____

_____

**7.** MÁS AL DETALLE ¿A qué distancia crees que se detendrá el carro? Explícalo y escribe el par ordenado.

_____

_____

## Representar datos gráficamente

**ESTÁNDAR COMÚN—5.G.A.2**
*Representan puntos gráficos en un plano de coordenadas para resolver problemas matemáticos del mundo real.*

Estándares comunes

**Representa los datos gráficamente en la cuadrícula de coordenadas.**

**1.**

| Temperatura exterior | | | | | |
|---|---|---|---|---|---|
| Hora | 1 | 3 | 5 | 7 | 9 |
| Temperatura (°F) | 61 | 65 | 71 | 75 | 77 |

**a.** Escribe los pares ordenados para cada punto.

_____

_____

**b.** ¿Cómo cambiarían los pares ordenados si la temperatura exterior se registrara cada hora durante 4 horas consecutivas?

_____

_____

_____

**Temperatura exterior**

# Resolución de problemas En el mundo

**2.**

| Ventanas reparadas | | | | | |
|---|---|---|---|---|---|
| Día | 1 | 2 | 3 | 4 | 5 |
| Cantidad total reparada | 14 | 30 | 45 | 63 | 79 |

**a.** Escribe los pares ordenados para cada punto.

_____

_____

**b.** ¿Qué te indica el par ordenado (2, 30) acerca de la cantidad de ventanas reparadas?

_____

_____

## Repaso de la lección (5.G.A.2)

**Cantidad de alimento para perros consumida**

1. ¿Aproximadamente cuántas semanas tardó el perro en consumir 45 libras de alimento?

_____

2. Al final de la semana 8, ¿cuánto alimento había consumido el perro?

_____

## Repaso en espiral (5.OA.A.2, 5.NBT.B.6, 5.NF.A.2)

3. Una cadena de restaurantes encargó 3,940 libras de arroz en bolsas de 20 libras. ¿Aproximadamente cuántas bolsas de 20 libras de arroz encargó la cadena de restaurantes?

4. La población de Linton es 12 veces mayor que la población de Ellmore. La población de las dos ciudades juntas es de 9,646 personas. ¿Cuál es la población de Linton?

_____

5. Timothy necesita $\frac{1}{2}$ de taza de migas de pan para un guisado y $\frac{1}{3}$ de taza de migas de pan para la cobertura. ¿Cuántas tazas de migas de pan necesita Timothy?

6. Jessie compró 3 camisetas a $6 cada una y 4 camisetas a $5 cada una. ¿Qué expresión puedes usar para describir lo que compró Jessie?

PRACTICA MÁS CON EL

Entrenador personal
en matemáticas

Nombre _____

# Gráficas lineales

**Pregunta esencial** ¿Cómo puedes usar una gráfica lineal para mostrar y analizar datos del mundo real?

**Estándares comunes** Geometría—5.G.A.2

**PRÁCTICAS MATEMÁTICAS**
MP4, MP6

## 🔑 Soluciona el problema

Una **gráfica lineal** es una gráfica en la que se usan segmentos para mostrar cómo cambian los datos a través del tiempo. Las series de números ubicados a distancias fijas que rotulan la gráfica son la **escala** de la gráfica. Los **intervalos**, o la diferencia entre los valores de una escala, deben ser iguales.

 Representa los datos gráficamente. Usa la gráfica para determinar las horas entre las que se dieron los mayores cambios de temperatura.

- Escribe los pares de números relacionados como pares ordenados.

$(\underline{1:00}, \underline{51})$ $(\underline{\quad}, \underline{\quad})$
$(\underline{\quad}, \underline{\quad})$ $(\underline{\quad}, \underline{\quad})$
$(\underline{\quad}, \underline{\quad})$ $(\underline{\quad}, \underline{\quad})$
$(\underline{\quad}, \underline{\quad})$

| Temperaturas registradas | | | | | | | |
|---|---|---|---|---|---|---|---|
| Hora (a. m.) | 1:00 | 2:00 | 3:00 | 4:00 | 5:00 | 6:00 | 7:00 |
| Temperatura (en °F) | 51 | 49 | 47 | 44 | 45 | 44 | 46 |

**PASO 1** Para el eje vertical, elige una escala y un intervalo que sean apropiados para los datos. Puedes representar una ruptura en la escala entre 0 y 40 debido a que no hay temperaturas entre 0°F y 44°F.

**PASO 2** En el eje horizontal, escribe las horas del día. Escribe un título para la gráfica y rotula cada eje. Luego representa los pares ordenados gráficamente. Conecta los puntos con segmentos para completar la gráfica.

Observa cada segmento de la gráfica. Halla el segmento que muestra el mayor cambio de temperatura entre dos puntos consecutivos.

El mayor cambio de temperatura se dio entre las _____ y las _____.

**¡Inténtalo!** Jill usó un pluviómetro para recopilar datos sobre las precipitaciones que hubo durante 6 días en su casa, en Miami. Leyó la cantidad de lluvia que se almacenaba en el pluviómetro cada día, sin vaciarlo. Sus datos se muestran en la tabla. Haz una gráfica lineal para representar los datos de Jill.

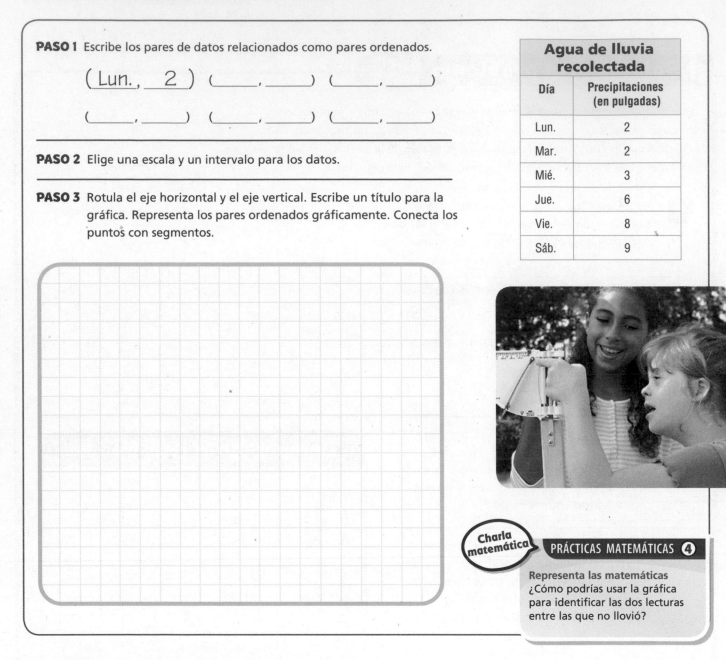

**PASO 1** Escribe los pares de datos relacionados como pares ordenados.

( Lun., ___2___ ) (____, ____) (____, ____)

(____, ____) (____, ____) (____, ____)

**PASO 2** Elige una escala y un intervalo para los datos.

**PASO 3** Rotula el eje horizontal y el eje vertical. Escribe un título para la gráfica. Representa los pares ordenados gráficamente. Conecta los puntos con segmentos.

**Agua de lluvia recolectada**

| Día | Precipitaciones (en pulgadas) |
|-----|-------------------------------|
| Lun. | 2 |
| Mar. | 2 |
| Mié. | 3 |
| Jue. | 6 |
| Vie. | 8 |
| Sáb. | 9 |

**Charla matemática**  PRÁCTICAS MATEMÁTICAS ❹

Representa las matemáticas ¿Cómo podrías usar la gráfica para identificar las dos lecturas entre las que no llovió?

**Usa la gráfica para responder las preguntas.**

1. ¿Qué día se registró la mayor cantidad de precipitaciones?

_____

2. ¿Qué día registró Jill el mayor incremento en precipitaciones con respecto al día anterior?

_____

## Comparte y muestra

Usa la tabla de la derecha para responder
las preguntas 1 a 3.

| Temperatura mensual promedio en Tupelo, Mississippi | | | | | |
|---|---|---|---|---|---|
| Mes | Ene. | Feb. | Mar. | Abr. | May. |
| Temperatura (en °F) | 40 | 44 | 54 | 62 | 70 |

1. ¿Qué escala e intervalo serían apropiados para representar los datos gráficamente?

_____

_____

2. Escribe los pares relacionados como pares ordenados.

_____

_____

✓3. Haz una gráfica lineal con los datos.

✓4. Usa la gráfica para determinar entre qué dos meses se dio el menor cambio en la temperatura promedio.

_____

## Por tu cuenta

Usa la tabla de la derecha para responder las preguntas 5 a 7.

| Altura de la planta | | | | |
|---|---|---|---|---|
| Mes | 1 | 2 | 3 | 4 |
| Altura (en pulgadas) | 20 | 25 | 29 | 32 |

5. Escribe los pares de números relacionados que indican la altura de la planta como pares ordenados.

_____

6. ¿Qué escala e intervalo serían apropiados para representar los datos gráficamente?

_____

7. Haz una gráfica lineal con los datos.

8. MÁS AL DETALLE Usa la gráfica para hallar entre qué dos meses la planta tuvo el mayor y el menor crecimiento.

_____

_____

9. PIENSA MÁS Usa la gráfica para estimar la altura de la planta a los $1\frac{1}{2}$ meses.

_____

La evaporación convierte el agua en estado líquido de la superficie terrestre en vapor de agua. El vapor de agua se condensa en la atmósfera y vuelve a la superficie terrestre en forma de precipitaciones. Este proceso se llama ciclo del agua. El océano es una parte importante de este ciclo. Influye sobre la temperatura promedio y las precipitaciones de los distintos lugares.

En la siguiente gráfica superpuesta se usan dos escalas verticales para representar las precipitaciones y las temperaturas mensuales promedio de Redding, en California.

**Usa la gráfica para responder las preguntas 10 a 11.**

10. **PRÁCTICA MATEMÁTICA ④ Usa gráficas** Explica cómo te ayuda la gráfica superpuesta a relacionar las precipitaciones y las temperaturas de cada mes.

_____

_____

_____

### Redding, California

Precipitaciones (en pulgadas) / Temperatura (en °F)

Ene. Feb. Mar. Abr. May.

**Mes**

Clave: ■ **Precipitaciones** ●—● **Temperatura**

11. **MÁS AL DETALLE** Describe cómo cambia la temperatura promedio en los primeros 5 meses del año. Describe la relación entre la temperatura promedio y la cantidad de precipitaciones.

_____

_____

---

12. **PIENSA MÁS** La gráfica lineal muestra la cantidad de nieve que cae durante varios días.

Para los enunciados 12a a 12c, elige Verdadero o Falso.

### Nevadas acumuladas

Nivel de nieve (en pies)

Día

12a. No hubo cambios en la cantidad de nieve del día 2 al día 3.  ○ Verdadero  ○ Falso

12b. El mayor aumento en la cantidad de nieve entre días consecutivos se dio del día 4 al día 5.  ○ Verdadero  ○ Falso

12c. Del día 1 al día 6, la cantidad de nieve aumentó de 1 pie a 8.  ○ Verdadero  ○ Falso

## Gráficas lineales

**ESTÁNDAR COMÚN— 5.G.A.2**
*Representan puntos gráficos en un plano de coordenadas para resolver problemas matemáticos del mundo real.*

**Usa la tabla para resolver los ejercicios 1 a 5.**

| Temperatura a cada hora | | | | | | | |
|---|---|---|---|---|---|---|---|
| Hora | 10 a. m. | 11 a. m. | 12 mediodía | 1 p. m. | 2 p. m. | 3 p. m. | 4 p. m. |
| Temperatura (°F) | 8 | 11 | 16 | 27 | 31 | 38 | 41 |

**1.** Escribe los pares de números relacionados para la temperatura a cada hora como pares ordenados.

(10, 8); _____

_____

**2.** ¿Qué escala sería apropiada para representar los datos gráficamente?

_____

**3.** ¿Qué intervalo sería apropiado para representar los datos gráficamente?

_____

**4.** Haz una gráfica lineal con los datos.

_____

**5.** Usa la gráfica para hallar la diferencia de temperatura entre las 11 a. m. y la 1 p. m.

_____

## Resolución de problemas

**6.** ¿Entre qué dos horas se dio el menor cambio de temperatura?

_____

_____

**7.** ¿Cuál fue el cambio de temperatura entre las 12 del mediodía y las 4 p. m.?

_____

## Repaso de la lección (5.G.A.2)

**Altura de la planta cada semana**

1. ¿Aproximadamente cuántos centímetros creció la planta en las primeras tres semanas?

_____

2. ¿Entre qué dos semanas la planta creció menos?

_____

## Repaso en espiral (5.OA.A.2, 5.NBT.B.6, 5.NF.B.6, 5.NF.B.7c)

3. Escribe una expresión en la que uses la propiedad distributiva para hallar el producto de $7 \times 63$.

_____

_____

4. Lexi necesita comprar 105 floreros para una fiesta. Cada paquete tiene 6 floreros. ¿Cuántos paquetes debería comprar Lexi?

_____

5. Un atleta-estudiante corre $3\frac{1}{3}$ millas en 30 minutos. Un corredor profesional puede correr $1\frac{1}{4}$ millas más en 30 minutos. ¿Qué distancia puede correr el corredor profesional en 30 minutos?

_____

6. La receta para hacer un aderezo para ensalada indica que el aderezo debe llevar $\frac{1}{4}$ de taza de vinagre. Si tienes 4 tazas de vinagre, ¿cuántas tandas de aderezo para ensalada puedes hacer?

_____

PRACTICA MÁS CON EL
Entrenador personal
en matemáticas

Nombre _____

# ✓ Revisión de la mitad del capítulo

## Vocabulario

**Elige el término del recuadro que mejor corresponda.**

1. El _____ es la recta numérica horizontal de la cuadrícula de coordenadas. (pág. 539)

2. Una _____ es una gráfica en la que se usan segmentos para mostrar cómo cambian los datos a través del tiempo. (pág. 551)

**Vocabulario**

diagrama de puntos

eje x

eje y

gráfica lineal

## Conceptos y destrezas

**Usa el diagrama de puntos que está a la derecha para responder las preguntas 3 a 5.** (5.MD.B.2)

3. ¿Cuántos gatitos pesan al menos $\frac{3}{8}$ de libra?

_____

4. ¿Cuál es el peso combinado de todos los gatitos?

_____

5. *MÁS AL DETALLE* ¿Cuál es el peso promedio de los gatitos del refugio?

_____

**Peso de gatitos del refugio de animales (en lb)**

**Usa la cuadrícula de coordenadas que está a la derecha para resolver los ejercicios 6 a 13.** (5.G.A.1)

**Escribe un par ordenado para el punto dado.**

6. A _____

7. B _____

8. C _____

9. D _____

**Marca y rotula los puntos en la cuadrícula de coordenadas.**

10. E (6, 2)

11. F (5, 0)

12. G (3, 4)

13. H (3, 1)

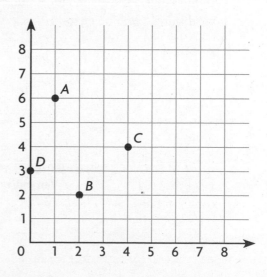

**14.** Jane dibujó un punto que estaba 1 unidad hacia la derecha del eje $y$ y 7 unidades por encima del eje $x$. ¿Cuál es el par ordenado que se encuentra en esta ubicación? (5.G.A.1)

_____

**15.** En la siguiente gráfica se muestra la cantidad de nieve caída durante un período de 6 horas.

**Cantidad total de nieve**

¿Entre qué horas cayó la menor cantidad de nieve? (5.G.A.2)

_____

**16.** Durante 5 días, Joy registró las distancias que caminó diariamente. ¿Qué distancia caminó en los 5 días? (5.MD.B.2)

**Distancia caminada por día (en millas)**

_____

Nombre _____

# Patrones numéricos

**Pregunta esencial** ¿Cómo puedes identificar una relación entre dos patrones numéricos?

**Estándares comunes** Operaciones y pensamiento algebraico—5.OA.B.3
PRÁCTICAS MATEMÁTICAS
MP6, MP7, MP8

## Soluciona el problema En el mundo

Durante la primera semana de clases, Joel compra 2 películas y 6 canciones en su sitio multimedia favorito de Internet. Si compra la misma cantidad de películas y canciones todas las semanas, ¿qué relación hay entre la cantidad de canciones y la cantidad de películas compradas de una semana a la siguiente?

- ¿Cuántas películas compra Joel por semana?

  _____

- ¿Cuántas canciones compra Joel por semana?

  _____

**PASO 1** Usa las dos reglas que se dan en el problema para crear los primeros 4 términos de la secuencia para la cantidad de películas y de la secuencia para la cantidad de canciones.

- La secuencia para la cantidad de películas por semana es:

2, ___, ___, ___, ...

- La secuencia para la cantidad de canciones por semana es:

6, ___, ___, ___, ...

**PASO 2** Escribe pares de números que relacionen la cantidad de películas con la cantidad de canciones.

Semana 1: ___2, 6___        Semana 2: _____

Semana 3: _____        Semana 4: _____

**PASO 3** Para cada par de números, compara la cantidad de películas con la cantidad de canciones. Escribe una regla para describir esta relación.

**Piensa:** En cada par de números relacionados, el segundo número es _____ veces mayor que el primero.

Regla: _____

Entonces, de una semana a la siguiente, la cantidad de canciones que Joel

compró es _____ veces mayor que la cantidad de películas compradas.

## 🔒 Ejemplo

Cada vez que Alice completa un nivel de su videojuego favorito, gana 3 vidas adicionales
y 6 monedas de oro. ¿Qué regla puedes escribir para relacionar la cantidad de monedas
de oro con la cantidad de vidas adicionales que ha ganado en cualesquiera de los niveles?
¿Cuántas vidas adicionales habrá ganado Alice cuando complete 8 niveles?

Suma _____.
Suma _____.

| Nivel | 0 | 1 | 2 | 3 | 4 | ... | 8 |
|---|---|---|---|---|---|---|---|
| Vidas adicionales | 0 | 3 | 6 | 9 | 12 | ... | |
| Monedas de oro | 0 | 6 | 12 | 18 | 24 | ... | 48 |

Multiplica por _____
o divide entre _____.

**PASO 1** A la izquierda de la tabla, completa la regla que describe cómo podrías hallar
la cantidad de vidas adicionales que se ganan al pasar de un nivel al siguiente.

← diferencia entre términos consecutivos

0, 3, 6, 9, 12

De un nivel al siguiente, Alice gana _____ vidas adicionales más.

**PASO 2** A la izquierda de la tabla, completa la regla que describe cómo podrías
hallar la cantidad de monedas de oro que se ganan al pasar de un nivel
al siguiente.

← diferencia entre términos consecutivos

0, 6, 12, 18, 24

De un nivel al siguiente, Alice gana _____ monedas de oro más.

**PASO 3** Escribe los pares de números que relacionan la cantidad de monedas
de oro con la cantidad de vidas adicionales ganadas en cada nivel.

Nivel 1: _6, 3_          Nivel 2: _____

Nivel 3: _____          Nivel 4: _____

**PASO 4** Completa la regla que está a la derecha de la tabla que describe
cómo se relacionan los pares de números. Usa la regla para hallar la
cantidad de vidas adicionales en el nivel 8.

**Piensa:** En cada nivel, la cantidad de vidas adicionales es _____
mayor que la cantidad de monedas de oro.

Regla: _____

Entonces, después de completar 8 niveles, Alice habrá ganado _____
vidas adicionales.

**Charla matemática**

PRÁCTICAS MATEMÁTICAS ⑦

**Identifica las relaciones** ¿Cómo
cambiaría la regla que escribiste si
estuvieras relacionando las vidas
adicionales con las monedas de oro
en vez de relacionar las monedas
de oro con las vidas adicionales?

Nombre _____

**Usa las reglas dadas para completar las secuencias. Luego completa la regla que describe la relación entre las monedas de 5¢ y las monedas de 10¢.**

1.

| Cantidad de monedas | 1 | 2 | 3 | 4 | 5 |
|---|---|---|---|---|---|
| Suma 5. **Monedas de 5¢** | 5 | 10 | 15 | 20 | |
| Suma 10. **Monedas de 10¢** | 10 | 20 | 30 | 40 | |

Multiplica por _____.

**Completa la regla que describe la manera en que una secuencia se relaciona con la otra. Usa la regla para hallar el término desconocido.**

2. Multiplica la cantidad de libros por _____ para hallar el dinero gastado.

| Día | 1 | 2 | 3 | 4 | ... | 8 |
|---|---|---|---|---|---|---|
| Cantidad de libros | 3 | 6 | 9 | 12 | ... | 24 |
| Dinero gastado (en $) | 12 | 24 | 36 | 48 | ... | |

3. Divide el peso de la bolsa entre _____ para hallar la cantidad de canicas.

| Bolsas | 1 | 2 | 3 | 4 | ... | 12 |
|---|---|---|---|---|---|---|
| Cantidad de canicas | 10 | 20 | 30 | 40 | ... | |
| Peso de la bolsa (en gramos) | 30 | 60 | 90 | 120 | ... | 360 |

**Completa la regla que describe la manera en que una secuencia se relaciona con la otra. Usa la regla para hallar el término desconocido.**

4. Multiplica la cantidad de huevos por _____ para hallar la cantidad de panecillos.

| Tandas | 1 | 2 | 3 | 4 | ... | 9 |
|---|---|---|---|---|---|---|
| Cantidad de huevos | 2 | 4 | 6 | 8 | ... | 18 |
| Panecillos | 12 | 24 | 36 | 48 | ... | |

5. Divide la cantidad de metros entre _____ para hallar la cantidad de vueltas.

| Corredores | 1 | 2 | 3 | 4 |
|---|---|---|---|---|
| Cantidad de vueltas | 4 | 8 | 12 | |
| Cantidad de metros | 1,600 | 3,200 | 4,800 | 6,400 |

6. **PRÁCTICA MATEMÁTICA ⑥ Haz conexiones** Supón que la cantidad de huevos que se usan en el Ejercicio 4 cambia a 3 huevos por cada tanda de 12 panecillos, y que se usan 48 huevos en total. ¿Cuántas tandas y cuántos panecillos se obtendrán?

_____

## Resolución de problemas • Aplicaciones (En el mundo)

**7.** MÁS AL DETALLE Emily tiene un mapa de caminos con una clave que indica que una pulgada del mapa equivale a 5 millas de distancia real. Conducirá por dos caminos para ir a la playa. Un camino mide 7 pulgadas de longitud en el mapa. El otro camino mide 5 pulgadas de longitud. ¿Cuál es la distancia real que deberá conducir Emily hasta la playa? Escribe la regla que usaste para hallar la distancia real.

ESCRIBE ▸ *Matemáticas*
**Muestra tu trabajo**

_____

_____

**8.** PRÁCTICA MATEMÁTICA 7 **Identifica las relaciones** Para preparar un tono de pintura color lavanda, Jon mezcla 4 onzas de tinte rojo y 28 onzas de tinte azul con un galón de pintura blanca. Si se usan 20 galones de pintura blanca y 80 onzas de tinte rojo, ¿cuánto tinte azul debe agregarse? Escribe una regla que puedas usar para hallar la cantidad necesaria de tinte azul.

_____

_____

_____

**9.** PIENSA MÁS En la cafetería, las mesas están dispuestas en grupos de 4. En cada mesa se sientan 8 estudiantes. ¿Cuántos estudiantes pueden sentarse en 10 grupos de mesas? Escribe la regla que usaste para hallar la cantidad de estudiantes.

_____

_____

**10.** PIENSA MÁS Jessie hizo una tabla para mostrar la cantidad de millas que corrieron los corredores.

| Día | 1 | 2 | 3 | 4 | 5 |
|---|---|---|---|---|---|
| Número de corredores | 4 | 8 | 12 | 16 | 20 |
| Número de millas | 12 | 24 | 36 | 48 | ? |

En los ejercicios 10a y 10b, elige los valores que describen correctamente cómo se relaciona una secuencia con la otra.

**10a.** El número desconocido del Día 5 es
| 54 |
| 56 |
| 60 |
.

**10b.** La regla que relaciona el número de millas con el número de corredores es
| multiplicar por 3 |
| sumar 10 |
| multiplicar por 5 |
.

# Patrones numéricos

Estándares comunes

**ESTÁNDAR COMÚN—5.OA.B.3**
*Analizan patrones y relaciones.*

**Completa la regla que describa la manera en que una secuencia se relaciona con la otra. Usa la regla para hallar el término desconocido.**

**1.** Multiplica la cantidad de largos por __50__ para hallar la cantidad de yardas.

Piensa: La cantidad de yardas es
50 veces la cantidad de largos.

| Nadadores | 1 | 2 | 3 | 4 |
|---|---|---|---|---|
| Cantidad de largos | 4 | 8 | 12 | 16 |
| Cantidad de yardas | 200 | 400 | 600 | 800 |

**2.** Multiplica la cantidad de libras por _____ para hallar el costo total.

| Cajas | 1 | 2 | 3 | 4 | 6 |
|---|---|---|---|---|---|
| Cantidad de libras | 3 | 6 | 9 | 12 | 18 |
| Costo total (en $) | 12 | 24 | 36 | 48 | |

**3.** Multiplica la cantidad de horas por _____ para hallar la cantidad de millas.

| Carros | 1 | 2 | 3 | 4 |
|---|---|---|---|---|
| Cantidad de horas | 2 | 4 | 6 | 8 |
| Cantidad de millas | 130 | 260 | 390 | |

**4.** Multiplica la cantidad de horas por _____ para hallar la cantidad de dinero ganado.

| Días | 1 | 2 | 3 | 4 | 7 |
|---|---|---|---|---|---|
| Cantidad de horas | 8 | 16 | 24 | 32 | 56 |
| Cantidad de dinero ganado (en $) | 96 | 192 | 288 | 384 | |

## Resolución de problemas En el mundo

**5.** En un mapa, una distancia de 200 millas está representada por un segmento de 5 pulgadas de longitud. Imagina que la distancia entre dos ciudades en el mapa es de 7 pulgadas. ¿Cuál es la distancia real entre las dos ciudades? Escribe la regla que usaste para hallar la distancia real.

_____

_____

_____

**6.** Para hacer un disfraz, Rachel usa 6 yardas de tela y 3 yardas de ribete. Imagina que usa un total de 48 yardas de tela para hacer varios disfraces. ¿Cuántas yardas de ribete usa? Escribe la regla que usaste para hallar la cantidad de yardas de ribete.

_____

_____

_____

**7.** **ESCRIBE** *Matemáticas* Da un ejemplo usando el concepto del tiempo para describir la relación entre dos patrones numéricos. _____

## Repaso de la lección (5.OA.B.3)

**Usa la siguiente tabla para responder las preguntas 1 y 2.**

| Número de término | 1 | 2 | 3 | 4 | 6 |
|---|---|---|---|---|---|
| Secuencia 1 | 4 | 8 | 12 | 16 | 24 |
| Secuencia 2 | 12 | 24 | 36 | 48 | ? |

**1.** ¿Qué regla podrías escribir que relacione la Secuencia 2 con la Secuencia 1?

_____

**2.** ¿Cuál es el número desconocido de la Secuencia 2?

_____

_____

## Repaso en espiral (5.OA.A.1, 5.NBT.A.1, 5.NF.A.2, 5.NF.B.3)

**3.** ¿Cuál es el valor de la siguiente expresión?

$$40 - (3 + 2) \times 6$$

**4.** ¿Cuál es el valor del dígito 9 en el número 597,184?

**5.** ¿Cuál es la mejor estimación para la suma de $\frac{3}{8}$ y $\frac{1}{12}$?

**6.** Terry usa 3 tazas de semillas de calabaza para decorar 12 barras de pan. Pone igual cantidad de semillas en cada pan ¿Cuántas tazas de semillas de calabaza pone en cada pan?

PRACTICA MÁS CON EL
Entrenador personal
en matemáticas

# Resolución de problemas • Hallar una regla

**Pregunta esencial** ¿Cómo puedes usar la estrategia *resolver un problema más sencillo* para resolver un problema con patrones?

**Estándares comunes** Operaciones y pensamiento algebraico—5.OA.B.3
**PRÁCTICAS MATEMÁTICAS**
MP4, MP6, MP7

## 🔑 Soluciona el problema En el mundo

En una excavación arqueológica, Gabriel divide el sitio de excavación en secciones que tienen un área de 15 pies cuadrados cada una. Hay 3 miembros del equipo arqueológico excavando en cada sección. ¿Cuál es el área del sitio de excavación si hay 21 personas excavando al mismo tiempo?

15 pies cuad.

## Lee el problema

| ¿Qué debo hallar? | ¿Qué información debo usar? | ¿Cómo usaré la información? |
|---|---|---|
| Debo hallar el _____ _____ _____. | Puedo usar el área de cada sección, que es _____, que hay _____ miembros del equipo arqueológico en cada sección y que hay 21 personas excavando. | Usaré la información para buscar patrones que me ayuden a resolver un problema _____. |

## Resuelve el problema

Suma 3.
Suma 15.

| Secciones | 1 | 2 | 3 | 4 | 5 | 6 | 7 |
|---|---|---|---|---|---|---|---|
| **Cantidad de miembros** | 3 | 6 | 9 | 12 | 15 | 18 | 21 |
| **Área (en pies cuadrados)** | 15 | 30 | 45 | 60 | 75 | 90 | |

Multiplica por _____.

Multiplica por _____.

**Reglas posibles:**

- Multiplica el número de secciones por _____ para hallar la cantidad de miembros del equipo arqueológico.

- Multiplica la cantidad de miembros del equipo arqueológico por _____ para hallar el área total. Completa la tabla.

Entonces, el área del sitio de excavación si hay 21 miembros excavando es _____ pies cuadrados.

**Charla matemática**

**PRÁCTICAS MATEMÁTICAS ❻**

**Explica** cómo puedes usar la división para hallar la cantidad de miembros del equipo arqueológico si sabes que el área del sitio de excavación es 135 pies cuadrados.

## 🔓 Haz otro problema

Casey está haciendo un diseño para un disfraz con triángulos y cuentas. En su diseño, cada unidad de patrón tiene en total 3 triángulos y 18 cuentas. Si Casey usa 72 triángulos en su diseño, ¿cuántas cuentas usa Casey?

Usa el siguiente organizador gráfico para resolver el problema.

### Lee el problema

| ¿Qué debo hallar? | ¿Qué información debo usar? | ¿Cómo usaré la información? |
|---|---|---|
| | | |

### Resuelve el problema

Entonces, Casey usa _____ cuentas.

- ¿Qué regla puedes usar para hallar el número desconocido de cuentas si conoces la cantidad de triángulos relacionada?

_____

_____

Nombre _____

1 sección

✓ 1. Max construye cercas de madera. Para un estilo de cerca, usa
3 postes verticales y 6 travesaños horizontales en cada sección. ¿Cuántos
postes y travesaños necesita para una cerca de 27 postes?

2 secciones                           3 secciones

**Primero,** piensa en la pregunta del problema y en lo que ya sabes.
A medida que se agrega cada sección de cerca, ¿cómo cambia la
cantidad de postes y de travesaños?

**A continuación,** haz una tabla y busca un patrón. Usa lo que ya
sabes sobre 1, 2 y 3 secciones. Escribe una regla para la cantidad
de postes y travesaños necesarios para 9 secciones de cerca.

| Cantidad de secciones | 1 | 2 | 3 | ... | 9 |
|---|---|---|---|---|---|
| Cantidad de postes | 3 | 6 | 9 | ... | |
| Cantidad de travesaños | 6 | 12 | 18 | ... | |

Regla posible para los postes: _____

_____

Regla posible para los travesaños: _____

_____

**Por último,** usa la regla para resolver el problema.

✓ 2. **PIENSA MÁS**   ¿Qué pasaría si otro estilo de cerca tuviera 6
travesaños entre cada par de postes? ¿Cuántos travesaños se
necesitarían para 27 postes?

| Cantidad de secciones | 1 | 2 | 3 | ... | 9 |
|---|---|---|---|---|---|
| Cantidad de postes | 3 | 6 | 9 | ... | 27 |
| Cantidad de travesaños | 12 | 24 | 36 | ... | |

Regla posible: _____

## Por tu cuenta

3. **PRÁCTICA MATEMÁTICA ⑦ Busca el patrón** Jane trabaja como chofer de limusina. Gana $50 cada 2 horas trabajadas. ¿Cuánto dinero gana Jane en una semana si trabaja 40 horas semanales? Escribe una regla y completa la tabla.

| Turno | 1 | 2 | 3 | ... | 20 |
|---|---|---|---|---|---|
| Horas trabajadas | 2 | 4 | 6 | ... | 40 |
| Paga de Jane (en $) | 50 | 100 | 150 | ... | |

Regla posible: _____

4. **PIENSA MÁS** Rosa juega juegos en una feria. Puede comprar 8 fichas por $1. Cada juego cuesta 2 fichas. ¿Cuántos juegos puede jugar con 120 fichas? Escribe una regla y completa la tabla.

| Costo (en $) | 1 | 2 | 3 | 4 | ... | 15 |
|---|---|---|---|---|---|---|
| Fichas | 8 | 16 | 24 | 32 | ... | 120 |
| Juegos | 4 | 8 | 12 | 16 | ... | |

Regla posible: _____

_____

5. **MÁS AL DETALLE** Janelle está preparando refrigerios para sus compañeros. Hay dos tazas de pasas por tanda. Por cada 2 tazas de pasas, Janelle agrega 4 tazas de avena. ¿Cuántas tazas de avena necesitará si tiene 10 tazas de pasas? Dibuja una tabla y escribe una regla posible.

Regla possible: _____

**Entrenador personal en matemáticas**

6. **PIENSA MÁS ➕** Busca un patrón.

Figura 1    Figura 2    Figura 3    Figura 4

2 cuadrados    6 cuadrados    10 cuadrados

¿Cuál es la regla? _____

¿Cuántos cuadrados habrá en la Figura 5? _____ cuadrados

# Resolución de problemas • Hallar una regla

ESTÁNDAR COMÚN—5.OA.B.3
Analizan patrones y relaciones.

**Escribe una regla y completa la tabla. Luego responde la pregunta.**

**1.** Fabiana compra 15 camisetas, que están en oferta a $3 cada una. ¿Cuánto dinero gasta Fabiana?

Regla posible:

Multiplica la cantidad de camisetas por 3.

| Cantidad de camisetas | 1 | 2 | 3 | 5 | 10 | 15 |
|---|---|---|---|---|---|---|
| Cantidad que gastó (en $) | 3 | 6 | 9 | | | |

La cantidad total de dinero que gasta Fabiana es ____$45____.

**2.** La familia Goldman se inscribe en un gimnasio. Paga $35 por mes. En el mes 12, ¿cuánto dinero habrá gastado la familia Goldman?

Regla posible:

_____

_____

| Cantidad de meses | 1 | 2 | 3 | 4 | 5 | 12 |
|---|---|---|---|---|---|---|
| Cantidad total de dinero gastado (en $) | 35 | 70 | | | | |

La familia Goldman habrá gastado _____.

**3.** Hettie está apilando vasos de papel. Cada pila de 15 vasos mide 6 pulgadas de altura. ¿Cuál es la altura total de 10 pilas de vasos?

Regla posible:

_____

_____

| Cantidad de pilas | 1 | 2 | 3 | 10 |
|---|---|---|---|---|
| Altura (in) | 6 | 12 | 18 | |

La altura total de 10 pilas es _____.

**4.** **ESCRIBE** ▸ *Matemáticas* Tienes una tabla que muestra un patrón. Describe dos maneras en la que podrías hallar la entrada número 15 en la tabla.

_____

## Repaso de la lección (5.OA.B.3)

1. ¿Cuántos cuadrados se necesitan para formar la octava figura del patrón?

_____

2. ¿Qué expresión podría describir la cantidad de cuadrados de la figura que sigue en el patrón, es decir, la Figura 4?

| Figura 1 | Figura 2 | Figura 3 |
|----------|----------|----------|
| 2 cuadrados | 5 cuadrados | 8 cuadrados |

_____

## Repaso en espiral (5.NBT.A.2, 5.NBT.B.6, 5.NBT.B.7, 5.NF.A.2)

3. Talia guarda su colección de adhesivos en 7 álbumes, y todos tienen la misma cantidad de adhesivos. Si tiene 567 adhesivos, ¿cuántos hay en cada álbum?

_____

4. La Sra. Angelino cocinó 2 fuentes de lasaña y cortó cada una en doce porciones. Su familia comió $1\frac{1}{12}$ de fuentes de lasaña en la cena. ¿Cuánta lasaña quedó?

_____

5. ¿Cuál es el número que sigue en este patrón?

0.54, 0.6, 0.66, 0.72, ■, . . .

_____

6. ¿Cómo escribes 100 como una potencia de 10?

_____

PRACTICA MÁS CON EL
Entrenador personal
en matemáticas

Nombre _____

# Representar gráficamente y analizar relaciones

**Pregunta esencial** ¿Cómo puedes escribir y representar gráficamente pares ordenados en una cuadrícula de coordenadas usando dos patrones numéricos?

*Estándares comunes* **Operaciones y pensamiento algebraico—5.OA.B.3**

**PRÁCTICAS MATEMÁTICAS**
**MP4, MP7**

## Soluciona el problema (En el mundo)

Sasha está preparando chocolate caliente para una fiesta. Para cada taza de chocolate, usa 3 cucharadas de chocolate en polvo y 6 onzas fluidas de agua caliente. Si Sasha usa un recipiente entero que contiene 18 cucharadas de chocolate en polvo, ¿cuántas onzas fluidas de agua usará?

- ¿Cuántas cucharadas de chocolate en polvo usa Sasha para cada taza de chocolate?

  _____

- ¿Cuántas onzas fluidas de agua usa Sasha para cada taza de chocolate?

  _____

**PASO 1** Usa las dos reglas dadas en el problema para crear los primeros cuatro términos para el número de cucharadas de chocolate en polvo y el número de onzas fluidas de agua.

| Chocolate en polvo (cda.) | 3 | | | … | 18 |
|---|---|---|---|---|---|
| Agua (oz fl) | 6 | | | … | |

**PASO 2** Escribe los pares de números como pares ordenados, relacionando el número de cucharadas de chocolate en polvo con el número de onzas fluidas de agua.

(3, 6)  _____  _____  _____

**PASO 3** Representa gráficamente y rotula los pares ordenados. Luego escribe una regla que describa la relación entre los pares de números.

- ¿Qué regla que describa la relación entre la cantidad de chocolate en polvo y la cantidad de agua puedes escribir?

  _____

Entonces, si Sasha usa todo el contenido del recipiente de chocolate en polvo,

usará _____ onzas fluidas de agua.

---

- **PRÁCTICA MATEMÁTICA ⑦ Busca estructuras** Escribe el par de números final como un par ordenado. Luego represéntalo gráficamente y rotúlalo. Comenzando por el origen, conecta los puntos con segmentos rectos. ¿Qué forman los puntos conectados? Explica por qué.

  _____

  _____

  _____

**¡Inténtalo!** Halla el término desconocido de la tabla.

Cada bolsa de $2 de alambre de cobre contiene 6 metros de alambre.

Escribe los pares de números como pares ordenados y representa gráficamente los datos. Luego, escribe la regla que relaciona el costo con el número de metros de alambre de cobre.

**Piensa:** Multiplica el número de dólares por _____ para hallar el número de metros de alambre de cobre.

Halla el término desconocido de la tabla.

| Costo (en dólares) | 2 | 4 | 6 | 8 |
|---|---|---|---|---|
| Alambre de cobre (en m) | 6 | 12 | 18 | |

**Charla matemática**

PRÁCTICAS MATEMÁTICAS ❼

Busca el patrón ¿Cómo se relacionan los términos de cada secuencia? ¿Cómo se relaciona una secuencia con la otra?

# Comparte y muestra  MATH BOARD

Representa gráficamente y rotula los pares de números relacionados como pares ordenados.
Completa la regla que describe cómo se relaciona una secuencia con la otra. Luego, usa la regla para hallar el término desconocido.

**1.** Por cada 2 pies cuadrados de césped, Charlie usa 8 onzas de fertilizante.

| Césped (pies cuad.) | 2 | 4 | 6 | 8 | 10 |
|---|---|---|---|---|---|
| Peso (oz) | 8 | 16 | 24 | 32 | |

Multiplica el número de pies cuadrados por _____ para hallar las onzas de fertilizante necesarias.

**2.** En el mapa de Mary, 2 pulgadas representan 10 millas.

| Mapa (in) | 2 | 4 | 6 | 8 | 10 |
|---|---|---|---|---|---|
| Millas | 10 | 20 | 30 | 40 | |

Multiplica el número de pulgadas por _____ para hallar la distancia en millas.

Nombre _____

3. *MÁS AL DETALLE* En el dibujo a escala que hizo Sandy de la escuela, 2 pulgadas equivalen a 4 yardas. En el dibujo, la distancia entre los columpios y la pista es de 10 pulgadas y la distancia entre la pista y la cancha de básquetbol es de 4 pulgadas. ¿Cuánto más lejos que de la cancha de básquetbol está la pista de los columpios, en distancia real?

Dibuja tu propia gráfica. Escribe una regla que describa cómo se relaciona una secuencia de términos con la otra. Completa la tabla y resuelve.

| Mapa (en in) | 2 | 4 | 6 | 8 | 10 |
|---|---|---|---|---|---|
| Distancia (en yd) | 4 | 8 | 12 | 16 | |

_____

Regla: _____

_____

_____

4. *PIENSA MÁS* Eric anotó el número total de lagartijas que hizo en cada minuto durante 4 minutos.

| Tiempo (en minutos) | 1 | 2 | 3 | 4 |
|---|---|---|---|---|
| Número de lagartijas | 15 | 30 | 45 | 60 |

Escribe los pares de números como pares ordenados.

_____

Representa gráficamente los pares ordenados en un plano de coordenadas.

Escribe una regla para describir cómo se relacionan los pares de números.

_____

_____

## Resolución de problemas • Aplicaciones En el mundo

**PIENSA MÁS**    ¿Tiene sentido?

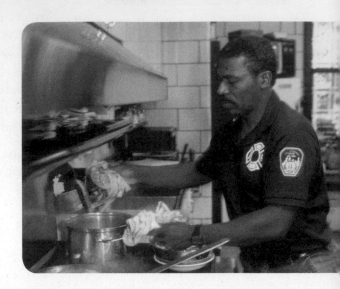

**5.** Elsa resolvió el siguiente problema.

Lou y George están preparando chile para el Baile Anual de los Bomberos. Lou usa 2 cucharaditas de salsa picante cada 2 tazas de chile que prepara, y George usa 3 cucharaditas de la misma salsa por cada taza de chile según su receta. ¿Quién prepara el chile más picante: George o Lou?

Escribe los pares de números relacionados como pares ordenados y luego represéntalos gráficamente. Usa la gráfica para comparar quién prepara el chile más picante, George o Lou.

| Chile de Lou (tazas) | 2 | 4 | 6 | 8 |
|---|---|---|---|---|
| Salsa picante (cdta.) | 2 | 4 | 6 | 8 |

| Chile de George (tazas) | 1 | 2 | 3 | 4 |
|---|---|---|---|---|
| Salsa picante (cdta.) | 3 | 6 | 9 | 12 |

Chile de Lou: $(2, 2), (4, 4), (6, 6), (8, 8)$

Chile de George: $(1, 3), (2, 6), (3, 9), (4, 12)$

Elsa dijo que el chile de George era más picante que el de Lou porque en la gráfica se mostraba que la cantidad de salsa picante en el chile de George era siempre 3 veces mayor que la cantidad de salsa picante en el chile de Lou. ¿La respuesta de Elsa tiene sentido o no? Explícalo.

_____

_____

_____

_____

_____

## Representar gráficamente y analizar relaciones

**ESTÁNDAR COMÚN—5.OA.B.3,**
**5.G.A.2** *Analizan patrones y relaciones.*

*Estándares comunes*

**Representa gráficamente y rotula los pares de números como pares ordenados. Luego completa y usa la regla para hallar el término desconocido.**

1. Multiplica la cantidad de yardas por __3__ para hallar la cantidad de pies.

| Yardas | 1 | 2 | 3 | 4 |
|--------|---|---|---|---|
| Pies   | 3 | 6 | 9 | 12 |

2. Multiplica la cantidad de cuartos por _____ para hallar la cantidad de tazas que miden la misma cantidad.

| Cuartos | 1 | 2 | 3 | 4 | 5 |
|---------|---|---|----|----|---|
| Tazas   | 4 | 8 | 12 | 16 |   |

## Resolución de problemas En el mundo

3. ¿Cómo puedes usar la gráfica del Ejercicio 2 para hallar cuántas tazas hay en 9 cuartos?

_____

_____

_____

_____

_____

_____

4. ¿Cuántas tazas hay en 9 cuartos? _____

## Repaso de la lección (5.OA.B.3)

**Usa los datos para completar la gráfica. Luego responde las preguntas.**

Paola prepara una jarra de té helado. Por cada taza de agua, usa 3 cucharadas de té helado en polvo.

1. Escribe el número que falta para completar la siguiente regla.

   Multiplica la cantidad de té helado por _____ para obtener la cantidad de agua.

2. Imagina que Paola usa 18 cucharadas de té helado en polvo. ¿Cuántas tazas de agua debe usar?

   _____

## Repaso en espiral (5.NBT.A.2, 5.NBT.B.6, 5.NBT.B.7)

3. Un biólogo contó 10,000 mariposas monarca que migraban. ¿Cómo expresas 10,000 como una potencia de 10?

   _____

4. Halla el cociente. Escribe el resultado como un número decimal y redondea al centésimo más próximo.

   $$8{,}426 \div 82$$

   _____

5. ¿Cuánto es 54.38 + 29.7?

6. Cierto día, $1 equivale a 30.23 rublos rusos. Omar tiene $75. ¿Cuántos rublos rusos recibirá a cambio?

**PRACTICA MÁS CON EL**
Entrenador personal
en matemáticas

Nombre _____

## ✓ Repaso y prueba del Capítulo 9

Entrenador personal en matemáticas
Evaluación e
intervención en línea

1. Las letras de la cuadrícula de coordenadas representan la ubicación de los primeros cuatro hoyos de un campo de golf. ¿Cuál de los siguientes enunciados describe con precisión la ubicación de un hoyo? Marca todas las opciones que correspondan.

Campo de golf

   (A) El hoyo U está 4 unidades a la izquierda y 4 unidades debajo del hoyo S.

   (B) El hoyo F está 1 unidad a la derecha y 7 unidades debajo del hoyo U.

   (C) El hoyo T está 2 unidades a la izquierda y 4 unidades encima del hoyo S.

   (D) El hoyo S está 3 unidades a la izquierda y 5 unidades encima del hoyo F.

2. **MÁS AL DETALLE** Un constructor está comprando propiedades para construir casas nuevas. Los tamaños de los terrenos son $\frac{1}{6}, \frac{1}{2}, \frac{1}{3}, \frac{1}{2}, \frac{1}{6}, \frac{1}{2}, \frac{1}{2}, \frac{1}{3}, \frac{1}{6}, \frac{1}{2}, \frac{1}{6}, \frac{1}{2}, \frac{1}{6}, \frac{1}{6}$ y $\frac{1}{3}$ de acre. Organiza la información en un diagrama de puntos.

   ¿Cuál es el tamaño promedio de los terrenos?

   _____ de acre

3. Durante 6 días seguidos, Julia midió la profundidad de la nieve de una zona sombreada de su jardín. La gráfica lineal muestra los datos que obtuvo. ¿Entre qué dos días disminuyó más la profundidad de la nieve?

**Profundidad de la nieve**

entre el Día ☐ y el Día ☐

Opciones de evaluación
**Prueba del capítulo**

**4.** Portia hizo una tabla para determinar cuánto ganó vendiendo camisetas.

| Día | 1 | 2 | 3 | 4 | 5 |
|---|---|---|---|---|---|
| Número de camisetas vendidas | 5 | 10 | 15 | 20 | 25 |
| Cantidad ganada (en $) | 20 | 40 | 60 | 80 | ? |

En los enunciados 4a y 4b, usa la tabla para elegir los valores correctos para describir cómo se relaciona una secuencia con la otra.

**4a.** El número desconocido el Día 5 es

| |
|---|
| 90 |
| 100 |
| 120 |

**4b.** La regla que describe cómo se relaciona el número de camisetas vendidas con la cantidad ganada es

| |
|---|
| sumar 15 |
| multiplicar por 5 |
| multiplicar por 4 |

**5.** Jawan hizo una tabla para hallar cuánto gana en su trabajo.

| Ingresos | | | | | | |
|---|---|---|---|---|---|---|
| Semana | 1 | 2 | 3 | 4 | ... | 6 |
| Horas trabajadas | 6 | 12 | 18 | 24 | ... | 36 |
| Cantidad ganada (en $) | 54 | 108 | 162 | 216 | ... | ? |

**Parte A**

Escribe una regla que relacione la cantidad que gana Jawan con el número de horas que trabaja. Explica cómo puedes comprobar la regla.

| |
|---|
| |

**Parte B**

¿Cuánto gana en la semana 6?

$ _____

© Houghton Mifflin Harcourt Publishing Company

Nombre _____

**6.** PIENSA MÁS **+** Busca un patrón.

Figura 1  Figura 2  Figura 3  Figura 4

¿Cuál es la regla? _____

¿Cuántos cuadrados habrá en la Figura 5? _____ cuadrados

**7.** Lindsey hizo un mapa de su ciudad. Une cada ubicación con el par ordenado correcto que lo indica en la cuadrícula de coordenadas. No se usarán todos los pares ordenados.

Torre del Reloj ●            ● (4, 4)

                             ● (4, 1)

Museo de Arte ●             ● (1, 3)

                             ● (5, 4)

Parque del Este ●           ● (4, 5)

                             ● (3, 1)

Cine ●                       ● (2, 4)

                             ● (1, 4)

                             ● (4, 2)
Escuela ●

**8.** La casa de Lucy está ubicada en el punto que se muestra en la cuadrícula de coordenadas. La casa de Ainsley está ubicada 2 unidades a la derecha y 3 unidades debajo de la casa de Lucy. Haz un punto en la cuadrícula de coordenadas que represente la ubicación de la casa de Ainsley.

¿Qué par ordenado representa la ubicación de la casa

de Lucy? [ ]

¿Qué par ordenado representa la ubicación de la casa

de Ainsley? [ ]

**Capítulo 9  579**

**9.** Todas las semanas, María ahorra una parte de su mesada. La gráfica lineal representa la cantidad de ahorros de María durante las primeras 5 semanas del año.

Para los enunciados 9a y 9b selecciona Verdadero o Falso.

**9a.** Los ahorros de María aumentaron de $30 a $55 durante el período de 5 semanas.  ○ Verdadero  ○ Falso

**9b.** El mayor aumento en los ahorros de María se dio de la Semana 1 a la Semana 2.  ○ Verdadero  ○ Falso

**Ahorros de María**

**10.** El diagrama de puntos muestra el peso de bolsas de frijoles. ¿Cuál es el peso promedio de las bolsas? Muestra tu trabajo.

**Peso de las bolsas de frijoles (en lb)**

**11.** La tabla muestra cuánto pesa un cachorro desde que tiene 1 mes hasta que tiene 5 meses.

| Peso del cachorro | | | | | |
|---|---|---|---|---|---|
| Edad (en meses) | 1 | 2 | 3 | 4 | 5 |
| Peso (en libras) | 12 | 18 | 23 | 31 | 34 |

¿Qué pares ordenados dibujarías para mostrar el peso del cachorro en una cuadrícula de coordenadas? ¿En qué crees que cambiarían los pares ordenados si el peso del cachorro se midiera semanalmente en lugar de mensualmente? Explica tu razonamiento.

**12.** Randy está entrenando para una Carrera. Hace una tabla que muestra cuánto tarda en correr diferentes distancias.

| Tiempo y distancia corridos | | | | |
|---|---|---|---|---|
| Distancia (en millas) | 1 | 2 | 3 | 4 |
| Tiempo (en minutos) | 10 | 20 | 30 | 40 |

**Parte A**

Escribe los pares de números como pares ordenados. Luego, escribe la regla para describir cómo se relacionan los pares de números.

**Parte B**

Representa gráficamente los pares ordenados en el plano de coordenadas.

**13.** Un científico hizo una gráfica lineal que muestra cómo cambia el ritmo cardíaco promedio de un oso con el tiempo.

Cambio en el ritmo cardíaco promedio de los osos

Para los enunciados 13a a 13c, elige Verdadero o Falso.

**13a.** El ritmo cardíaco promedio del oso alcanza su punto máximo en julio.

○ Verdadero    ○ Falso

**13b.** El ritmo cardíaco promedio del oso aumenta en 10 latidos por minuto de julio a agosto.

○ Verdadero    ○ Falso

**13c.** El ritmo cardíaco promedio del oso alcanza su punto mínimo en enero.

○ Verdadero    ○ Falso

**14.** En la tabla se muestra el número total de entradas vendidas para la obra de teatro escolar cada día durante 5 días.

| Venta de entradas | | | | | |
|---|---|---|---|---|---|
| **Día** | 1 | 2 | 3 | 4 | 5 |
| **Entradas vendidas** | 20 | 30 | 45 | 75 | 90 |

Representa gráficamente los pares ordenados con las fichas en el plano de coordenadas.

- (1, 20)
- (2, 30)
- (3, 45)
- (4, 75)
- (5, 90)

**15.** La gráfica muestra la relación entre la cantidad de leche y agua usada en una receta. Determina una regla que relacione la cantidad de leche con la cantidad de agua; para ello, escribe el término o valor correcto de las fichas en cada espacio en blanco.

Resta

Suma

Multiplica

Divide

1  2  4  $\frac{1}{2}$  $\frac{1}{4}$

**Leche y agua para una receta**

Regla: _____ la cantidad de leche por _____ .

**16.** Steven compra una bicicleta de montaña por $272 en cuotas. Si paga $34 todas las semanas, ¿cuántas semanas tardará en pagar la bicicleta? ¿De qué manera hacer una tabla puede ayudarte a resolver el problema?

# Convertir unidades de medida

## ✓ Muestra lo que sabes

**Entrenador personal en matemáticas**
Evaluación e intervención en línea

Comprueba si comprendes las destrezas importantes.

Nombre _____

▶ **Medir la longitud a la pulgada más próxima**
**Usa una regla en pulgadas. Mide la longitud a la pulgada más próxima.** (3.MD.B.4)

**1.**

aproximadamente _____ pulgadas

**2.**

aproximadamente _____ pulgadas

▶ **Multiplicar y medir con 10, 100 y 1,000** **Usa el cálculo mental.** (4.NBT.B.5)

**3.** $1 \times 5.98 = 5.98$
$10 \times 5.98 = 59.8$

$100 \times 5.98 = $ _____

$1,000 \times 5.98 = $ _____

**4.** $235 \div 1 = 235$
$235 \div 10 = 23.5$

$235 \div 100 = $ _____

$235 \div 1,000 = $ _____

▶ **Elegir unidades del sistema usual** **Escribe la unidad adecuada para medir cada longitud. Escribe *pulgada, pie, yarda* o *milla*.** (4.MD.A.1)

**5.** la longitud de un lápiz _____

**6.** la longitud de una cancha de

fútbol americano _____

## Matemáticas En el mundo

Puedes usar una estimación para medir en pasos distancias de 5 pies. Dos pasos equivalen a aproximadamente 5 pies. Representa las instrucciones del mapa para hallar un tesoro. ¿Aproximadamente cuántos pies mide todo el camino hasta el tesoro que se muestra en el mapa?

2 pasos o 5 pies

10 pasos

2 pasos

Comienza aquí

6 pasos

8 pasos

# Desarrollo del vocabulario

▶ **Visualízalo**

Clasifica las palabras nuevas y de repaso en el diagrama de Venn.

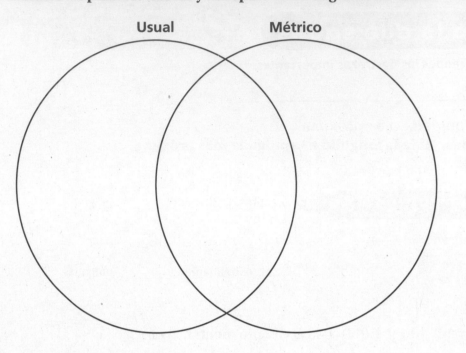

Usual          Métrico

**Palabras de repaso**

decímetro

galón

gramo

libra

litro

longitud

masa

metro

milla

miligramo

mililitro

milímetro

peso

tonelada

▶ **Comprende el vocabulario**

**Completa las oraciones.**

1. Una unidad de longitud del sistema métrico que equivale a un

   décimo de un metro es un _____.

2. Una unidad de longitud del sistema métrico que equivale a un

   milésimo de un metro es un _____.

3. Una unidad de capacidad del sistema métrico que equivale a un

   milésimo de un litro es un _____.

4. Una unidad de longitud del sistema métrico que equivale a

   10 metros es un _____.

5. Una unidad de masa del sistema métrico que equivale a un

   milésimo de un gramo es un _____.

**Palabras nuevas**

capacidad

decámetro

• **Libro interactivo del estudiante**
• **Glosario multimedia**

# Vocabulario del Capítulo 10

**capacidad**

capacity

2

**decímetro (dm)**

decimeter (dm)

15

**decámetro (dam)**

dekameter (dam)

14

**masa**

mass

40

**miligramo (mg)**

milligram (mg)

42

**mililitro (ml)**

milliliter (mL)

43

**tonelada (t)**

ton (T)

70

**peso**

weight

56

Unidad del sistema métrico que se usa
para medir la longitud o la distancia;
10 decímetros = 1 metro

aproximadamente 1 decímetro

---

Cantidad que puede contener un recipiente
cuando se llena

| Unidades de capacidad del sistema usual | | |
| --- | --- | --- |
| 1 taza (tz) = 8 onzas fluidas (oz fl) | | |
| 1 pinta (pt) = 2 tazas | | |
| 1 cuarto (ct) = 2 pintas | | |
| 1 galón (gal) = 4 cuartos | | |

1 taza (tz)

---

Cantidad de materia que hay en un objeto

Ejemplo:

El objeto de la derecha tiene más
masa que el objeto de la izquierda.

---

Unidad del sistema métrico que se usa
para medir la longitud o la distancia;
10 metros = 1 decámetro

| kilo- (k) | hecto- (h) | deca- (da) | metro (m) | deci- (d) | centi- (c) | mili (m) |
| --- | --- | --- | --- | --- | --- | --- |

Potencia
de 10

---

Unidad del sistema métrico que se usa para
medir la capacidad;
1,000 mililitros = 1 litro

1 mililitro

---

Unidad del sistema métrico que se usa para
medir la masa;
1,000 miligramos = 1 gramo

| kilo- (k) | hecto- (h) | deca- (da) | gramo (g) | deci- (d) | centi- (c) | mili- (m) |
| --- | --- | --- | --- | --- | --- | --- |

Potencia    Potencia    Potencia
de 10        de 10        de 10

---

Cuán pesado es un objeto

Ejemplo:

El objeto de la derecha pesa más que el
objeto de la izquierda.

---

Unidad del sistema usual que se usa para
medir el peso;
2,000 libras = 1 tonelada

aproximadamente 1 tonelada

**Juego**

# ¡Bingo!

Para 3 a 6 jugadores

## Materiales

- 1 juego de tarjetas de palabras
- 1 tablero de bingo para cada jugador
- fichas de juego

## Instrucciones

1. El árbitro elige una tarjeta y lee la definición. Luego coloca la tarjeta en una segunda pila.

2. Los jugadores colocan una ficha sobre la palabra que coincide con la definición cada vez que aparece en sus tableros de bingo.

3. Repitan el Paso 1 y el Paso 2 hasta que un jugador marque 5 casillas en una línea vertical, horizontal o diagonal y diga: "¡Bingo!".

- Para comprobar las respuestas, el jugador que dijo "¡Bingo!" lee las palabras en voz alta mientras el árbitro comprueba las definiciones.

### Recuadro de palabras

capacidad

decámetro

decímetro

masa

miligramo (mg)

mililitro (ml)

peso

tonelada (t)

# Escríbelo

### Reflexiona

**Elige una idea. Escribe sobre ella.**

- Explica cómo el prefijo *mili-* te puede ayudar a saber el significado de las palabras *miligramo* y *mililitro*.
- Escribe un cuento en el que se usen estas palabras.

  **miligramo**　　　　**tonelada**　　　　**peso**

- Cuenta sobre una ocasión en la que necesitaste saber la capacidad de un recipiente.
- Explica la diferencia entre masa y peso.

Nombre _____

# Unidades de longitud del sistema usual

**Pregunta esencial** ¿Cómo puedes comparar y convertir unidades de longitud del sistema usual?

## 🔑 Soluciona el problema  En el mundo

Para hacer un columpio nuevo, el Sr. Mattson necesita 9 pies de cuerda para cada lado del columpio y 6 pies más para la trepadora. La ferretería vende cuerda por yardas.

- ¿Cuántos pies de cuerda necesita el Sr. Mattson para

  el columpio? _____

- ¿Cuántos pies de cuerda necesita el Sr. Mattson para el

  columpio y la trepadora juntos? _____

El Sr. Mattson debe hallar cuántas yardas de cuerda necesita comprar. Deberá convertir 24 pies a yardas. ¿Cuántos grupos de 3 pies hay en 24 pies?

| Una regla de 12 pulgadas equivale a 1 pie. | | |
|---|---|---|

| Una regla de una yarda equivale a 1 yarda. |
|---|

_____ pies = 1 yarda

🔒 **Usa un modelo de barras para escribir una ecuación.**

REPRESENTA

| 3 | | 3 |
|---|---|---|

24

ANOTA

total de pies      pies en 1 yarda      total de yardas
↓                  ↓                    ↓

24      ÷      _____      =      _____

Entonces, el Sr. Mattson debe comprar _____ yardas de cuerda.

**Charla matemática**  PRÁCTICAS MATEMÁTICAS ❻

¿Qué operación usaste para hallar la cantidad de grupos de 3 pies que hay en 24 pies? ¿Hay que multiplicar o dividir para convertir una unidad más pequeña a una más grande? **Explica.**

## 🔒 Ejemplo 1 Usa la tabla para hallar la relación entre las millas y los pies.

La distancia entre la escuela secundaria nueva y la cancha de fútbol americano es 2 millas. ¿Qué relación hay entre esa distancia y 10,000 pies?

Cuando conviertes unidades más grandes a unidades más pequeñas, debes multiplicar.

| Unidades de longitud del sistema usual |
| --- |
| 1 pie (ft) = 12 pulgadas (in) |
| 1 yarda (yd) = 3 pies (ft) |
| 1 milla (mi) = 5,280 pies (ft) |
| 1 milla = 1,760 yd |

**PASO 1**   Convierte 2 millas a pies.

Piensa: 1 milla es igual a 5,280 pies.

Debo _____ el número total

de millas por _____.

total de millas     pies en 1 milla     total de pies

2   ×  _____  =  _____

2 millas = _____ pies

**PASO 2**   Compara. Escribe <, > o =.

_____ pies ◯ 10,000 pies

Puesto que _____ es _____ que 10,000, la distancia entre la escuela

secundaria nueva y la cancha de fútbol americano es _____ que 10,000 pies.

## 🔒 Ejemplo 2 Convierte a medidas mixtas.

En las medidas mixtas, se usa más de una unidad de medida.
Puedes convertir una unidad de medida única a unidades mixtas.

**Convierte 62 pulgadas a pies y pulgadas.**

**PASO 1**   Usa la tabla.

Piensa: 12 pulgadas es igual a 1 pie.

Estoy cambiando de una unidad más pequeña

a una más grande, entonces _____.

**PASO 2**   Convierte.

total de pulgadas     pulgadas en 1 pie     pies     pulgadas

62   ÷  _____  es  _____ r _____

Entonces, 62 pulgadas es igual a _____ pies y _____ pulgadas.

● **PRÁCTICA MATEMÁTICA ⑥ Explica** cómo puedes convertir las medidas mixtas 12 yardas y 2 pies a una unidad de medida única en pies. ¿A cuántos pies equivale?

Nombre _____

## Comparte y muestra MATH BOARD

**Convierte.**

**1.** 2 mi = _____ yd

☑ **2.** 6 yd = _____ pies

☑ **3.** 90 in = _____ pies y

_____ in

**Charla matemática**

**PRÁCTICAS MATEMÁTICAS ①**

Entiende los problemas ¿Cómo sabes cuándo hay que multiplicar para convertir una medida?

## Por tu cuenta

**Práctica: Copia y resuelve Convierte.**

**4.** 125 in = ▨ pies y ▨ in

**5.** 46 pies = ▨ yd y ▨ pie

**6.** 42 yd y 2 pies = ▨ pies

**Compara. Escribe <, > o =.**

**7.** 8 pies ◯ 3 yd

**8.** 2 mi ◯ 10,500 pies

**9.** 3 yd y 2 pies ◯ 132 in

**10.** *MÁS AL DETALLE* Terry está haciendo 6 conjuntos de sombrero y bufanda. Para cada bufanda se necesitan 2 yardas de material y para cada sombrero se necesitan 18 pulgadas de material. ¿Cuántos pies de material necesitará para los 6 conjuntos de sombrero y bufanda?

_____

**11.** *PIENSA MÁS* Elige la palabra y el número correctos para completar la oración.

La entrada para el auto de Katy mide 120 pies de longitud.

Para convertir pies a yardas, debo

| sumar | | 3 |
|-------|---|------|
| restar | 120 por | 12 |
| multiplicar | | 1,760 |
| dividir | | 5,280 |

## Resolución de problemas • Aplicaciones En el mundo

**12.** *MÁS AL DETALLE* Javier está ayudando a su padre a construir una casa en un árbol. Tiene una tabla de 13 pies de largo. ¿Cuántos trozos de 1 yarda de largo puede cortar Javier? ¿Cuál será la longitud, en yardas, del trozo que le quede?

_____

**13.** *PIENSA MÁS* Patty está construyendo una escalera de cuerdas para una casa del árbol. Necesita 2 trozos de cuerda de 5 pies de largo para los lados de la escalera. Necesita 7 trozos de cuerda de 18 pulgadas cada uno para hacer los escalones. ¿Cuántos pies de cuerda necesita Patty para construir la escalera? Escribe tu resultado como un número mixto y como una medida mixta en pies y pulgadas.

_____

## Conectar con la Lectura

### Compara y contrasta

Cuando comparas y contrastas, indicas en qué se parecen y en qué se diferencian dos o más cosas. Puedes comparar y contrastar la información de una tabla.

Completa la siguiente tabla. Usa la tabla para responder las preguntas.

| Unidades lineales | | | | |
|---|---|---|---|---|
| **Yardas** | 1 | 2 | 3 | 4 |
| **Pies** | 3 | 6 | 9 | |
| **Pulgadas** | 36 | 72 | | |

**14.** *PRÁCTICA MATEMÁTICA* ⑦ **Identifica las relaciones** ¿En qué se parecen los elementos de la tabla? ¿En qué se diferencian?

_____

_____

**15.** *PRÁCTICA MATEMÁTICA* ⑦ **Busca el patrón** ¿Qué puedes decir acerca de la relación entre el número de unidades más grandes y más pequeñas a medida que aumenta la longitud? Explica.

_____

_____

## Unidades de longitud del sistema usual

ESTÁNDAR COMÚN—5.MD.A.1
Convierten unidades de medida equivalentes
dentro de un mismo sistema de medición.

**Convierte.**

**1.** 12 yd = ___36___ pies

yardas totales    pies en 1 yarda    pies totales

12    ×    3    =    36

12 yardas = 36 pies

**2.** 5 pies = _____ in

**3.** 5 mi = _____ pies

**4.** 240 in = _____ pies

**5.** 100 yd = _____ pies

**6.** 10 pies = _____ in

**7.** 150 in = _____ pies __ in

**8.** 7 yd 2 pies = _____ pies

**9.** 10 mi = _____ pies

**Compara. Escribe <, > o =.**

**10.** 23 in ◯ 2 pies

**11.** 25 yd ◯ 75 pies

**12.** 6,200 pies ◯ 1 mi 900 pies

**13.** 100 in ◯ 3 yd 1 pie

**14.** 1,000 pies ◯ 300 yd

**15.** 500 in ◯ 40 pies

## Resolución de problemas En el mundo

**16.** Marita pide 12 yardas de tela para hacer carteles. Si necesita 1 pie de tela para cada cartel, ¿cuántos carteles puede hacer?

_____

_____

**17.** Christy compró un trozo de madera de 8 pies para un librero. En total, necesita 100 pulgadas de madera para completar el trabajo. ¿Compró suficiente madera para el librero? Explica.

_____

_____

**18.** **ESCRIBE** ▸ *Matemáticas* Explica cómo comparar dos longitudes que han sido medidas en unidades de distintos tamaños.

_____

_____

## Repaso de la lección (5.MD.A.1)

**1.** El jardín de Jenna mide 5 yardas de largo. ¿Cuánto mide su jardín en pies?

**2.** Ellen necesita comprar 180 pulgadas de cinta para envolver un regalo grande. La tienda vende las cintas solo por yardas enteras. ¿Cuántas yardas debe comprar Ellen para tener suficiente cinta?

## Repaso en espiral (5.OA.B.3, 5.NF.B.6, 5.NF.B.4a)

**3.** McKenzie trabaja para una empresa de cocina para eventos. Está preparando té helado para un evento. Para cada recipiente de té usa 16 bolsitas de té y 3 tazas de azúcar. Si McKenzie usa 64 bolsitas de té, ¿cuántas tazas de azúcar usará?

**4.** Javier compró 48 tarjetas deportivas en una venta en una casa del vecindario. $\frac{3}{8}$ de las tarjetas eran de béisbol. ¿Cuántas tarjetas eran de béisbol?

**5.** ¿Cuál es el cociente de 396 dividido entre 12?

**6.** ¿Cuál es el número desconocido en la Secuencia 2 de la tabla? ¿Qué regla puedes escribir para relacionar la Secuencia 2 con la Secuencia 1?

| Número de secuencia | 1 | 2 | 3 | 8 | 10 |
|---|---|---|---|---|---|
| Secuencia 1 | 4 | 8 | 12 | 32 | 40 |
| Secuencia 2 | 8 | 16 | 24 | 64 | ? |

PRACTICA MÁS CON EL
Entrenador personal
en matemáticas

Nombre _____

# Unidades de capacidad del sistema usual

## ① Ejemplo

Coral preparó 32 pintas de refresco de frutas para una fiesta. Debe llevar el refresco de frutas en recipientes de 1 galón. ¿Cuántos recipientes necesita Coral?

> Para convertir una unidad más pequeña a una unidad más grande, hay que dividir. A veces, puede ser necesario convertir más de una vez.

| Unidades de capacidad del sistema usual |
|---|
| 1 taza (tz) = 8 onzas fluidas (oz fl) |
| 1 pinta (pt) = 2 tazas |
| 1 cuarto (ct) = 2 pintas |
| 1 galón (gal) = 4 cuartos |

**Convierte 32 pintas a galones.**

**PASO 1** Escribe una ecuación para convertir pintas a cuartos.

total de pintas · pintas en 1 ct = total de cuartos

32 ◯ _____ ◯ _____

**PASO 2** Escribe una ecuación para convertir cuartos a galones.

total de cuartos · cuartos en 1 gal = total de galones

_____ ◯ _____ ◯ _____

Entonces, Coral necesita _____ recipientes de 1 galón para llevar el refresco de frutas.

## Comparte y muestra  MATH BOARD

**1.** Usa la ilustración para completar los enunciados y convertir 3 cuartos a pintas.

 **a.** 1 cuarto = _____ pintas

 **b.** 1 cuarto es _____ que 1 pinta.

 **c.** 3 ct ◯ _____ pt en 1 ct = _____ pt

ct = pt pt

**Convierte.**

**2.** 3 gal = _____ pt

**☑3.** 5 ct = _____ pt

**☑4.** 6 ct = _____ tz

**Charla matemática**  PRÁCTICAS MATEMÁTICAS ②

**Razona de forma abstracta** Explica en qué se parece convertir unidades de capacidad a convertir unidades de longitud. ¿En qué se diferencia?

Nombre _____

**Convierte.**

**5.** 38 tz = _____ pt

**6.** 36 ct = _____ gal

**7.** 104 oz fl = _____ tz

**Práctica: Copia y resuelve** Convierte.

**8.** 200 tz =  ct

**9.** 22 pt = ▧ oz fl

**10.** 8 gal = ▧ ct

**11.** 72 oz fl = ▧ tz

**12.** 2 gal = ▧ pt

**13.** 48 pt = ▧ gal

**Compara. Escribe <, > o =.**

**14.** 28 tz ◯ 14 pt

**15.** 25 pt ◯ 13 ct

**16.** 20 ct ◯ 80 tz

**17.** 12 gal ◯ 50 ct

**18.** 320 oz fl ◯ 18 pt

**19.** 15 ct ◯ 63 tz

**20.** **ESCRIBE** ▸*Matemáticas* ¿Cuál de los ejercicios 14 a 19 podrías resolver mentalmente? Explica tu respuesta para un ejercicio.

_____

_____

_____

**21.** *MÁS AL DETALLE* Larry hizo 4 tandas de ponche. Para cada tanda utiliza 16 onzas fluidas de jugo de limón y 3 pintas de jugo de naranja. Si cada porción es de 1 taza, ¿cuántas porciones hizo en total?

_____

## Resolución de problemas • Aplicaciones

**Muestra tu trabajo. Usa la tabla para resolver los problemas 22 a 24.**

22. **PRÁCTICA MATEMÁTICA 4** **Usa gráficas** Completa la tabla y haz una gráfica en la que se muestre la relación entre las pintas y los cuartos.

| Cuartos | 0 | 1 | 2 | 3 | 4 |
|---------|---|---|---|---|---|
| Pintas  | 0 |   |   |   |   |

Relación pintas-cuartos

23. **MÁS AL DETALLE** Describe cualquier patrón que observes en los pares de números que representaste gráficamente. Escribe una regla para describir el patrón.

_____

_____

_____

_____

24. **PIENSA MÁS** ¿Qué otro par de unidades de capacidad del sistema usual tienen la misma relación que las pintas y los cuartos? Explica.

_____

_____

_____

25. **PIENSA MÁS** Shelby preparó 5 cuartos de jugo para un picnic. Dijo que preparó $1\frac{1}{4}$ tazas de jugo. Explica el error de Shelby.

_____

_____

_____

_____

# Unidades de capacidad del sistema usual

**Convierte.**

**ESTÁNDAR COMÚN—5.MD.A.1**
*Convierten unidades de medida equivalentes dentro de un mismo sistema de medición.*

**1.** 5 gal = __40__ pt

Piensa: 1 galón = 4 cuartos
         1 cuarto = 2 pintas

**2.** 192 oz fl = _____ pt

**3.** 15 pt = _____ tz

**4.** 240 oz fl = _____ tz

**5.** 32 ct = _____ gal

**6.** 10 ct = _____ tz

**7.** 48 tz = _____ ct

**8.** 72 pt = _____ gal

**9.** 128 oz fl = _____ pt

**Compara. Escribe <, > o =.**

**10.** 17 ct $\bigcirc$ 4 gal

**11.** 96 oz fl $\bigcirc$ 8 pt

**12.** 400 pt $\bigcirc$ 100 gal

**13.** 100 oz fl $\bigcirc$ 16 pt

**14.** 74 oz fl $\bigcirc$ 8 tz

**15.** 12 tz $\bigcirc$ 3 ct

## Resolución de problemas ·En el mundo

**16.** Vickie preparó una receta para hacer 144 onzas fluidas de cera para velas aromatizadas. ¿Cuántos moldes para vela de 1 taza podrá llenar con esa receta?

_____

**17.** Para preparar una receta se necesitan 32 onzas fluidas de crema doble. ¿Cuántos recipientes de 1 pinta de crema doble se necesitan para la receta?

_____

**18.** **ESCRIBE** ►*Matemáticas* Da algunos ejemplos de situaciones en las que medirías capacidades en cada una de las unidades de capacidad que se muestran en la tabla de la página 592.

_____

_____

## Repaso de la lección (5.MD.A.1)

**1.** Rosa preparó 12 galones de limonada para vender en un puesto de limonada. ¿Cuántas pintas de limonada preparó?

_____

**2.** La pecera de Ebonae puede contener 40 galones de agua. ¿Cuántos cuartos de agua puede contener la pecera?

_____

## Repaso en espiral (5.NBT.B.5, 5.NF.A.1, 5.NF.B.3, 5.MD.A.1)

**3.** Una alpinista escaló 15,840 pies en su camino hacia la cima de una montaña. ¿Cuántas millas escaló?

_____

**4.** Jamal está preparando panqueques. Tiene $6\frac{3}{4}$ tazas de masa para panqueques, pero necesita 12 tazas en total. ¿Cuánta masa para panqueques más necesita?

**5.** En una obra en construcción hay 16 tarimas con bolsas de cemento. El peso total de todas las tarimas y el cemento es 4,856 libras. Todas las tarimas pesan lo mismo. ¿Cuánto pesa cada tarima con las bolsas de cemento?

_____

**6.** Una editorial envió 15 cajas de libros a una librería. Cada caja contenía 32 libros. ¿Cuántos libros envió a la librería en total?

_____

© Houghton Mifflin Harcourt Publishing Company

PRACTICA MÁS CON EL
Entrenador personal
en matemáticas

# Peso

**Pregunta esencial** ¿Cómo puedes comparar y convertir unidades de peso del sistema usual?

**Estándares comunes**

**Medición y datos—** **5.MD.A.1**

**PRÁCTICAS MATEMÁTICAS** **MP1, MP2**

## Soluciona el problema En el mundo

En la escuela de Héctor habrá un concurso de cohetes de juguete. Para entrar al concurso, cada cohete debe pesar 4 libras o menos. El cohete de Héctor pesa 62 onzas sin la pintura. ¿Cuánto puede pesar como máximo la pintura que use en su cohete para que califique para el concurso?

El **peso** de un objeto es cuán pesado es el objeto.

- ¿Qué peso debe convertir Héctor?

  _____

- ¿Qué debe hacer Héctor después de convertir el peso?

  _____

1 libra = _____ onzas

🔑 **Usa un modelo de barras para escribir una ecuación.**

**PASO 1**   Convierte 4 libras a onzas.

**REPRESENTA**

| 16 | 16 | 16 | 16 |
|----|----|----|----|

**ANOTA**

total de lb ↓   oz en 1 lb ↓   total de oz ↓

4 ◯ _____ ◯ _____

**PASO 2**   Resta el peso del cohete del total de onzas que puede pesar el cohete para calificar.

_____ – 62 = _____

Entonces, el peso de la pintura puede ser como máximo _____ onzas para que el cohete de juguete de Héctor califique para el concurso.

**Charla matemática**   PRÁCTICAS MATEMÁTICAS ❶

**Entiende los problemas** ¿Cómo elegiste qué operación usar para convertir libras a onzas? Explica.

# 🔑 Ejemplo

Cada propulsor de un transbordador espacial estadounidense pesa 1,292,000 libras en el momento del lanzamiento. ¿Cuántas toneladas pesa cada propulsor?

**Usa el cálculo mental para convertir libras a toneladas.**

| **PASO 1** Decide qué operación debes usar. | Puesto que las libras son más pequeñas que las toneladas, debo _____ el número de libras entre _____. |
|---|---|

| **Unidades de peso** |
|---|
| 1 libra (lb) = 16 onzas (oz) |
| 1 tonelada (t) = 2,000 lb |

| **PASO 2** Descompón 2,000 en dos factores que sean fáciles de dividir mentalmente. | $2,000 = $ _____ $\times 2$ |
|---|---|

| **PASO 3** Divide 1,292,000 entre el primer factor. Luego divide el cociente entre el segundo factor. | $1,292,000 \div$ _____ $=$ _____  <br> _____ $\div 2 =$ _____ |
|---|---|

Entonces, cada propulsor pesa _____ toneladas en el momento del lanzamiento.

## Comparte y muestra  MATH BOARD

**1.** Usa la ilustración para completar las ecuaciones.

**a.** 1 libra = _____ onzas      **b.** 2 libras = _____ onzas

**c.** 3 libras = _____ onzas      **d.** 4 libras = _____ onzas

**e.** 5 libras = _____ onzas

**Convierte.**

**2.** 15 lb = _____ oz

**✓ 3.** 3 T = _____ lb

**✓ 4.** 320 oz = _____ lb

**Charla matemática**

PRÁCTICAS MATEMÁTICAS ②

Razona de forma cuantitativa ¿Cómo puedes comparar mentalmente 11 libras con 175 onzas?

Nombre _____

## Por tu cuenta

**Práctica: Copia y resuelve** Convierte.

**5.** 23 lb = ▮ oz

**6.** 6 t = ▮ lb

**7.** 144 oz = ▮ lb

**8.** 15 t = ▮ lb

**9.** 352 oz = ▮ lb

**10.** 18 lb = ▮ oz

**Compara. Escribe <, > o =.**

**11.** 130 oz ◯ 8 lb

**12.** 34 lb ◯ 544 oz

**13.** 14 lb ◯ 229 oz

**14.** 16 t ◯ 32,000 lb

**15.** 5 lb ◯ 79 oz

**16.** 85,000 lb ◯ 40 t

**17.** _MÁS AL DETALLE_ Bill tiene una bicicleta que pesa 56 libras. Magda tiene una bicicleta que pesa 52 libras. Magda añade un timbre y una cesta de su bicicleta. El timbre pesa 12 onzas y la cesta pesa 2 libras con 8 onzas. ¿Pesa la bicicleta de Magda con su timbre y cesta nuevos más que la bicicleta de Bill? Explica tu razonamiento.

_____

_____

## Resolución de problemas • Aplicaciones

**18.** _MÁS AL DETALLE_ Rhada tiene una bolsa de arcilla que pesa 5 libras. Su proyecto de artesanías requiere 5 onzas de arcilla por cada tanda de 6 adornos. Si usa toda la arcilla, ¿cuántos adornos puede hacer?

**19.** _PRÁCTICA MATEMÁTICA ❷_ **Representa un problema** Ellis usó 48 onzas de harina de centeno para preparar pan. Escribe una expresión que podrías usar para hallar cuántas libras de harina de centeno usó Ellis. Explica cómo la expresión representa el problema.

_____

_____

_____

**20.** _PIENSA MÁS_ Kevin usa 36 onzas de manzanas secas y 18 onzas de arándanos secos para preparar un refrigerio de fruta. Planea vender el refrigerio en paquetes de $\frac{1}{2}$ de libra. ¿Cuántos envases llenará? ¿Sobrará algo de refrigerio?

_____

**PIENSA MÁS** **Plantea un problema**

**21.** Kia quiere 4 libras de aperitivos para su fiesta. Tiene 36 onzas de palomitas de maíz y quiere que el resto sean palitos de *pretzel*. ¿Cuántas onzas de palitos de *pretzel* debe comprar?

Entonces, Kia debe comprar _____ onzas de palitos de *pretzel*

Escribe un problema nuevo con una cantidad de refrigerios diferente. Algunos pesos deben estar en libras y otros, en onzas. Asegúrate de que la cantidad de refrigerios inicial sea menor que la cantidad total de refrigerios que se necesitan.

4 libras = 64 onzas

| 36 onzas | _____ onzas |
|---|---|

$64 - 36 =$ _____

**Plantea un problema**

_____

_____

_____

_____

_____

_____

**Dibuja un modelo de barras para tu problema. Luego resuelve.**

**22.** **PIENSA MÁS** Para los números 22a a 22c, elige Verdadero o Falso.

22a.  1,500 lb > 1 t                     ○ Verdadero   ○ Falso

22b.  32 oz < 4 lb                       ○ Verdadero   ○ Falso

22c.  24 oz < 1 lb 16 oz                 ○ Verdadero   ○ Falso

## Peso

**ESTÁNDAR COMÚN—5.MD.A.1**
*Convierten unidades de medida equivalentes dentro de un mismo sistema de medición.*

Estándares comunes

**Convierte.**

**1.** 96 oz = _____6_____ lb

    oz totales    oz en 1 lb    lb totales

         96   ÷    16   =    6

**2.** 6 t = _____ lb

**3.** 18 lb = _____ oz

**4.** 3,200 oz = _____ lb

**5.** 12 t = _____ lb

**6.** 9 lb = _____ oz

**7.** 7 lb = _____ oz

**8.** 100 lb = _____ oz

**9.** 60,000 lb = _____ t

**Compara. Escribe <, > o =.**

**10.** 40 oz ◯ 4 lb

**11.** 80 oz ◯ 5 lb

**12.** 5,000 lb ◯ 5 t

**13.** 18,000 lb ◯ 9 t

**14.** 25 lb ◯ 350 oz

**15.** 27 oz ◯ 2 lb

## Resolución de problemas En el mundo

**16.** El Sr. Fields pidió a una fábrica 3 toneladas de grava para su entrada para carros. ¿Cuántas libras de grava ordenó?

_____

**17.** Sara puede llevar un máximo de 22 libras de equipaje en su viaje. Su maleta pesa 112 onzas. ¿Cuántas libras más puede llevar sin exceder el límite máximo?

_____

**18.** **ESCRIBE** ▸ *Matemáticas* Da dos ejemplos de objetos que pesen menos que 1 onza y dos ejemplos de objetos que pesen más que 1 tonelada.

_____

_____

## Repaso de la lección

1. El cachorro de Paolo pesó 11 libras en el consultorio del veterinario. ¿Cuál es su peso en onzas?

2. El límite de peso sobre un puente es 5 toneladas. ¿Cuánto es este peso en libras?

## Repaso en espiral (5.NF.A.2, 5.NF.B.7c, 5.MD.A.1)

3. En una fiesta hay 20 invitados. El anfitrión tiene 8 galones de refresco de frutas. Estima que cada invitado tomará dos tazas de refresco. Si su estimación es correcta, ¿cuánto refresco quedará al final de la fiesta?

4. En los Estados Unidos, una vuelta estándar alrededor de una pista de atletismo mide 440 yardas. ¿Cuántas vueltas habría que correr para completar una milla?

5. Se necesitan $\frac{3}{4}$ de taza de leche para preparar una receta de pastel de camote. Martina tiene 6 tazas de leche. ¿Cuántos pasteles puede preparar con esa cantidad de leche?

6. ¿Qué opción es la mejor estimación del peso total de los siguientes tipos de fiambres: $1\frac{7}{8}$ libras de salchicha ahumada, $1\frac{1}{2}$ libras de jamón y $\frac{7}{8}$ de libra de filete?

PRACTICA MÁS CON EL
Entrenador personal
en matemáticas

Nombre _____

# Problemas de medición de varios pasos

**Pregunta esencial** ¿Cómo puedes resolver problemas de varios pasos que incluyen conversiones de medidas?

Estándares comunes **Medición y datos— 5.MD.A.1**
**PRÁCTICAS MATEMÁTICAS**
**MP1, MP4, MP6**

##  Soluciona el problema

En la casa de Jarod había una llave averiada de la que goteaban 2 tazas de agua por día. Después de que goteara agua durante 2 semanas, repararon la llave. Si goteó la misma cantidad de agua cada día, ¿cuántos cuartos de agua gotearon de la llave de Jarod en 2 semanas?

🔑 **Usa los pasos para resolver el problema de varios pasos.**

**PASO 1**

Anota la información que se te da.

Gotearon _____ tazas de agua por día.

Goteó agua de la llave durante _____ semanas.

**PASO 2**

Halla la cantidad total de agua que goteó de la llave en 2 semanas.

Puesto que se te da la cantidad de agua que goteó de la llave cada día, debes convertir 2 semanas a días y multiplicar.

**Piensa:** Hay 7 días en una semana.

| tazas por día | días en 2 semanas | total de tazas |
|:---:|:---:|:---:|
| ↓ | ↓ | ↓ |
| 2 × | _____ = | _____ |

Gotean _____ tazas de agua en 2 semanas.

**PASO 3**

Convierte tazas a cuartos.

**Piensa:** Hay 2 tazas en 1 pinta.

Hay 2 pintas en 1 cuarto.

_____ tazas = _____ pintas

_____ pintas = _____ cuartos

Entonces, gotearon _____ cuartos de agua de la llave averiada de Jarod en 2 semanas.

• ¿**Qué pasaría si** goteara agua de la llave durante 4 semanas antes de que la reparasen? ¿Cuántos cuartos de agua gotearían?

_____

## 🔒 Ejemplo

Un cartón de huevos grandes de primera calidad pesa aproximadamente 1.5 libras. Si un cartón contiene 12 huevos, ¿cuántas onzas pesa cada huevo?

### PASO 1

En onzas, halla el peso de un cartón de huevos.

**Piensa:** 1 libra = _____ onzas

Peso de un cartón (en onzas):

| total de lb | oz en 1 lb | total de oz |
|:---:|:---:|:---:|
| ↓ | ↓ | ↓ |
| 1.5 × | _____ = | _____ |

El cartón de huevos pesa aproximadamente _____ onzas.

### PASO 2

En onzas, halla el peso de cada huevo en el cartón.

**Piensa:** 1 cartón (docena de huevos) = _____ huevos

Peso de cada huevo (en onzas):

| total de oz | huevos en 1 cartón | oz de 1 huevo |
|:---:|:---:|:---:|
| ↓ | ↓ | ↓ |
| 24 ÷ | _____ = | _____ |

Entonces, cada huevo pesa aproximadamente _____ onzas.

## Comparte y muestra  MATH BOARD

**Resuelve.**

1. Después de cada entrenamiento de fútbol, Scott corre 4 carreras de 20 yardas cada una. Si continúa con esa rutina, ¿cuántos entrenamientos le llevará a Scott correr un total de 2 millas?

   Scott corre _____ yardas en cada entrenamiento.

   Puesto que hay _____ yardas en 2 millas, deberá continuar con su rutina un total de

   _____ entrenamientos.

2. Un trabajador de un molino carga bolsas de harina de 5 lb en cajas para enviar a un depósito de la zona. Cada caja contiene 12 bolsas de harina. Si el depósito encarga 3 toneladas de harina, ¿cuántas cajas se necesitan para completar el pedido?

3. Cory llevó cinco jarras de jugo de 1 galón para servir en la reunión de padres de la escuela. Si los vasos de papel que usará para las bebidas pueden contener 8 onzas fluidas, ¿cuántas bebidas puede servir Cory durante la reunión?

**Charla matemática** PRÁCTICAS MATEMÁTICAS ⑥

**Explica** los pasos que seguiste para resolver el problema 2.

Nombre _____

## Por tu cuenta

**Resuelve.**

4. **MÁS AL DETALLE** Una maestra de ciencias recoge 18 pintas de agua de un lago para un experimento que va a enseñar. En el experimento, cada estudiante debe usar 4 onzas fluidas de agua de un lago. Si participarán 68 estudiantes, ¿cuántas pintas de agua de lago le quedarán a la maestra?

_____

5. **PRÁCTICA MATEMÁTICA ④ Usa diagramas** Una guirnalda de luces mide 28 pies de longitud. La primera luz de la guirnalda está a 16 pulgadas del enchufe. Si las luces de la guirnalda están separadas 4 pulgadas unas de otras, ¿cuántas luces hay en la guirnalda? Haz un dibujo que te ayude a resolver el problema.

_____

6. Cuando el carro de Elena avanza una distancia tal que cada rueda completa una rotación, el carro recorre 72 pulgadas. ¿Cuántas rotaciones completas deberán hacer las ruedas para que el carro de Elena recorra 10 yardas?

_____

7. **MÁS AL DETALLE** Un elefante africano macho pesa 7 toneladas. Si un león africano macho del zoológico de la ciudad pesa $\frac{1}{40}$ del peso de un elefante africano macho, ¿cuántas libras pesa el león?

_____

8. Darnell contrató un camión para su mudanza. El peso del camión vacío era 7,860 libras. Cuando Darnell cargó todos sus objetos en el camión, este pesaba 6 toneladas. ¿Cuánto pesaban, en libras, los objetos que Darnell cargó en el camión?

_____

9. **PIENSA MÁS** Un galón de gasolina sin plomo pesa aproximadamente 6 libras. ¿Aproximadamente cuántas onzas pesa 1 cuarto de gasolina sin plomo? PISTA: 1 cuarto = $\frac{1}{4}$ de galón

_____

## Soluciona el problema (En el mundo)

**10.** **PIENSA MÁS** En un refugio para animales de la zona hay 12 perros de tamaño pequeño y 5 perros de tamaño mediano. Todos los días, cada perro pequeño recibe 12.5 onzas de alimento balanceado y cada perro mediano recibe 18 onzas del mismo alimento balanceado. ¿Cuántas libras de alimento balanceado reparte en un día el refugio?

**a.** ¿Qué se te pide que halles? _____

_____

**b.** ¿Qué información usarás? _____

_____

_____

**c.** ¿Qué conversión deberás hacer para resolver el problema?

_____

_____

**d.** Muestra los pasos que sigues para resolver el problema.

**e.** Completa las oraciones. Los perros de tamaño

pequeño comen un total de _____ onzas por día.

Los perros de tamaño mediano comen un total de

_____ onzas por día.

El refugio reparte _____ onzas

o _____ libras de alimento balanceado por día.

---

**11.** **PIENSA MÁS +** Gus está pintando su casa. Usa 2 cuartos de pintura por hora. Gus pinta durante 8 horas. ¿Cuántos galones de pintura usó? Muestra tu trabajo.

_____

_____

Entrenador personal en matemáticas

Nombre _____

## Problemas de medición de varios pasos

**Resuelve.**

**1.** Una empresa de cable tiene que instalar 5 millas de cable. ¿Cuántos trozos de 100 yardas de cable se pueden cortar?

Piensa: 1,760 yardas = 1 milla.
Entonces, la empresa tiene 5 × 1,760 u 8,800 yardas de cable.

Divide. 8,800 ÷ 100 = 88

_____ **88 trozos** _____

**2.** Afton preparó un platillo con pollo para la cena. A las 40 onzas de pollo que cocinó les agregó un paquete de 10 onzas de verduras y un paquete de 14 onzas de arroz. ¿Cuál fue el peso total del platillo en libras?

**3.** Un frasco contiene 26 onzas fluidas de salsa para spaghetti. ¿Cuántas tazas de salsa hay en 4 frascos?

**4.** El entrenador Kent lleva 3 cuartos de bebida para deportistas a la práctica de fútbol. Le da la misma cantidad de bebida a cada uno de los 16 jugadores. ¿Cuántas onzas de bebida recibe cada jugador?

**5.** Leslie necesita 324 pulgadas de un listón de flecos para colocarlo alrededor del borde de un mantel. El listón se vende en paquetes de 10 yardas. Si Leslie compra 1 paquete, ¿cuántos pies de listón de flecos le quedarán?

**6.** Una empresa de suministros para oficinas envía una caja de lápices de madera a una tienda. Hay 64 estuches de lápices en la caja. Si cada estuche de lápices pesa 2.5 onzas, ¿cuál es el peso, en libras, de la caja de lápices de madera?

## Resolución de problemas

**7.** Una jarra contiene 40 onzas fluidas de té helado. Shelby sirve 3 tazas de té helado. ¿Cuántas pintas de té helado quedan en la jarra?

**8.** Olivia ata 2.5 pies de cinta a un globo. ¿Cuántas yardas de cinta necesita Olivia para 18 globos?

**9.** **ESCRIBE** ▸*Matemáticas* Un objeto se mueve sobre una cinta transportadora a una velocidad de 60 pulgadas por segundo. Explica cómo puedes convertir la velocidad a pies por minuto.

_____

## Repaso de la lección (5.MD.A.1)

1. Lilian compra cortinas para la ventana de su recámara. Quiere que las cortinas cuelguen desde la parte superior de la ventana hasta el piso. La ventana mide 4 pies de altura. La parte inferior de la ventana está a $2\frac{1}{2}$ pies del piso. ¿Cuál es la longitud, en pulgadas, de la cortina que debería comprar Lilian?

2. Brady compra 3 galones de fertilizante para su jardín. Cuando termina de rociar el fertilizante en su jardín, le queda 1 cuarto de fertilizante. ¿Cuántos cuartos de fertilizante roció Brady?

## Repaso en espiral (5.OA.B.3, 5.MD.A.1, 5.NF.B.7b)

3. Una cuerda para saltar mide 9 pies de longitud. ¿Cuál es la longitud de la cuerda en yardas?

4. Completa el siguiente enunciado para que sea verdadero.

   8 tazas = _____ cuartos _____ = pintas

5. ¿Cuál es el número desconocido en la Secuencia 2 de la tabla?

| Número de la secuencia | 1 | 2 | 3 | 5 | 7 |
|---|---|---|---|---|---|
| Secuencia 1 | 3 | 6 | 9 | 15 | 21 |
| Secuencia 2 | 6 | 12 | 18 | 30 | ? |

6. Una agricultora divide 20 acres de terreno en secciones de $\frac{1}{4}$ de acre. ¿En cuántas secciones divide su terreno?

PRACTICA MÁS CON EL
Entrenador personal
en matemáticas

## ✓ Revisión de la mitad del capítulo

Entrenador personal en matemáticas
Evaluación e
intervención en línea

### Vocabulario

**Elige el término del recuadro que mejor corresponda.**

| Vocabulario |
| --- |
| capacidad |
| longitud |
| peso |

1. El _____ de un objeto indica lo pesado que es el objeto. (pág. 597)

2. La _____ de un recipiente es la cantidad que este puede contener. (pág. 591)

### Conceptos y destrezas

**Convierte.** (5.MD.A.1)

3. 5 mi = _____ yd

4. 48 ct = _____ gal

5. 9 t = _____ lb

6. 336 oz = _____ lb

7. 14 pies = _____ yd y _____ pies

8. 11 pt = _____ oz fl

**Compara. Escribe <, > o =.** (5.MD.A.1)

9. 96 oz fl ◯ 13 tz

10. 25 lb ◯ 384 oz

11. 8 yd ◯ 288 in

**Resuelve.** (5.MD.A.1)

12. Una taza de café estándar tiene una capacidad de 16 onzas fluidas. Si Annie debe llenar 26 tazas con café, ¿cuántos cuartos de café necesita en total?

_____

**13.** Un salón de clases mide 34 pies de longitud. ¿A cuánto equivale esta medida en yardas y pies? (5.MD.A.1)

_____

**14.** Max, el cachorro de Charlie, pesa 8 libras. ¿Cuántas onzas pesa Max? (5.MD.A.1)

_____

**15.** Milton compra un acuario de 5 galones de capacidad para su recámara. Para llenar el acuario con agua, usa un recipiente de 1 cuarto de capacidad. ¿Cuántas veces llenará y vaciará Milton el recipiente hasta llenar el acuario? (5.MD.A.1)

_____

**16.** MÁS AL DETALLE  Sarah usa una receta para preparar 2 galones de su jugo de mezcla de bayas favorito. Dos de los recipientes que planea usar para guardar el jugo tienen una capacidad de 1 cuarto. El resto de los recipientes tienen una capacidad de 1 pinta. ¿Cuántos recipientes de una pinta necesitará Sarah? (5.MD.A.1)

_____

**17.** La longitud promedio de un delfín de hocico blanco hembra es de aproximadamente 111 pulgadas. ¿A cuánto equivale esta longitud en pies y pulgadas? (5.MD.A.1)

_____

# Medidas métricas

**Pregunta esencial** ¿Cómo puedes comparar y convertir unidades métricas?

**Estándares comunes** Medición y datos—5.MD.A.1

**PRÁCTICAS MATEMÁTICAS**
MP2, MP6, MP7

## 🔑 Soluciona el problema En el mundo

Con la ayuda de un mapa, Alex estima que la distancia entre su casa y la casa de sus abuelos es aproximadamente 15,000 metros. Aproximadamente, ¿a cuántos kilómetros de distancia de la casa de sus abuelos vive Alex?

El sistema métrico se basa en el valor posicional. Cada unidad se relaciona con la unidad siguiente, ya sea mayor o menor, por una potencia de 10.

> • Subraya la oración que indica lo que intentas hallar.
>
> • Encierra en un círculo la medida que debes convertir.

### 🔓 De una manera Convierte 15,000 metros a kilómetros.

| kiló-<br>(k) | hectó-<br>(h) | decá-<br>(da) | metro (m)<br>litro (l)<br>gramo (g) | decí-<br>(d) | centí-<br>(c) | milí-<br>(m) |
|---|---|---|---|---|---|---|

Potencia de 10    Potencia de 10    Potencia de 10

**PASO 1**   Halla la relación entre las unidades.

El metro es _____ potencias de 10 menor que el kilómetro.

Hay _____ metros en 1 kilómetro.

**PASO 2**   Determina la operación que se debe usar.

Estoy convirtiendo de una unidad _____ a una

unidad _____ entonces _____.

**PASO 3**   Convierte.

cantidad de          metros en          cantidad de
metros               1 kilómetro        kilómetros
  ↓                     ↓                  ↓

15,000    ◯    _____    =    _____

Entonces, la casa de Alex está a _____ kilómetros de distancia de la casa de sus abuelos.

**Charla matemática**

**PRÁCTICAS MATEMÁTICAS ➐**

Busca el patrón Elige dos unidades de la tabla. Explica cómo usar potencias de 10 para describir la relación entre las dos unidades.

## 🔑 De otra manera Usa un diagrama.

Jamie hizo una pulsera de 1.8 decímetros de longitud.
¿Cuál es la longitud de la pulsera de Jamie en milímetros?

**Convierte 1.8 decímetros a milímetros.**

| | | | | 1 | 8 | |
|---|---|---|---|---|---|---|
| kiló- | hectó- | decá- | metro litro gramo | decí- | centí- | milí- |

**PASO 1** Representa 1.8 decímetros.

Puesto que la unidad es decímetros, coloca un punto decimal para expresar la parte entera del número en decímetros.

**PASO 2** Convierte.

Tacha el punto decimal y expresa el valor como un número natural en milímetros. Escribe los ceros necesarios a la izquierda del punto decimal para completar el número natural.

**PASO 3** Anota el valor con las unidades nuevas.

1.8 dm = _____ mm

Entonces, la pulsera de Jamie mide _____ milímetros de longitud.

---

**¡Inténtalo!** **Completa la ecuación para mostrar la conversión.**

**A** Convierte 247 miligramos a centigramos, decigramos y gramos.

¿Las unidades se convierten a una

unidad mayor o menor? _____

¿Debes multiplicar o dividir con potencias

de 10 para convertir? _____

247 mg ◯ 10 = _____ cg

247 mg ◯ 100 = _____ dg

247 mg ◯ 1,000 = _____ g

**B** Convierte 3.9 hectolitros a decalitros, litros y decilitros.

¿Las unidades se convierten a una

unidad mayor o menor? _____

¿Debes multiplicar o dividir con potencias

de 10 para convertir? _____

3.9 hl ◯ 10 = _____ dal

3.9 hl ◯ 100 = _____ l

3.9 hl ◯ 1,000 = _____ dl

Nombre _____

## Comparte y muestra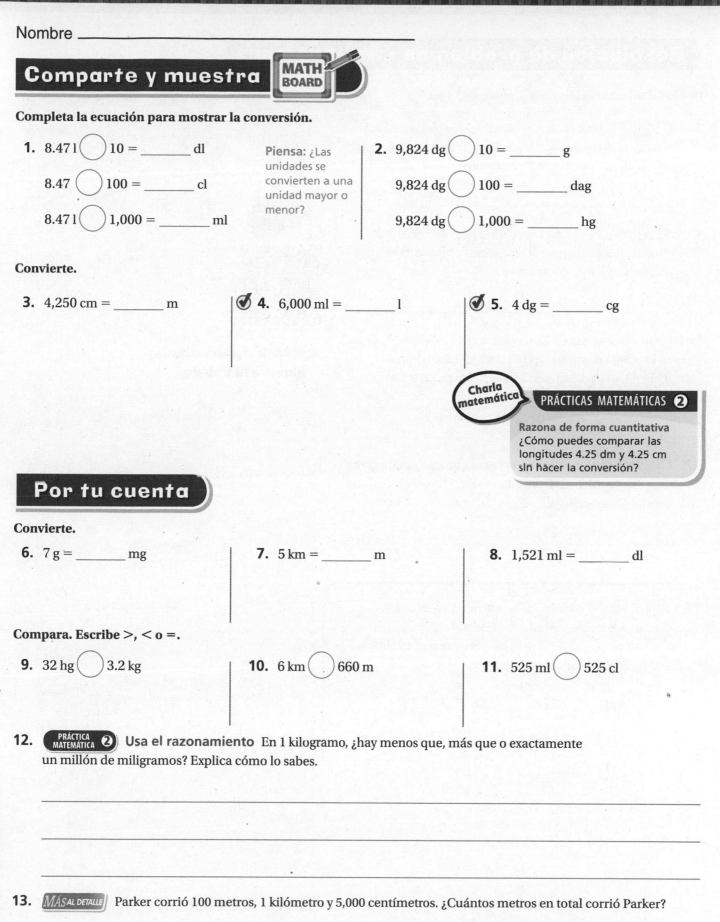

**Completa la ecuación para mostrar la conversión.**

**1.** 8.471 $\bigcirc$ 10 = _____ dl

     8.47 $\bigcirc$ 100 = _____ cl

     8.471 $\bigcirc$ 1,000 = _____ ml

**Piensa:** ¿Las unidades se convierten a una unidad mayor o menor?

**2.** 9,824 dg $\bigcirc$ 10 = _____ g

     9,824 dg $\bigcirc$ 100 = _____ dag

     9,824 dg $\bigcirc$ 1,000 = _____ hg

**Convierte.**

**3.** 4,250 cm = _____ m

**4.** 6,000 ml = _____ l

**5.** 4 dg = _____ cg

**Charla matemática** — PRÁCTICAS MATEMÁTICAS ②

Razona de forma cuantitativa ¿Cómo puedes comparar las longitudes 4.25 dm y 4.25 cm sin hacer la conversión?

## Por tu cuenta

**Convierte.**

**6.** 7 g = _____ mg

**7.** 5 km = _____ m

**8.** 1,521 ml = _____ dl

**Compara. Escribe >, < o =.**

**9.** 32 hg $\bigcirc$ 3.2 kg

**10.** 6 km $\bigcirc$ 660 m

**11.** 525 ml $\bigcirc$ 525 cl

**12.** PRÁCTICA MATEMÁTICA ② **Usa el razonamiento** En 1 kilogramo, ¿hay menos que, más que o exactamente un millón de miligramos? Explica cómo lo sabes.

_____

_____

_____

**13.** *MÁS AL DETALLE* Parker corrió 100 metros, 1 kilómetro y 5,000 centímetros. ¿Cuántos metros en total corrió Parker?

_____

# Resolución de problemas • Aplicaciones En el mundo

**Usa la tabla para resolver los problemas 14 y 15.**

| Alimentos para la excursión | |
|---|---|
| **Artículo** | **Cantidad** |
| 1 lata de jugo | 150 ml |
| 1 botella de jugo | 2 l |
| 1 tanda de panqueques | 200 g |
| surtido de pasas de uva y *pretzels* | 1,425 g |

**14.** MÁS AL DETALLE  Kelly preparó un surtido de pasas de uva y *pretzels* para un refrigerio. ¿Cuántos gramos debe agregar al surtido para preparar 2 kilogramos?

_____

**15.** PIENSA MÁS  Kelly planea llevar jugo a su excursión. ¿Qué recipiente contendrá más jugo: 8 latas o 2 botellas? ¿Cuánto jugo más contendrá?

_____

**16.** La botella de agua de Erin contiene 600 mililitros de agua. La botella de agua de Dylan contiene 1 litro de agua. ¿Quién tiene la botella con mayor capacidad? ¿Cuánta más capacidad tiene su botella?

_____

ESCRIBE  ▶ *Matemáticas* • • • • • • • • •
**Muestra tu trabajo**

**17.** Liz y Alana participaron en el encuentro de salto de altura. Liz saltó 1 metro de altura. Alana saltó 132 centímetros de altura. ¿Quién saltó más alto? ¿Cuánto más alto saltó?

_____

**18.** PIENSA MÁS  Mónica tiene 426 milímetros de tela. ¿Cuántos centímetros de tela tiene? Usa los números y símbolos de las fichas para escribir una ecuación que muestre la conversión.

_____

## Medidas métricas

**Estándares comunes** **ESTÁNDAR COMÚN—5.MD.A.1**
*Convierten unidades de medida equivalentes dentro de un mismo sistema de medición.*

**Convierte.**

1. 16 m = __16,000__ mm

    cantidad de    milímetros
    metros        en 1 metro

2. 6,500 cl = _____ L

    cantidad de
    milímetros

3. 15 cm = _____ mm

      16     ×    1,000  =  16,000
    16 m = 16,000 mm

4. 3,200 g = _____ kg

5. 12 L = _____ ml

6. 200 cm = _____ m

7. 70,000 g = _____ kg

8. 100 dl = _____ L

9. 60 m = _____ mm

**Compara. Escribe <, > o =.**

10. 900 cm ◯ 9,000 mm

11. 600 km ◯ 5 m

12. 5,000 cm ◯ 5 m

13. 18,000 g ◯ 10 kg

14. 8,456 ml ◯ 9 L

15. 2 m ◯ 275 cm

## Resolución de problemas *En el mundo*

16. Bria pidió 145 centímetros de tela. Jayleen pidió 1.5 metros de tela. ¿Quién pidió más tela?

_____

17. Ed llena su botella de deportes con 1.2 litros de agua. Después de andar en bicicleta, bebe 200 mililitros del agua de su botella. ¿Cuánta agua queda en la botella de Ed?

_____

18. **ESCRIBE** ▸ *Matemáticas* Explica la relación que existe entre multiplicar y dividir por 10, 100 y 1,000 y mover el punto decimal hacia la derecha o hacia la izquierda.

_____

## Repaso de la lección (5.MD.A.1)

1. Quan compró 8.6 metros de tela. ¿Cuántos centímetros de tela compró?

2. Jason toma 2 centilitros de su medicamento. ¿Cuántos mililitros es esta cantidad?

## Repaso en espiral (5.NF.A.1, 5.MD.A.1, 5.G.A.1)

3. Yolanda necesita 5 libras de carne molida para preparar lasaña para una reunión familiar. Un paquete de carne molida pesa $2\frac{1}{2}$ libras. Otro paquete pesa $2\frac{3}{5}$ libras. ¿Cuánta carne molida le quedará a Yolanda después de preparar la lasaña?

4. Para preparar una receta de sopa se necesitan $2\frac{3}{4}$ cuartos de caldo de verduras. Una lata de caldo que ya está abierta contiene $\frac{1}{2}$ cuarto de caldo. ¿Cuánto caldo más se necesita para preparar la sopa?

5. ¿Qué punto de la gráfica está ubicado en (4, 2)?

6. Un proveedor de productos para panaderías recibe un pedido de 2 toneladas de azúcar para una cadena de panaderías. El azúcar se empaca en cajones. En cada cajón caben ocho bolsas de azúcar de 10 libras. ¿Cuántos cajones debe enviar el proveedor para ese pedido?

PRACTICA MÁS CON EL
Entrenador personal
en matemáticas

# Resolución de problemas • Conversiones del sistema usual y del sistema métrico

**Pregunta esencial** ¿Cómo puedes usar la estrategia *hacer una tabla* para resolver problemas de conversiones de unidades de los sistemas usual y métrico?

 **Medición y datos—5.MD.A.1**

**PRÁCTICAS MATEMÁTICAS**
**MP2, MP4, MP7**

## 🔑 Soluciona el problema En el mundo

Aarón prepara refresco de frutas para una reunión familiar. Debe preparar 120 tazas de refresco. Si quiere guardarlo en recipientes de un galón de capacidad, ¿cuántos recipientes de un galón necesitará Aarón?

Usa el siguiente organizador gráfico como ayuda para resolver el problema.

### Tabla de conversión

|        | gal | ct | pt | tz |
|--------|-----|-----|-----|-----|
| **1 gal** | 1 | 4 | 8 | 16 |
| **1 ct** | $\frac{1}{4}$ | 1 | 2 | 4 |
| **1 pt** | $\frac{1}{8}$ | $\frac{1}{2}$ | 1 | 2 |
| **1 tz** | $\frac{1}{16}$ | $\frac{1}{4}$ | $\frac{1}{2}$ | 1 |

## Lee el problema

### ¿Qué debo hallar?

Debo hallar _____
_____
_____ .

### ¿Qué información debo usar?

Debo usar _____
_____
_____
_____ .

### ¿Cómo usaré la información?

Haré una tabla para mostrar la relación que hay entre la

cantidad de _____ y

la cantidad de _____ .

## Resuelve el problema

Hay _____ tazas en 1 galón. Entonces, cada taza es _____ de un galón.
Completa la siguiente tabla.

| tz | 1 | 2 | 3 | 4 | 120 |
|------|-----|-----|-----|-----|-----|
| **gal.** | $\frac{1}{16}$ | $\frac{1}{8}$ | $\frac{3}{16}$ | $\frac{1}{4}$ | |

Multiplica por _____ .

Entonces, Aarón necesita _____ recipientes de un galón para guardar el refresco de frutas.

**PRÁCTICA MATEMÁTICA ❷** **Usa el razonamiento** ¿Todos los recipientes de un galón se llenarán completamente?

Explica. _____

## 🔑 Haz otro problema

Sharon está trabajando en un proyecto para la clase de arte. Para completar el proyecto, debe cortar tiras de madera de 1 decímetro de largo cada una. Si Sharon tiene 7 tiras de madera de 1 metro de largo cada una, ¿cuántas tiras de 1 decímetro puede cortar?

### Tabla de conversión

|        | m | dm | cm | mm |
|--------|---|----|----|-----|
| **1 m**  | 1 | 10 | 100 | 1,000 |
| **1 dm** | $\frac{1}{10}$ | 1 | 10 | 100 |
| **1 cm** | $\frac{1}{100}$ | $\frac{1}{10}$ | 1 | 10 |
| **1 mm** | $\frac{1}{1,000}$ | $\frac{1}{100}$ | $\frac{1}{10}$ | 1 |

## Lee el problema

| ¿Qué debo hallar? | ¿Qué información debo usar? | ¿Cómo usaré la información? |
|---|---|---|
|  |  |  |

## Resuelve el problema




Entonces, Sharon puede cortar _____ tiras de madera de 1 decímetro de largo para completar el proyecto.

- **PRÁCTICA MATEMÁTICA 7** **Busca el patrón** ¿Qué relación se muestra en la tabla que hiciste? _____

_____

**Charla matemática** PRÁCTICAS MATEMÁTICAS 4

Usa diagramas ¿Cómo podrías usar un diagrama para resolver este problema?

Nombre _____

1. Edgardo tiene un refrigerador de bebidas con capacidad para 10 galones de agua. Usa un recipiente de 1 cuarto para llenar el refrigerador. ¿Cuántas veces deberá llenar el recipiente de 1 cuarto para que el refrigerador quede lleno?

   **Primero,** haz una tabla para mostrar la relación entre galones y cuartos. Puedes usar una tabla de conversión para hallar cuántos cuartos hay en un galón.

   | gal. | 1 | 2 | 3 | 4 | 10 |
   |------|---|---|---|---|----|
   | ct   | 4 |   |   |   |    |

   **ESCRIBE** ▸ *Matemáticas* • **Muestra tu trabajo**

   **Luego,** busca una regla como ayuda para completar tu tabla.

   cantidad de galones × _____ = cantidad de cuartos

   **Por último,** usa la tabla para resolver el problema.

   Edgardo deberá llenar _____ veces el recipiente de 1 cuarto.

2. **PIENSA MÁS** ¿Qué pasaría si Edgardo usara solo 32 cuartos de agua para llenar el recipiente? ¿Cómo puedes usar tu tabla para hallar la cantidad de galones que hay en 32 cuartos?

   _____

   _____

   _____

   _____

3. Si Edgardo usara un recipiente de 1 taza para llenar el refrigerador, ¿de qué manera afectaría eso a la cantidad de veces que debe llenar un recipiente para que el refrigerador quede lleno? Explica.

   _____

   _____

   _____

   _____

## Por tu cuenta

**4.** **PIENSA MÁS**  María puso un ribete alrededor de un cartel triangular. Cada lado mide 22 pulgadas de largo. A María le queda $\frac{1}{2}$ pie de ribete. ¿Cuál era la longitud del ribete al comienzo? Escribe tu respuesta en yardas.

_____

**5.** Daniel tiene 9 DVD. Su hermano Mark tiene 3 DVD más que Daniel. Marsha tiene más DVD que cualquiera de sus dos hermanos. Los tres juntos tienen 35 DVD. ¿Cuántos DVD tiene Marsha?

_____

**6.** **MÁS AL DETALLE**  Kevin construye un marco. Tiene un ribete que mide 4 pies de largo. ¿Cuántos trozos de 14 pulgadas de largo puede cortar Kevin de este ribete? ¿Qué cantidad de pies le sobrarán?

_____

_____

**7.** **PRÁCTICA MATEMÁTICA ②** **Razona de forma cuantitativa**  Explica cómo puedes hallar la cantidad de tazas que hay en cinco galones de agua.

_____

_____

_____

**8.** Carla usa $2\frac{3}{4}$ tazas de harina integral y $1\frac{3}{8}$ tazas de harina de centeno en su receta para hacer pan. ¿Cuántas tazas usa en total?

_____

**9.** **PIENSA MÁS +**  Una olla grande contiene 12 galones de sopa. Jared tiene recipientes de 1 pinta con caldo de pollo. Completa la tabla como ayuda para hallar el número de recipientes de 1 pinta con caldo de pollo que necesitará Jared para llenar la olla.

| galón | 2 | 4 | 6 | 8 | 10 | 12 |
|-------|---|---|---|---|----|----|
| pinta |   |   |   |   |    |    |

Jared necesitará _____ recipientes de una pinta para llenar la olla.

# Resolución de problemas • Conversiones del sistema usual y del sistema métrico

**Estándares comunes**

**ESTÁNDAR COMÚN—5.MD.A.1**
*Convierten unidades de medida equivalentes dentro de un mismo sistema de medición.*

**Haz una tabla para resolver cada problema.**

1. Thomas está preparando una sopa. En su olla caben 8 cuartos de sopa. ¿Cuántas porciones de 1 taza de sopa podrá servir?

   _____ 32 porciones de 1 taza _____

   | Cantidad de cuartos | 1 | 2 | 3 | 4 | 8 |
   |---|---|---|---|---|---|
   | Cantidad de tazas | 4 | 8 | 12 | 16 | 32 |

2. Paulina usa una pesa cuya masa es 2.5 kilogramos para hacer sus ejercicios. ¿Cuál es la masa en gramos de la pesa?

3. Alex vive a 500 yardas del parque. ¿A cuántas pulgadas del parque vive?

4. Se cargan 7,000 libras de ladrillos en un camión. ¿Cuántas toneladas de ladrillos hay en el camión?

5. **ESCRIBE** *Matemáticas* Explica cómo podrías usar la tabla de conversiones de la página 618 para convertir 700 centímetros a metros.

## Repaso de la lección (5.MD.A.1)

**1.** A Jenny le cortaron 27 centímetros del cabello en la peluquería. ¿Cuántos decímetros de cabello le cortaron?

**2.** Marcus necesita 108 pulgadas de madera para hacer un marco. ¿Cuántos pies de madera necesita para el marco?

## Repaso en espiral (5.NF.B.7c, 5.MD.A.1, 5.G.A.1)

**3.** Tamara vive a 35,000 metros de la casa de sus abuelos. ¿A cuántos kilómetros de la casa de sus abuelos vive Tamara?

**4.** El cachorro de Dane pesaba 8 onzas al nacer. Ahora el cachorro pesa 18 veces más de lo que pesaba al nacer. ¿Cuántas libras pesa ahora el cachorro?

**5.** Un carpintero corta trozos de una madera que mide 10 pulgadas de largo. ¿Cuántos trozos de $\frac{1}{2}$ pulgada puede cortar?

**6.** ¿Qué par ordenado representa la ubicación del punto X?

**PRACTICA MÁS CON EL**
Entrenador personal
en matemáticas

Nombre _____

# Tiempo transcurrido

**Pregunta esencial** ¿Cómo puedes resolver problemas de tiempo transcurrido convirtiendo unidades de tiempo?

**Estándares comunes** Medición y datos—5.MD.A.1

**PRÁCTICAS MATEMÁTICAS**
MP6, MP7

### Soluciona el problema En el mundo

Una empresa de computadoras afirma que la batería de su computadora portátil dura 4 horas. De hecho, la computadora estuvo en funcionamiento durante 200 minutos antes de que se agotara la batería. ¿Duró 4 horas la batería?

1 hora = _____ minutos

**Piensa:** El minutero se mueve de un número al siguiente cada 5 minutos.

🔑 **Convierte 200 minutos a horas y minutos.**

**PASO 1** Convierte minutos a horas y minutos.

200 min = ____ h ____ min

| min totales ↓ | min en 1 h ↓ | | h ↓ | min ↓ |
|---|---|---|---|---|
| _____ ◯ | _____ es igual a | | _____ r | _____ |

**PASO 2** Compara. Escribe <, > o =.

_____ h _____ min ◯ 4 h

Pucsto que _____ horas y _____ minutos es _____ 4 horas, la batería _____ duró tanto como afirma la empresa de computadoras.

---

**¡Inténtalo!** **Convierte a medidas mixtas.**

Jill pasó gran parte del verano fuera de su casa. Pasó 10 días con sus abuelos, 9 días con sus primos y 22 días en un campamento. ¿Cuántas semanas y días estuvo fuera de su casa?

**PASO 1** Halla la cantidad total de días que estuvo fuera de su casa.

10 días + 9 días + 22 días = _____ días

---

**PASO 2** Convierte los días a semanas y días.

_____ ÷ 7 es igual a _____ r _____

Entonces, Jill estuvo fuera de su casa _____ semanas y _____ días.

| Unidades de tiempo |
|---|
| 60 segundos (s) = 1 minuto (min) |
| 60 minutos = 1 hora (h) |
| 24 horas = 1 día (d) |
| 7 días = 1 semana (sem.) |
| 52 semanas = 1 año (a.) |
| 12 meses (mes.) = 1 año |
| 365 días = 1 año |

## De una manera Usa una recta numérica para hallar el tiempo transcurrido.

Mónica trabajó $2\frac{1}{2}$ horas en su computadora. Si comenzó a trabajar a las 10.30 a. m., ¿a qué hora terminó?

1      +  _____  +  _____

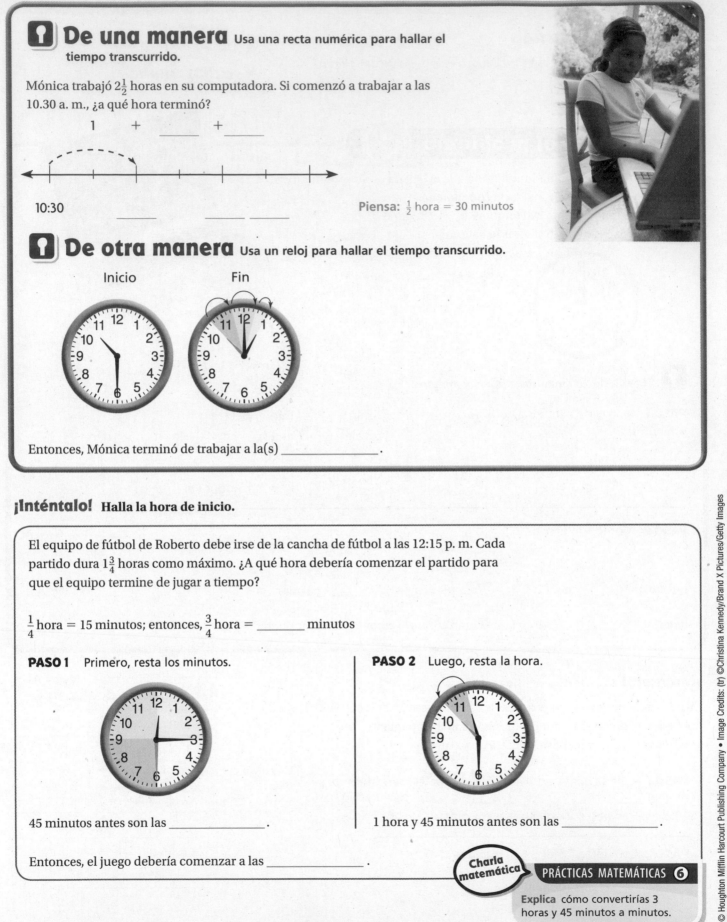

10:30      _____    _____  _____

**Piensa:** $\frac{1}{2}$ hora = 30 minutos

## De otra manera Usa un reloj para hallar el tiempo transcurrido.

Inicio                    Fin

Entonces, Mónica terminó de trabajar a la(s) _____.

## ¡Inténtalo! Halla la hora de inicio.

El equipo de fútbol de Roberto debe irse de la cancha de fútbol a las 12:15 p. m. Cada partido dura $1\frac{3}{4}$ horas como máximo. ¿A qué hora debería comenzar el partido para que el equipo termine de jugar a tiempo?

$\frac{1}{4}$ hora = 15 minutos; entonces, $\frac{3}{4}$ hora = _____ minutos

**PASO 1** Primero, resta los minutos.

45 minutos antes son las _____.

**PASO 2** Luego, resta la hora.

1 hora y 45 minutos antes son las _____.

Entonces, el juego debería comenzar a las _____.

**Charla matemática**  PRÁCTICAS MATEMÁTICAS ⑥

**Explica** cómo convertirías 3 horas y 45 minutos a minutos.

Nombre _____

# Comparte y muestra

**Convierte.**

**1.** 540 min = _____ h

**2.** 8 d = _____ h

**✓3.** 110 h = _____ d _____ h

**Halla la hora de finalización.**

**✓4.** Hora de inicio: 9:17 a. m.

Tiempo transcurrido: 5 hr 18 min

Hora de finalización:

_____

**Charla matemática**

**PRÁCTICAS MATEMÁTICAS ❶**

**Entiende los problemas** ¿Cómo puedes hallar la duración de una película si comienza a la 1:35 p. m. y termina a las 3:40 p. m.?

# Por tu cuenta

**Halla la hora de inicio, el tiempo transcurrido o la hora de finalización.**

**5.** Hora de inicio: 11:38 a. m.

Tiempo transcurrido: 3 h y 10 min

Hora de finalización: _____

**6.** Hora de inicio: _____

Tiempo transcurrido: 2 h y 37 min

Hora de finalización: 1:15 p. m.

**7.** Hora de inicio: _____

Tiempo transcurrido: $2\frac{1}{4}$ h

Hora de finalización: 5:30 p. m.

**8.** Hora de inicio: 7:41 p. m.

Tiempo transcurrido: _____

Hora de finalización: 8:50 p. m.

**9.** **ESCRIBE** ▸*Matemáticas* **Explica** cómo podrías hallar el número de segundos que hay en las 24 horas de un día entero. Luego, resuelve.

_____

_____

# Resolución de problemas • Aplicaciones En el mundo

Usa la gráfica para resolver los ejercicios 10 a 12.

10. **PRÁCTICA MATEMÁTICA 4** Usa gráficas ¿Qué servicios de Internet descargaron el *podcast* en menos de 4 minutos?

_____

11. **PIENSA MÁS** ¿Qué servicio tardó más en descargar el *podcast*? ¿Cuánto más tardó en minutos y segundos con respecto a Red Fox?

_____

12. **MÁS AL DETALLE** Si tanto Jackrabbit como Red Fox comenzaron la descarga del *podcast* a las 10.05 a. m., ¿a qué hora completó la descarga cada servicio? ¿Cuál es la diferencia entre estas horas?

_____

_____

**Tiempo de descarga del *podcast***

Servicio de Internet

| | |
|---|---|
| Top Hat | 1,050 |
| Groove Box | 173 |
| Jackrabbit | 980 |
| Internet-C | 196 |
| Red Fox | 310 |

0  200  400  600  800  1,000
**Tiempo (en segundos)**

**Entrenador personal en matemáticas**

13. **PIENSA MÁS +** Samit y sus amigos fueron al cine a las 7:30 p. m. La película terminó a las 9:55 p. m. ¿Cuánto duró la película?

_____

Samit llegó a su casa 35 minutos después de que terminara la película. ¿A qué hora llegó? Explica cómo hallaste la respuesta.

_____

_____

_____

_____

# Tiempo transcurrido

**Estándares comunes**

**ESTÁNDAR COMÚN—5.MD.A.1**
*Convierten unidades de medida equivalentes dentro de un mismo sistema de medición.*

**Convierte.**

**1.** 5 días = _____120_____ h

**2.** 8 h = _____ min

**3.** 30 min = _____ s

Piensa: 1 día = 24 horas
    $5 \times 24 = 120$

**4.** 15 h = _____ min

**5.** 5 a. = _____ d

**6.** 7 d = _____ h

**7.** 24 h = _____ min

**8.** 600 s = _____ min

**9.** 60,000 min = _____ h

**Halla la hora de inicio, el tiempo transcurrido o la hora de finalización.**

**10.** Hora de inicio: 11:00 a. m.

Tiempo transcurrido: 4 horas y 5 minutos

Hora de finalización: _____

**11.** Hora de inicio: 6:30 p. m.

Tiempo transcurrido: 2 horas y 18 minutos

Hora de finalización: _____

**12.** Hora de inicio: _____

Tiempo transcurrido: $9\frac{3}{4}$ horas

Hora de finalización: 6:00 p. m.

**13.** Hora de inicio: 2:00 p. m.

Tiempo transcurrido: _____

Hora de finalización: 8:30 p. m.

## Resolución de problemas En el mundo

**14.** La clase de danzas de Kiera comienza a las 4:30 p. m. y finaliza a las 6:15 p. m. ¿Cuánto dura la clase?

_____

**15.** Julio miró una película que comenzó a las 11:30 a. m. y finalizó a las 2:12 p. m. ¿Cuánto duró la película?

_____

**16.** **ESCRIBE** ▸*Matemáticas* Escribe un problema de la vida real que pueda resolverse usando el tiempo transcurrido. Incluye la solución.

_____

_____

## Repaso de la lección (5.MD.A.1)

**1.** Michelle hizo una caminata por un sendero. Comenzó la caminata a las 6:45 a. m. y regresó a las 3:28 p. m. ¿Cuánto tiempo duró la caminata?

_____

**2.** Grant comenzó a correr una maratón a las 8:00 a. m. Tardó 4 horas y 49 minutos en completar la maratón. ¿A qué hora cruzó la línea de llegada?

_____

## Repaso en espiral (5.NBT.A.3b, 5.NF.A.1, 5.NF.B.6, 5.MD.A.1)

**3.** Molly está llenando una jarra que puede contener 2 galones de agua. La llena con una taza graduada que tiene una capacidad de 1 taza. ¿Cuántas veces deberá llenar la taza graduada de 1 taza para poder llenar la jarra?

_____

**4.** Elige el símbolo que corresponda para que el siguiente enunciado sea verdadero.

$$1.625 \bigcirc 1.7$$

_____

**5.** Adrián prepara una receta de panecillos de pasas. Necesita $1\frac{3}{4}$ tazas de pasas para una tanda de panecillos. Adrián quiere preparar $2\frac{1}{2}$ tandas de panecillos para una feria de pastelería. ¿Cuántas tazas de pasas necesitará Adrián?

_____

**6.** Kevin recorre un sendero de $10\frac{1}{8}$ millas en bicicleta. Si ya recorrió las primeras $5\frac{3}{4}$ millas, ¿cuántas millas le quedan por recorrer?

_____

**PRACTICA MÁS CON EL**
Entrenador personal
en matemáticas

Nombre _____

# ✓ Repaso y prueba del capítulo 10

1. La biblioteca queda a 5 millas de la oficina de correo. ¿A cuántas yardas queda la biblioteca de la oficina de correo?

_____ yardas

2. Billy preparó 3 galones de jugo para un picnic. Dijo que preparó $\frac{3}{4}$ de cuarto de jugo. Explica el error de Billy.

3. El Club de Teatro exhibe un video de su última obra teatral. La primera función comenzó a las 2:30 p. m. La segunda función estaba programada para comenzar a las 5:25 p. m., con un intervalo de $\frac{1}{2}$ hora entre las funciones.

**Parte A**

¿Cuánto dura el video en horas y minutos?

_____ horas y _____ minutos

**Parte B**

Explica cómo puedes usar una recta numérica para hallar la respuesta.

**Parte C**

La segunda función comenzó 20 minutos más tarde. ¿Terminará para las 7:45 p. m.? Explica por qué tu respuesta es razonable.

• **Libro interactivo del estudiante**
• **Glosario multimedia**

**Capítulo 10 629**

**4.** Fred compró 4 litros de jabón líquido para lavar la ropa, 3,250 mililitros de suavizante y 2.5 litros de lejía. Para los enunciados 4a a 4e, elige Verdadero o Falso.

**4a.** Fred compró 75 mililitros más de suavizante que de lejía.    ○ Verdadero    ○ Falso

**4b.** Fred compró 1.75 litros más de jabón para la ropa que de lejía.    ○ Verdadero    ○ Falso

**4c.** Fred compró 750 mililitros más de suavizante que de lejía.    ○ Verdadero    ○ Falso

**4d.** Fred compró 150 mililitros más de jabón para la ropa que de lejía.    ○ Verdadero    ○ Falso

**4e.** Fred compró 0.75 litros más de jabón para la ropa que de suavizante.    ○ Verdadero    ○ Falso

**5.** Un hipopótamo macho puede llegar a pesar hasta 10,000 libras. ¿Cuántas toneladas son 10,000 libras?

_____ toneladas.

Entrenador personal en matemáticas

**6.** PIENSA MÁS ➕  Omar y sus amigos fueron al cine a las 4:45 p. m. La película terminó a las 6:20 p. m.

**Parte A**

¿Cuánto duró la película?

_____ hora y _____ minutos

**Parte B**

Omar llegó a su casa 45 minutos después de que terminara la película. ¿A qué hora llegó a su casa? Explica cómo hallaste la respuesta.

**7.** Selecciona los objetos que pueden contener la misma cantidad de líquido que una jarra de 96 onzas fluidas. Marca todos los que correspondan.

    (A)  tres botellas de 1 cuarto

    (B)  dos botellas de 1 cuarto

    (C)  dos botellas de 1 cuarto y dos botellas de 1 pinta

    (D)  una botella de 1 cuarto y ocho vasos de 8 onzas fluidas

    (E)  dos vasos de 8 onzas fluidas y dos botellas de 1 pinta

**8.** La mochila de Lorena tiene una masa de 3,000 gramos. ¿Cuál es la masa de la mochila de Lorena en kilogramos?

_____ kilogramos

**9.** [MÁS AL DETALLE] Richard camina todos los días para hacer ejercicio a una tasa de 1 kilómetro cada 12 minutos.

**Parte A**

A esta tasa, ¿cuántos metros puede caminar Richard en 1 hora? Explica cómo hallaste la respuesta.

**Parte B**

Imagina que Richard camina 1 kilómetro cada 10 minutos. ¿Cuántos metros más puede caminar en 1 hora a esta nueva tasa? Explica cómo hallaste la respuesta.

**10.** Beth llenó 32 tarros con pintura. Si cada tarro contiene 1 pinta de pintura, ¿cuántos galones de pintura usó Beth?

_____ galones

**11.** La entrada para el auto de Griffin mide 36 pies de longitud. Elige la palabra y el número correctos para completar la oración.

Para convertir 36 pies a yardas,

| suma |
| resta |
| multiplica |
| divide |

36 por

| 3 |
| 12 |
| 1,760 |
| 5,280 |

.

**12.** Carlos compró 5 libras de zanahorias. ¿Cuántas onzas de zanahorias compró?

_____ onzas

**13.** Chandler tiene 824 milímetros de tela. ¿Cuántos centímetros de tela tiene? Usa los números y símbolos de las fichas cuadradas para escribir una ecuación que muestre la conversión.

| 824 | 8.24 | 82.4 | 0.824 |

| × | ÷ | = |

| 10 | 100 | 1,000 |

Chandler tiene _____ centímetros de tela.

**14.** Glenn necesita cortar trozos de cinta de 1 metro de longitud cada uno para hacer llaveros de cinta. Si tiene 3 trozos de tela de 1 decámetro de longitud, ¿cuántos trozos de 1 metro de cinta puede cortar?

_____ trozos

**15.** Una olla grande puede contener 8 cuartos de salsa de espagueti. Lisa tiene recipientes de 1 pinta con salsa de espagueti. Completa la tabla como ayuda para hallar el número de recipientes de 1 pinta con salsa de espagueti que necesitará Lisa para llenar la olla.

| cuarto | 2 | 4 | 6 | 8 |
|--------|---|---|---|---|
| pinta  |   |   |   |   |

Lisa necesitará ⬚ recipientes de 1 pinta para llenar la olla.

**16.** Emily compró 48 yardas de tela para hacer cortinas. ¿Cuántas pulgadas de tela compró Emily?

_____ pulgadas

**17.** Kelly quiere preparar ponche para una fiesta. La receta del ponche lleva 3 pintas de jugo de piña, 5 tazas de jugo de naranja, $\frac{1}{4}$ de galón de limonada y 1 cuarto de néctar de damasco.

**Parte A**

Kelly dice que con su receta, preparará 20 tazas de ponche. ¿Tiene razón? Explica tu respuesta.

**Parte B**

Kelly decide servir el ponche en recipientes de 1 cuarto que pueda colocar en el refrigerador hasta que comience la fiesta. Tiene cuatro recipientes de 1 cuarto. ¿Cabrá todo el ponche en los recipientes? Explícalo.

**18.** Sam está practicando patinaje de velocidad en una pista de patinaje sobre hielo. La distancia que hay alrededor de la pista es de 250 yardas. Hasta ahora, ha patinado alrededor de la pista 6 veces. ¿Cuántas yardas más debe patinar alrededor de la pista para completar 3 millas?

_____ yardas

**19.** María pasó 15 días viajando por Sudamérica. ¿Cuántas horas pasó viajando por Sudamérica?

_____ horas

**20.** Un camión de carga lleno de hormigón pesa aproximadamente 30 toneladas. ¿Aproximadamente cuántas libras pesa el camión de carga?

_____ libras

**21.** Un plomero tiene un tubo de 2 metros de longitud. Necesita cortarlo en secciones de 10 centímetros de longitud. ¿Cuántas secciones podrá cortar? Muestra tu trabajo. Explica cómo hallaste la respuesta.

**22.** Para los enunciados 22a a 22d, elige Verdadero o Falso.

**22a.** $2,000 \text{ lb} > 1 \text{ t}$ ○ Verdadero ○ Falso

**22b.** $56 \text{ oz} < 4 \text{ lb}$ ○ Verdadero ○ Falso

**22c.** $48 \text{ oz} = 3 \text{ lb}$ ○ Verdadero ○ Falso

**22d.** $40 \text{ oz} < 2 \text{ lb } 4 \text{ oz}$ ○ Verdadero ○ Falso

## Capítulo 11

# Geometría y volumen

### ✓ Muestra lo que sabes

**Entrenador personal en matemáticas**
Evaluación e intervención en línea

**Comprueba si comprendes las destrezas importantes.**

Nombre _____

▶ **Perímetro  Cuenta las unidades para hallar el perímetro.** (3.MD.D.8)

**1.**

| | 1 | 2 | 3 | 4 | 5 | 6 | |
|---|---|---|---|---|---|---|---|
| 20 | | | | | | | 7 |
| 19 | | | | | | | 8 |
| 18 | | | | | | | 9 |
| 17 | | | | | | | 10 |
| | 16 | 15 | 14 | 13 | 12 | 11 | |

Perímetro = _____ unidades

**2.**

Perímetro = _____ unidades

▶ **Área  Escribe el área de cada figura.** (3.MD.C.5)

**3.**

_____ unidades cuadradas

**4.**

_____ unidades cuadradas

▶ **Multiplicar tres factores  Escribe el producto.** (4.NBT.B.5)

**5.** $3 \times 5 \times 4 =$ _____

**6.** $5 \times 5 \times 10 =$ _____

**7.** $7 \times 3 \times 20 =$ _____

### Matemáticas En el mundo

Helena debe hallar un poliedro en una búsqueda del tesoro. Usa las pistas para ayudar a Helena a identificar el poliedro.

**Pistas**

- El poliedro tiene 1 base.
- Tiene 4 caras laterales que se tocan en un vértice común.
- Todas las aristas de la base tienen la misma longitud.

prisma rectangular

prisma triangular

prisma hexagonal

pirámide cuadrada

pirámide triangular

cubo

# Desarrollo del vocabulario

## Palabras de repaso

- cuadrilátero
- ✓ decágono
- ✓ hexágono
- ✓ octágono
- ✓ paralelogramo
- ✓ rectángulo
- ✓ rombo
- ✓ trapecio
- ✓ triángulo acutángulo
- triángulo equilátero
- triángulo escaleno
- triángulo isósceles
- ✓ triángulo obtusángulo
- ✓ triángulo rectángulo

▶ **Visualízalo**

Clasifica las palabras marcadas en el mapa de círculos.

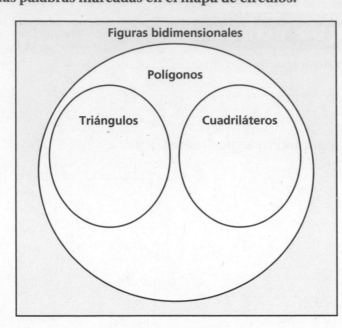

**Figuras bidimensionales**

**Polígonos**

**Triángulos**  **Cuadriláteros**

▶ **Comprende el vocabulario**

Escribe la palabra nueva para resolver el acertijo.

1. Soy un cuerpo geométrico con dos bases que son polígonos congruentes, conectados por caras laterales que son rectángulos. _____

2. Soy un polígono con todos los lados congruentes y todos los ángulos congruentes. _____

3. Soy un cubo que tiene una longitud, un ancho y una altura de 1 unidad. _____

4. Soy un cuerpo geométrico cuyas caras son polígonos. _____

5. Soy la cantidad de espacio que ocupa un cuerpo geométrico. _____

6. Soy un polígono que se conecta con las bases de un poliedro. _____

## Palabras nuevas

- base
- cara lateral
- congruente
- cubo unitario
- eneágono
- heptágono
- pirámide
- poliedro
- polígono
- polígono regular
- prisma
- volumen

- **Libro interactivo del estudiante**
- **Glosario multimedia**

# Vocabulario del Capítulo 11

**base**

base

1

**congruente**

congruent

7

**triángulo equilátero**

equilateral triangle

71

**heptágono**

heptagon

38

**triángulo isósceles**

isosceles triangle

73

**cara lateral**

lateral face

3

**eneágono**

nonagon

26

**polígono**

polygon

59

Que tiene el mismo tamaño y la misma forma

Ejemplos:

(aritmética) Número que se usa como factor repetido

Ejemplo: $8^3 = 8 \times 8 \times 8$

base

(geometría) En dos dimensiones, un lado de un triángulo o paralelogramo que se usa para hallar el área; en tres dimensiones, una figura plana, generalmente un círculo o un polígono, por la que se mide o se nombra una figura tridimensional

Ejemplos:

Polígono que tiene siete lados y siete ángulos

Ejemplo:

Triángulo que tiene tres lados congruentes

Ejemplo:

Cualquier superficie de un poliedro que no sea la base

Ejemplo:

cara

Triángulo que tiene dos lados congruentes

Ejemplo:

5 cm    5 cm

Figura plana y cerrada formada por tres o más segmentos

Ejemplos:

Polígonos          No son polígonos

Polígono que tiene nueve lados y nueve ángulos

Ejemplos:

**poliedro**

polyhedron

58

**prisma**

prism

61

**pirámide**

pyramid

57

**cuadrilátero**

quadrilateral

11

**polígono regular**

regular polygon

60

**triángulo escaleno**

scalene triangle

72

**cubo unitario**

unit cube

12

**volumen**

volume

75

Cuerpo geométrico que tiene dos bases congruentes poligonales y otras caras que son todas rectangulares

Ejemplos:

prisma rectangular          prisma triangular

Cuerpo geométrico cuyas caras son polígonos

Ejemplos:

Polígono que tiene cuatro lados y cuatro ángulos

Ejemplos:

Cuerpo geométrico que tiene una base poligonal y otras caras triangulares que tienen un vértice en común

Ejemplo:

Triángulo cuyos lados no son congruentes

Ejemplo:

Polígono cuyos lados y ángulos son todos congruentes

Ejemplo: pentágono regular

4 cm   108°   4 cm
108°          108°
4 cm                4 cm
108°   108°
4 cm

Medida del espacio que ocupa un cuerpo geométrico

Ejemplos:

3 in
4 in
4 in

3 in
4 in
4 in

48 in cúb.

Cubo cuya longitud, ancho y altura es de 1 unidad

Ejemplo:

1 Unidad

1 Unidad

1 Unidad

# ¡Dibújalo!

**Para 3 a 4 jugadores**

## Materiales
- temporizador
- bloc de dibujo

## Instrucciones

1. Túrnense para jugar.
2. Cuando sea tu turno, elige una palabra del Recuadro de palabras. No digas la palabra.
3. Pon 1 minuto en el temporizador.
4. Haz dibujos y escribe números para dar pistas sobre la palabra.
5. El primer jugador que adivine la palabra antes de que termine el tiempo obtiene 1 punto. Si ese jugador puede usar la palabra en una oración, obtiene 1 punto más. Luego es su turno de elegir una palabra.
6. Ganará la partida el primer jugador que obtenga 10 puntos.

## Recuadro de palabras

base (de una potencia)

cara lateral

cuadrilátero

cubo unitario

eneágono

figuras congruentes

heptágono

pirámide

poliedro

polígono

polígono regular

prisma

triángulo equilátero

triángulo escaleno

triángulo isósceles

volumen

# Escríbelo

### Reflexiona

**Elige una idea. Escribe sobre ella.**

- Explica cómo se relacionan los términos *polígono regular* y *congruente*. Dibuja y rotula un polígono regular para ejemplificar tu respuesta.

- Usa al menos **dos** de las siguientes palabras para describir objetos de un lugar conocido.

  **heptágono**     **polígono**     **pirámide**     **cuadrilátero**

- Compara y contrasta un triángulo equilátero, un triángulo isósceles y un triángulo escaleno. ¿En qué se parecen? ¿En qué se diferencian?

- Imagina que escribes una columna de consejos matemáticos y un lector necesita ayuda para identificar un prisma. Escribe una carta al lector y explícale cómo resolver este problema.

Nombre _____

# Polígonos

**Pregunta esencial** ¿Cómo puedes identificar y clasificar los polígonos?

Estándares comunes  **Medición y datos—** 5.G.B.3, 5.G.B.4
**PRÁCTICAS MATEMÁTICAS**
MP1, MP2, MP5, MP6

## 🔑 Soluciona el problema (En el mundo)

El Castel del Monte, ubicado en Apulia, Italia, se construyó hace más de 750 años. Esta fortaleza tiene un edificio central rodeado por ocho torres. ¿Qué polígono ves que se repite en la estructura? ¿Cuántos lados, ángulos y vértices tiene ese polígono?

Un **polígono** es una figura plana cerrada formada por tres o más segmentos que se tocan en puntos llamados vértices. Recibe su nombre del número de lados y de ángulos que tiene. Para identificar el polígono que se repite en la fortaleza, completa las siguientes tablas.

| Polígono | Triángulo | Cuadrilátero | Pentágono | Hexágono |
|---|---|---|---|---|
| **Lados** | 3 | 4 | 5 | |
| **Ángulos** | | | | |
| **Vértices** | | | | |

| Polígono | Heptágono | Octágono | Eneágono | Decágono |
|---|---|---|---|---|
| **Lados** | 7 | 8 | | |
| **Ángulos** | | | | |
| **Vértices** | | | | |

### Idea matemática

A veces, los ángulos que hay en el interior de un polígono miden más de 180°.

275°

Entonces, el polígono que se repite en el Castel del Monte es

un _____ porque tiene _____ lados, _____ ángulos

y _____ vértices.

**Charla matemática**  PRÁCTICAS MATEMÁTICAS ❺

**Usa patrones** ¿Qué patrón observas en la cantidad de lados, de ángulos y de vértices de un polígono?

**Polígonos regulares** Cuando los segmentos tienen la misma longitud o los ángulos tienen la misma medida, son **congruentes**. Dos polígonos son congruentes cuando tienen el mismo tamaño y la misma forma. En un **polígono regular**, todos los lados son congruentes y todos los ángulos son congruentes.

**polígono regular**

Todos los lados son congruentes.

Todos los ángulos son congruentes.

4 cm  108°  4 cm
108°      108°
4 cm      4 cm
108° 108°
4 cm

Puedes escribir las medidas para mostrar que los lados y los ángulos son congruentes.

**polígono no regular**

No todos los lados son congruentes.

No todos los ángulos son congruentes.

Puedes usar las mismas marcas para mostrar los lados y los ángulos que son congruentes.

**¡Inténtalo!** Rotula el diagrama de Venn para clasificar los polígonos que hay en cada grupo. Luego dibuja un polígono que solo pertenezca a cada uno de los grupos.

_____ congruentes        _____ congruentes

regulares _____

**Charla matemática**

**PRÁCTICAS MATEMÁTICAS 1**

Describe las relaciones Explica cómo se relaciona el grupo de polígonos del centro del diagrama de Venn con los grupos de la derecha y de la izquierda del diagrama.

## Comparte y muestra   MATH BOARD

1. Escribe el nombre del polígono. Luego usa las marcas de la figura para indicar si *es un polígono regular* o *no es un polígono regular*.

   a. Escribe el nombre del polígono. _____

   b. ¿Todos los lados y todos los ángulos son congruentes? _____

   c. ¿Es un polígono regular? _____

**Escribe el nombre de cada polígono. Luego indica si *es un polígono*
*regular* o *no es un polígono regular*.**

2.

_____

3.

_____

4.

_____

**Charla matemática**

**PRÁCTICAS MATEMÁTICAS** ❷

Usa el razonamiento ¿Por qué todos los pentágonos regulares tienen la misma forma?

## Por tu cuenta

**Escribe el nombre de cada polígono. Luego indica si *es un polígono*
*regular* o *no es un polígono regular*.**

5.

_____

6.

_____

7.

_____

8.

_____

9. **MÁS AL DETALLE** Compara los polígonos que se muestran en los Ejercicios 2 y 8. Describe en qué se parecen y en qué se diferencian.

_____

_____

_____

_____

## Resolución de problemas • Aplicaciones En el mundo

Usa el plano del Castel del Monte que está a la derecha para resolver los problemas 10 y 11.

10. _MÁS AL DETALLE_  ¿Qué polígonos del plano tienen cuatro lados iguales y cuatro ángulos congruentes? ¿Cuántos de esos polígonos hay?

_____

11. _MÁS AL DETALLE_  ¿Hay algún cuadrilátero en el plano que no sea un polígono regular? Escribe el nombre del cuadrilátero e indica cuántos de esos cuadriláteros hay en el plano.

_____

12. **PRÁCTICA MATEMÁTICA ⑥ Usa vocabulario matemático**  Dibuja ocho puntos que sean los vértices de una figura plana cerrada. Conecta los puntos para dibujar la figura.

¿Qué tipo de polígono dibujaste? _____

13. _PIENSA MÁS_  Observa los ángulos de todos los polígonos regulares. Cuando la cantidad de lados aumenta, ¿la medida de los ángulos aumenta o disminuye? ¿Qué patrón observas?

_____

_____

14. _PIENSA MÁS_  Kayla dibujó una figura. Para 14a y 14b, elige los valores y términos que describan de manera correcta la figura que Kayla dibujó.

14a.  La figura tiene
| 4 |
|---|
| 6 |
| 12 |
lados y
| 4 |
|---|
| 6 |
| 8 |
ángulos.

14b.  La figura es un
| heptágono regular |
|---|
| pentágono regular |
| hexágono regular |

## Polígonos

**ESTÁNDAR COMÚN—5.G.B.3**
Clasifican figuras bidimensionales en categorías según sus propiedades.

**Escribe el nombre de cada polígono. Luego indica si *es un polígono regular o no es un polígono regular.***

1.

   4 lados, 4 vértices, 4 ángulos significa que es un

   ___cuadrilátero___. No todos los lados son

   congruentes; entonces, ___no es regular___.

2.

   _____

3.

   _____

4. _____

5.

   _____

6.

   _____

## Resolución de problemas · En el mundo

7. Dibuja nueve puntos. Luego conecta los puntos para formar una figura plana cerrada. ¿Qué tipo de polígono dibujaste?

   _____

8. Dibuja siete puntos. Luego conecta los puntos para formar una figura plana cerrada. ¿Qué tipo de polígono dibujaste?

   _____

9. **ESCRIBE** ▸ *Matemáticas* Usa papel cuadriculado para dibujar un hexágono regular y un hexágono que no sea regular. Explica la diferencia.

   _____

## Repaso de la lección (5.G.B.3)

1. Escribe el nombre del polígono. Indica si es regular o no es regular.

_____

2. Escribe el nombre del polígono. Indica si es regular o no es regular.

_____

## Repaso en espiral (5.OA.A.2, 5.NBT.B.7, 5.MD.A.1)

3. Ann necesita 42 pies de tela para hacer un edredón pequeño. ¿Cuántas yardas de tela debería comprar?

_____

4. Todd comienza a practicar piano a las 4:15 p. m. y termina a las 5:50 p. m. ¿Cuánto tiempo practica?

_____

5. Jenna organiza sus pasadores para el cabello en 6 cajas. Coloca el mismo número de pasadores en cada caja. Escribe una expresión que puedas usar para hallar el número de pasadores que hay en cada caja.

_____

6. Melody tenía $45. Gastó $32.75 en una blusa. Luego su madre le dio $15.50. ¿Cuánto dinero tiene Melody ahora?

_____

© Houghton Mifflin Harcourt Publishing Company

# Triángulos

**Pregunta esencial** ¿Cómo puedes clasificar los triángulos?

**Estándares comunes** Medición y datos—
**5.G.B.3, 5.G.B.4**
**PRÁCTICAS MATEMÁTICAS**
**MP2, MP6, MP7, MP8**

 Soluciona el problema En el mundo

Si observas de cerca el edificio Spaceship Earth de Epcot Center, que está en Orlando, Florida, verás un patrón de triángulos. En el patrón que está a la derecha se dibujó el contorno de un triángulo que tiene 3 lados congruentes y 3 ángulos agudos. ¿Qué tipo de triángulo es?

 **Completa la oración que describe cada tipo de triángulo.**

| Clasifica los triángulos según la longitud de sus lados. | Clasifica los triángulos según la medida de sus ángulos. |
|---|---|
| Un **triángulo equilátero** tiene _____ lados congruentes. (3 in, 3 in, 3 in) | Un triángulo **rectángulo** tiene un ángulo de 90°, o ángulo _____. (60°, 30°) |
| Un **triángulo isósceles** tiene _____ lados congruentes. (3 in, 2 in, 3 in) | Un triángulo **acutángulo** tiene 3 ángulos _____. (75°, 30°, 75°) |
| Un **triángulo escaleno** tiene _____ lados congruentes. (5 in, 3 in, 4 in) | Un triángulo **obtusángulo** tiene 1 ángulo _____. (32°, 18°, 130°) |

El tipo de triángulo dibujado en el patrón se puede clasificar, según la

longitud de sus lados, como un triángulo _____.

El triángulo también se puede clasificar, según la medida

de sus ángulos, como un triángulo _____.

**Charla matemática** **PRÁCTICAS MATEMÁTICAS 6**

Un triángulo equilátero, ¿es también un polígono regular? Explica.

# 🔒 Actividad

**Manos a la obra**

Clasifica el triángulo *ABC* según la longitud de sus lados y según la medida de sus ángulos.

**Materiales** ■ regla en centímetros ■ transportador

**PASO 1** Usa una regla en centímetros para medir los lados del triángulo. Rotula cada lado con su longitud. Clasifica el triángulo según la longitud de sus lados.

_____

**PASO 2** Usa un transportador para medir los ángulos del triángulo. Rotula cada ángulo con su medida. Clasifica el triángulo según la medida de sus ángulos.

- ¿Qué tipo de triángulo tiene 3 lados con diferente longitud?

  _____

- ¿Cómo se llama un ángulo que tiene más de 90° y menos de 180°?

  _____

El triángulo *ABC* es un triángulo _____ _____.

---

**¡Inténtalo!** Dibuja el tipo de triángulo descrito según la longitud de sus lados y según la medida de sus ángulos.

| Triángulo según la longitud de sus lados | | |
|---|---|---|
| **Triángulo según la medida de sus ángulos** | **Escaleno** | **Isósceles** |
| **Acutángulo** | **Piensa:** Debo dibujar un triángulo que sea acutángulo y escaleno. | |
| **Obtusángulo** | | |

**Charla matemática**

**PRÁCTICAS MATEMÁTICAS ❷**

Razona de forma abstracta ¿Puedes dibujar un triángulo que sea rectángulo y equilátero? Explica.

Nombre _____

**Clasifica los triángulos. Escribe *isósceles*, *escaleno* o *equilátero*.**
**Luego escribe *acutángulo*, *obtusángulo* o *rectángulo*.**

**1.**

12 pies  51°  14 pies
75°  54°
11 pies

_____

**☑ 2.**

_____

**☑ 3.**

3 cm  29°

_____

**Charla matemática**

**PRÁCTICAS MATEMÁTICAS 8**

Saca conclusiones ¿Puedes saber si un triángulo es obtusángulo, rectángulo o acutángulo sin medir los ángulos? Explica.

## Por tu cuenta

**Abajo se dan las medidas de los lados y los ángulos de los triángulos.**
**Clasifica los triángulos. Escribe *isósceles*, *escaleno* o *equilátero*.**
**Luego escribe *acutángulo*, *obtusángulo* o *rectángulo*.**

**4.** **lados:** 3.5 cm, 6.2 cm, 3.5 cm

**ángulos:** 27°, 126°, 27°

_____

**5.** **lados:** 2 in, 5 in, 3.8 in

**ángulos:** 43°, 116°, 21°

_____

**6.** Encierra en un círculo la figura que no pertenece. Explica por qué.

_____

**7.** MÁS AL DETALLE  Dibuja 2 triángulos equiláteros que sean congruentes y compartan un lado. ¿Qué poligono se forma? ¿Es un polígono regular?

_____

_____

## Resolución de problemas · Aplicaciones

**8.** **PIENSA MÁS** Shannon dijo que un triángulo que tiene exactamente 2 lados congruentes y un ángulo obtuso es un triángulo equilátero obtusángulo.

Describe su error. _____

_____

_____

**9.** **PIENSA MÁS** Kelly dibujó un triángulo con dos lados congruentes y 3 ángulos agudos. ¿Cuál de las siguientes opciones describe de manera adecuada el triángulo? Marca todas las opciones que correspondan.

(A) isósceles      (C) obtuso

(B) agudo      (D) equilátero

## Conectar con las Ciencias

### Fuerzas y equilibrio

¿Por qué los triángulos son buenos para construir edificios o puentes? Los 3 lados de un triángulo, cuando están unidos, no pueden formar ninguna otra figura. Entonces, aunque reciban presión, los triángulos no se doblan ni se tuercen.

**PRÁCTICA MATEMÁTICA 7** **Identifica las relaciones** Clasifica los triángulos de las siguientes estructuras. Escribe *isósceles*, *escaleno* o *equilátero*. Luego escribe *acutángulo*, *obtusángulo* o *rectángulo*.

**10.**

_____    _____

**11.**

_____    _____

# Triángulos

**ESTÁNDARES COMUNES—5.G.B.3, 5.G.B.4**
Clasifican figuras bidimensionales en categorías según sus propiedades.

Estándares comunes

**Clasifica los triángulos. Escribe *isósceles, escaleno* o *equilátero*. Luego escribe *acutángulo, obtusángulo* o *rectángulo*.**

1.

8 mm  6 mm
37°  53°
10 mm

Todas las medidas de los lados son distintas.

Entonces, es _____escaleno_____. Hay un ángulo

recto; entonces, es un triángulo _____rectángulo_____.

2.

118°
42 in

_____  _____

3.

50 cm
15 cm  22°
50 cm

_____  _____

4.

25 in
7 in
24 in

_____  _____

**Abajo se dan las medidas de los lados y de los ángulos de los triángulos.
Clasifica los triángulos. Escribe *escaleno, isósceles* o *equilátero*. Luego escribe *acutángulo, obtusángulo* o *rectángulo*.**

5. **lados:** 44 mm, 28 mm, 24 mm
**ángulos:** 110°, 40°, 30°

6. **lados:** 23 mm, 20 mm, 13 mm
**ángulos:** 62°, 72°, 46°

_____  _____

## Resolución de problemas

7. Mary dice que el corral de su caballo es un triángulo acutángulo rectángulo. ¿Eso es posible? **Explica.**

8. Karen dice que todos los triángulos equiláteros son acutángulos. ¿Eso es verdadero? **Explica.**

_____

9. **ESCRIBE** ▸ *Matemáticas* Dibuja tres triángulos: un equilátero, un isósceles y un escaleno. Rotula cada uno de ellos y explica cómo se clasifica cada triángulo.

_____

## Repaso de la lección (5.G.B.3, 5.G.B.4)

**1.** Si dos de los ángulos de un triángulo miden 42° y 48°, ¿cómo clasificarías el triángulo? Escribe *acutángulo, obtusángulo* o *rectángulo.*

**2.** ¿Cuál es la clasificación del siguiente triángulo? Escribe *escaleno, isósceles* o *rectángulo.*

## Repaso en espiral (5.MD.A.1, 5.G.B.3)

**3.** ¿Cuántas toneladas equivalen a 40,000 libras?

**4.** Elige un símbolo para hacer que el siguiente enunciado sea verdadero. Escribe >, < o =

6 kilómetros  600 centímetros

**5.** ¿Qué polígono se muestra?

**6.** Escribe el nombre del polígono. Indica si es regular o no es regular.

PRACTICA MÁS CON EL
Entrenador personal
en matemáticas

# Cuadriláteros

**Pregunta esencial** ¿Cómo puedes clasificar y comparar los cuadriláteros?

**Estándares comunes** Medición y datos—
5.G.B.3, 5.G.B.4
**PRÁCTICAS MATEMÁTICAS**
MP3, MP7

## 🔑 Soluciona el problema *En el mundo*

El mapa de asientos de un estadio de béisbol tiene muchas figuras de cuatro lados, o **cuadriláteros**. ¿Qué tipo de cuadriláteros puedes hallar en el mapa de asientos?

Hay cinco tipos especiales de cuadriláteros. Puedes clasificar los cuadriláteros según sus propiedades, por ejemplo, si tienen lados paralelos o lados perpendiculares. Las líneas paralelas son líneas que siempre están a la misma distancia. Las líneas perpendiculares son líneas que al intersecarse forman cuatro ángulos rectos.

▲ Sector bajo

🔒 **Completa la oración que describe cada tipo de cuadrilátero.**

Un cuadrilátero en general tiene 4 lados y 4 ángulos.

Un **trapecio** es un cuadrilátero que tiene exactamente 1 par de

lados _____.

---

Un **paralelogramo** tiene

_____ opuestos

que son _____
y paralelos.

Un **rectángulo** es un paralelogramo especial

que tiene _____ ángulos rectos y 4 pares de lados

_____.

---

Un **rombo** es un paralelogramo especial

que tiene _____ lados

congruentes.

Un **cuadrado** es un paralelogramo especial que tiene _____ lados congruentes y _____ ángulos rectos.

---

Entonces, los tipos de cuadriláteros que puedes hallar en el mapa de asientos del estadio son

_____.

**Charla matemática**

**PRÁCTICAS MATEMÁTICAS ❼**

**Identifica las relaciones** ¿En qué se diferencian los trapecios y los paralelogramos?

# 🔒 Actividad

**Materiales** ■ cuadriláteros ■ tijeras

Puedes usar un diagrama de Venn para clasificar cuadriláteros y buscar relaciones entre ellos.

- Dibuja el diagrama de abajo en tu tablero de matemáticas.

- Recorta los cuadriláteros y clasifícalos en el diagrama de Venn.

- Dibuja las figuras que clasificaste en el diagrama de Venn de abajo para registrar tu trabajo.

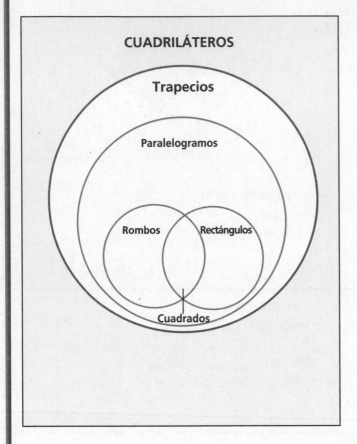

**CUADRILÁTEROS**

Trapecios

Paralelogramos

Rombos / Rectángulos

Cuadrados

**Completa las oraciones con *siempre*, *a veces* o *nunca*.**

Un rombo _____ es un cuadrado.

Un paralelogramo _____ es un rectángulo.

Un rombo _____ es un paralelogramo.

Un trapecio _____ es un paralelogramo.

Un paralelogramo _____ es un trapecio.

Un cuadrado _____ es un rombo.

1. Explica por qué el círculo de los paralelogramos está dentro del círculo de los trapecios.

   _____

   _____

2. Explica por qué la sección del diagrama de Venn para cuadrados se interseca con la sección de rombos y la sección de rectángulos.

   _____

   _____

Nombre _____

## Comparte y muestra

1. Usa el cuadrilátero *ABCD* para responder las preguntas. Completa la oración.

   a. Mide los lados. ¿Hay algunos que sean congruentes? _____
      Marca los lados congruentes, si los tuviera.

   b. ¿Cuántos ángulos rectos tiene el cuadrilátero, si los tuviera? _____

   c. ¿Cuántos pares de lados paralelos tiene el cuadrilátero, si los tuviera? _____

   Entonces, el cuadrilátero *ABCD* es un _____ y un _____.

**Clasifica el cuadrilátero de todas las formas que sea posible. Escribe**
***cuadrilátero, trapecio, paralelogramo, rectángulo, rombo* o *cuadrado*.**

2.

   _____

3.

   _____

**Charla matemática**

### PRÁCTICAS MATEMÁTICAS ❸

**Argumenta** ¿Puede un trapecio tener más de un par de lados paralelos que sean de la misma longitud? Explica tu respuesta.

## Por tu cuenta

**Clasifica el cuadrilátero de todas las formas que sea posible. Escribe**
***cuadrilátero, paralelogramo, rectángulo, rombo, cuadrado* o *trapecio*.**

4.

   _____

5.

   _____

6.

   _____

7.

   _____

## Resolución de problemas • Aplicaciones

**8.** Un cuadrilátero tiene exactamente 2 lados congruentes. ¿Qué tipo de cuadrilátero puede ser? ¿Qué tipo de cuadrilátero no puede ser?

_____

_____

**9.** **PIENSA MÁS**  Un cuadrilátero tiene exactamente 3 lados congruentes. Davis afirma que la figura debe ser un rectángulo. ¿Por qué es incorrecta su afirmación? Usa un diagrama para explicar tu respuesta.

_____

_____

_____

**10.** **PRÁCTICA MATEMÁTICA ③ Argumenta** Los vértices opuestos de un cuadrilátero son ángulos rectos. El cuadrilátero no es un rombo. ¿Qué tipo de cuadrilátero es esta figura? Explica cómo lo sabes.

_____

_____

**11.** **MÁS AL DETALLE**  Soy una figura de cuatro lados. Pertenezco a las siguientes categorías: cuadrilátero, trapecio, paralelogramo, rectángulo, rombo y cuadrado. Dibújame. Explica por qué pertenezco a cada una de esas categorías.

_____

_____

_____

_____

**Entrenador personal en matemáticas**

**12.** **PIENSA MÁS +**  Escribe en las oraciones 12a a 12c el nombre de un cuadrilátero de las fichas para completar un enunciado correcto. Usa cada cuadrilátero solo una vez.

| cuadrado |
| trapecio |
| rombo |

**12a.** Un _____ a veces es un cuadrado.

**12b.** Un _____ siempre es un rectángulo.

**12c.** Un paralelogramo siempre es un _____.

Nombre _____

# Cuadriláteros

**Estándares comunes**

**ESTÁNDAR COMÚN—5.G.B.4**
*Clasifican figuras bidimensionales en categorías según sus propiedades.*

**Clasifica los cuadriláteros de todas las formas que sea posible. Escribe *cuadrilátero, trapecio, paralelogramo, rectángulo, rombo* o *cuadrado*.**

1.

Tiene 4 lados; entonces es un ___cuadrilátero___.
No tiene lados paralelos; entonces

___no hay otra clasificación___.

2.

_____

3.

_____

4.

_____

5.

6.

7. Kevin afirma que puede trazar un trapecio con tres ángulos rectos. ¿Eso es posible? **Explica**.

_____
_____
_____
_____

8. "Si una figura es un cuadrado, entonces es un cuadrilátero regular". ¿Esto es verdadero o falso? **Explica**.

_____
_____
_____
_____

9. **ESCRIBE** ▶ *Matemáticas* Todos los rectángulos son paralelogramos. ¿Son todos los paralelogramos rectángulos? Explica.

_____

## Repaso de la lección (5.G.B.4)

**1.** ¿Qué cuadrilátero tiene exactamente un par de lados paralelos?

_____

**2.** Completa el siguiente enunciado. Escribe *a veces, siempre* o *nunca*.

Un rombo _____ tiene cuatro ángulos congruentes.

## Repaso en espiral (5.NF.B.3, 5.MD.A.1, 5.G.B.3, 5.G.B.4)

**3.** ¿Cuántos kilogramos equivalen a 5,000 gramos?

_____

**4.** Los lados de un triángulo miden 6 pulgadas, 8 pulgadas y 10 pulgadas. El triángulo tiene un ángulo de 90°. ¿Qué tipo de triángulo es?

_____

**5.** Un proveedor debe enviar 355 libros. Cada paquete de envío tiene capacidad para 14 libros. ¿Cuántos paquetes necesita el proveedor para enviar todos los libros?

_____

**6.** ¿Cuántos vértices tiene un heptágono?

_____

**PRACTICA MÁS CON EL**
Entrenador personal
en matemáticas

Nombre _____

# Figuras tridimensionales

**Pregunta esencial** ¿Cómo puedes identificar, describir y clasificar figuras tridimensionales?

**Estándares comunes** Medición y datos—
**5.MD.C.3**
PRÁCTICAS MATEMÁTICAS
MP1, MP6, MP7, MP8

## 🔑 Soluciona el problema

Un cuerpo geométrico tiene tres dimensiones: longitud, ancho y altura. Los **poliedros**, como los prismas y las pirámides, son figuras tridimensionales cuyas caras son polígonos.

Un **prisma** es un poliedro cuyas **bases** son dos polígonos congruentes.

Las **caras laterales** de un poliedro son polígonos que se conectan con las bases. Las caras laterales de un prisma son rectángulos.

base
cara lateral
base

Los prismas reciben su nombre de la figura que tienen como base. La figura de la base de este prisma es un triángulo. El prisma es un **prisma triangular.**

### Idea matemática

Una figura bidimensional tiene dos dimensiones: longitud y ancho, que se utilizan para hallar el área de la figura.

Una figura tridimensional, o cuerpo geométrico, tiene tres dimensiones: longitud, ancho y altura. Estas dimensiones se utilizan para hallar el volumen de la figura o el espacio que ocupa.

🔒 **Identifica la figura de la base del prisma. Usa los términos del recuadro para escribir el nombre correcto del prisma según la figura que tiene como base.**

### Tipos de prismas

prisma decagonal

prisma octagonal

prisma hexagonal

prisma pentagonal

prisma rectangular

prisma triangular

Figura de la base: _____

Escribe el nombre del cuerpo geométrico.

_____

Figura de la base: _____

Escribe el nombre del cuerpo geométrico.

_____

Figura de la base: _____

Escribe el nombre del cuerpo geométrico.

_____

Figura de la base: _____

Escribe el nombre del cuerpo geométrico.

_____

**Charla matemática** PRÁCTICAS MATEMÁTICAS ⑧

Usa el razonamiento repetitivo ¿Qué figuras forman un prisma decagonal y cuántas figuras lo forman? Explica.

• **PRÁCTICA MATEMÁTICA ①** **Analiza** ¿Qué prisma especial tiene bases y caras laterales que son cuadrados congruentes?

_____

**Pirámide** Una **pirámide** es un poliedro con una sola base. Las caras laterales de una pirámide son triángulos que se tocan en un mismo vértice.

Al igual que el prisma, la pirámide recibe su nombre de la figura que tiene como base.

 **Identifica la figura de la base de la pirámide. Usa los términos del recuadro para escribir el nombre correcto de la pirámide según la figura que tiene como base.**

 cara lateral / base

Figura de la base: _____

Escribe el nombre del cuerpo geométrico.

_____

Figura de la base: _____

Escribe el nombre del cuerpo geométrico.

_____

Figura de la base: _____

Escribe el nombre del cuerpo geométrico.

_____

**Cuerpos que no son poliedros** Algunas figuras tridimensionales tienen superficies curvas. Estos cuerpos geométricos *no* son poliedros.

 base

 base    base

Un **cono** tiene 1 base circular y 1 superficie curva.

Un **cilindro** tiene 2 bases circulares congruentes y 1 superficie curva.

Una **esfera** no tiene base y tiene 1 superficie curva.

# Comparte y muestra

**Clasifica el cuerpo geométrico. Escribe *prisma*, *pirámide*, *cono*, *cilindro* o *esfera*.**

1.
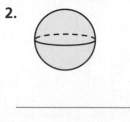

_____

2.

_____

✓3.

_____

**Escribe el nombre del cuerpo geométrico.**

4.

_____

5.

_____

✓6.

_____

Nombre _____

**Clasifica el cuerpo geométrico.** Escribe *prisma, pirámide, cono, cilindro* o *esfera.*

7.

_____

8.

_____

9.

_____

**Escribe el nombre del cuerpo geométrico.**

10.

_____

11.

_____

12.

_____

13.

_____

14.

_____

15.

_____

## Resolución de problemas • Aplicaciones

16. **PRÁCTICA MATEMÁTICA ⑥ Usa vocabulario matemático** Mario está haciendo una escultura de piedra. Comienza esculpiendo una base de cinco lados. Luego, esculpe cinco caras laterales triangulares que se tocan en un punto en la parte superior. ¿Qué figura tridimensional esculpió Mario?

_____

17. **PIENSA MÁS** ¿Qué otro nombre se puede dar a un cubo? Explica tu razonamiento.

_____

_____

_____

18. **MÁS AL DETALLE** Compara las características de los prismas y las pirámides. Explica en qué se parecen y en qué se diferencian.

_____

_____

_____

_____

**19.** PIENSA MÁS Escribe la letra que describe de manera correcta la figura tridimensional.

A          B          C          D

| Prisma | | Pirámide |
|--------|--|----------|

## Conectar con la Lectura

### Identifica los detalles

Si te dieran la descripción de un edificio y te pidieran que identifiques cuál de estos tres edificios es el que se describe, ¿qué detalles usarías para saber cuál es el edificio?

Los problemas contienen detalles que te ayudan a resolverlos. Algunos detalles son significativos e importantes para hallar la solución, pero otros detalles no lo son. *Identifica los detalles* que sean útiles para resolver el problema.

◄ Edificio Flatiron, New York City, New York

🔒 **Ejemplo** Lee la descripción. Subraya los detalles que sean útiles para identificar el cuerpo geométrico que dará nombre al edificio correcto.

Este edificio es una de las estructuras más inconfundibles del paisaje urbano de la ciudad donde se encuentra. Tiene una base cuadrada y 28 pisos. El edificio tiene cuatro caras exteriores triangulares que se tocan en un punto de la parte superior de la estructura.

◄ Centro de Ciencias Nehru, Mumbai, India

◄ Hotel Luxor, Las Vegas, Nevada

**Identifica el cuerpo geométrico y escribe el nombre del edificio correcto.**

**20.** Resuelve el problema del ejemplo.

Cuerpo geométrico: _____

Edificio: _____

**21.** Este edificio se terminó de construir en 1902. Tiene una base triangular y un techo triangular de la misma forma y tamaño. Los tres lados del edificio son rectángulos.

Cuerpo geométrico: _____

Edificio: _____

## Figuras tridimensionales

**ESTÁNDAR COMÚN—5.MD.C.3**
*Medición geométrica: entienden los conceptos sobre volumen y relacionan el volumen a la multiplicación y a la suma.*

Estándares comunes

**Clasifica el cuerpo geométrico. Escribe *prisma*, *pirámide*, *cono*, *cilindro* o *esfera*.**

1.

No hay bases. Hay 1 superficie curva. Es un(a)

_____ *esfera* _____.

2.

_____

3.

_____

**Escribe el nombre del cuerpo geométrico.**

4.

_____

5.

_____

6.

_____

7.

_____

8.

_____

9.

_____

## Resolución de problemas En el mundo

10. Nanako dijo que trazó una pirámide cuadrada y que todas las caras son triángulos. ¿Eso es posible? **Explica.**

_____

11. **ESCRIBE** ▸ *Matemáticas* Explica por qué una figura tridimensional con una superficie curva no es un poliedro.

_____

1. Luke hizo un modelo de un cuerpo geométrico con 1 base circular y 1 superficie curva. ¿Qué cuerpo geométrico hizo?

   _____

2. ¿Cuántas caras rectangulares tiene una pirámide hexagonal?

   _____

**Repaso en espiral** (5.NF.A.1, 5.MD.A.1, 5.G.B.3, 5.G.B.4)

3. Laura camina $\frac{3}{5}$ de milla a la escuela cada día. La distancia que Isaiah camina a la escuela es 3 veces más larga que la de Laura. ¿Cuantas millas camina Isaiah a la escuela cada día?

   _____

4. James tiene $4\frac{3}{4}$ pies de cuerda. Planea cortar $1\frac{1}{2}$ pies de la cuerda. ¿Cuánta cuerda quedará?

   _____

5. Latasha preparó 128 onzas de refresco de frutas. ¿Cuántas tazas de refresco de frutas preparó Latasha?

   _____

6. Completa el siguiente enunciado. Escribe *a veces, siempre o nunca.*

   Los trapecios _____ son paralelogramos.

PRACTICA MÁS CON EL
Entrenador personal
en matemáticas

Nombre _____

# ✔️Revisión de la mitad del capítulo

Entrenador personal en matemáticas
Evaluación e intervención en línea

## Vocabulario

| Vocabulario |
|---|
| congruentes |
| poliedro |
| polígono regular |

**Elige el término del recuadro que mejor corresponda.**

1. Una figura plana cerrada que tiene todos los lados congruentes y todos

los ángulos congruentes se llama _____. (pág. 638)

2. Los segmentos que tienen la misma longitud o los ángulos que tienen la

misma medida son _____. (pág. 638)

## Conceptos y destrezas

**Escribe el nombre de cada polígono. Luego indica si *es un polígono regular* o *no es un polígono regular*.** (5.G.B.3)

3.

_____

4.

_____

5.

_____

**Clasifica cada triángulo. Escribe *isósceles, escaleno* o *equilátero*. Luego escribe *acutángulo, obtusángulo* o *rectángulo*.** (5.G.B.3, 5.G.B.4)

6.

_____

7.

_____

8.

_____

**Clasifica el cuadrilátero de todas las formas que sea posible. Escribe *cuadrilátero, trapecio, paralelogramo, rectángulo, rombo* o *cuadrado*.** (5.G.B.4)

9.

_____

10.

_____

11.

_____

© Houghton Mifflin Harcourt Publishing Company

**12.** ¿Qué tipo de triángulo se muestra abajo? (5.G.B.3, 5.G.B.4)

_____

**13.** Clasifica el cuadrilátero de todas las formas que sea posible. (5.G.B.4)

_____

**14.** Clasifica el siguiente cuerpo geométrico. (5.MD.C.3)

_____

**15.** MÁS AL DETALLE Nathan corta por la mitad una baldosa rectangular para el diseño del piso de la cocina. La baldosa no era cuadrada. Hizo un corte a lo largo de una diagonal desde un vértice al otro vértice. Clasifica los dos triángulos resultantes de acuerdo a sus ángulos y las longitudes de sus lados. (5.G.B.3, 5.G.B.4)

_____

Nombre _____

# Cubos unitarios y cuerpos geométricos

**Pregunta esencial** ¿Qué es un cubo unitario y cómo puedes usarlo para formar un cuerpo geométrico?

**Estándares comunes** Medición y datos—
5.MD.C.3a
PRÁCTICAS MATEMÁTICAS
MP2, MP5, MP6

## Investigar

Puedes usar cubos unitarios para formar prismas rectangulares. ¿Cuántos prismas rectangulares diferentes puedes formar con una cantidad dada de cubos unitarios?

**Materiales** ■ cubos de 1 centímetro

Un **cubo unitario** es un cubo que tiene una longitud, un ancho y una

altura de 1 unidad. Un cubo tiene _____ caras cuadradas. Todas sus caras

son congruentes. Tiene _____ aristas. Todas sus aristas tienen la misma longitud.

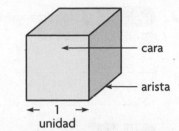

cara

arista

1 unidad

**A.** Forma un prisma rectangular con 2 cubos unitarios.

Piensa: Cuando los 2 cubos se juntan, las caras y las aristas que quedan juntas forman 1 cara y 1 arista.

- ¿Cuántas caras tiene el prisma rectangular? _____

- ¿Cuántas aristas tiene el prisma rectangular? _____

**B.** Forma la mayor cantidad de prismas rectangulares que sea posible con 8 cubos unitarios.

**C.** Anota las dimensiones, en unidades, de cada uno de los prismas rectangulares que formaste con los 8 cubos.

| Dimensions | | |
|---|---|---|
| | | |
| | | |
| | | |
| | | |

Entonces, con 8 cubos unitarios, puedo formar _____ prismas rectangulares diferentes.

**Charla matemática** PRÁCTICAS MATEMÁTICAS ⑤

**Comunica** Describe los diferentes prismas rectangulares que puedes formar con 4 cubos unitarios.

## Sacar conclusiones

**1.** Explica por qué un prisma rectangular formado por 2 cubos unitarios tiene 6 caras. ¿Qué relación hay entre sus dimensiones y las de un cubo unitario?

_____

_____

_____

**2.** **PRÁCTICA MATEMÁTICA** **6** **Explica** qué relación hay entre el número de aristas de un prisma rectangular y el número de aristas de un cubo unitario.

_____

_____

**3.** **PRÁCTICA MATEMÁTICA** **6** **Describe** qué tienen en común todos los prismas rectangulares que formaste en el Paso B.

_____

_____

## Hacer conexiones

Puedes formar otros cuerpos geométricos y contar el número de cubos unitarios usados para compararlos.

Cuerpo geométrico 1

Cuerpo geométrico 2

El cuerpo geométrico 1 está formado por _____ cubos unitarios.

El cuerpo geométrico 2 está formado por _____ cubos unitarios.

Entonces, el cuerpo geométrico _____ tiene más cubos unitarios que el

cuerpo geométrico _____.

- Usa 12 cubos unitarios para formar un cuerpo geométrico que no sea un prisma rectangular. Muestra tu modelo a un compañero. Describe en qué se parecen y en qué se diferencian tu modelo y el de tu compañero.

_____

_____

Nombre _____

## Comparte y muestra

**Cuenta el número de cubos usados para formar cada cuerpo geométrico.**

1. El prisma rectangular está formado por _____ cubos unitarios.

2.

   _____ cubos unitarios

☑ 3.

   _____ cubos unitarios

☑ 4.

   _____ cubos unitarios

5. **ESCRIBE** ▸ *Matemáticas* ¿Qué relación hay entre los prismas de los ejercicios 2 y 3? ¿Puedes mostrar un prisma rectangular diferente que tenga la misma relación? Explica.

   _____

   _____

   _____

## Resolución de problemas • Aplicaciones

**Compara el número de cubos unitarios de cada cuerpo geométrico. Usa < , > o =.**

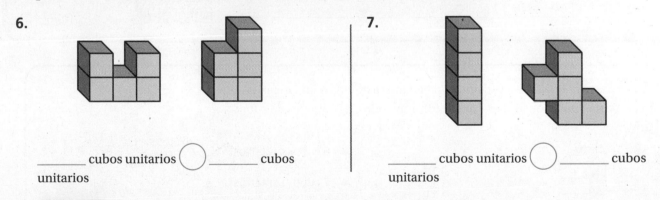

6. _____ cubos unitarios ◯ _____ cubos unitarios

7. _____ cubos unitarios ◯ _____ cubos unitarios

8. **PRÁCTICA MATEMÁTICA ②** **Usa el razonamiento** Melissa hizo un cuerpo geométrico colocando 1 cubo arriba de una hilera de 2 cubos arriba de una hilera de 3 cubos. Luego, reacomodó los cubos para formar un prisma rectangular. Describe la organización de los cubos en un prisma rectangular.

   _____

# Conectar con el Arte

La *arquitectura* es el arte y la ciencia de diseñar edificios y estructuras.

Las Casas Cubo de Rotterdam, que se encuentran en los Países Bajos y que aparecen en la fotografía superior de la derecha, se construyeron en la década de 1970. Cada cubo es una casa inclinada que descansa sobre un pilar hexagonal. Cada una de estas casas representa un árbol abstracto. El conjunto de las Casas Cubo forma un "bosque".

La Torre Cápsula Nakagin, que se muestra a la derecha, es un edificio ubicado en Tokio, Japón, formado por módulos unidos a dos torres centrales. Cada módulo es un prisma rectangular que se conecta con un núcleo de hormigón mediante cuatro grandes pernos. Los módulos pueden ser oficinas o viviendas y se pueden quitar o reemplazar.

**Usa la información para responder las preguntas.**

9. **MÁS AL DETALLE** Hay 38 Casas Cubo. Dentro de cada casa, entran 1,000 cubos unitarios de 1 metro por 1 metro por 1 metro. Usa cubos unitarios para describir las dimensiones de una casa cubo. Recuerda que todas las aristas del cubo tienen la misma longitud.

_____

_____

10. **PIENSA MÁS** La Torre Cápsula Nakagin tiene 140 módulos y 14 pisos de altura. Si todos los módulos se dividieran equitativamente entre la cantidad de pisos, ¿cuántos módulos habría en cada piso? ¿Cuántos prismas rectangulares diferentes se podrían formar con esa cantidad?

_____

11. **PIENSA MÁS** Empareja la figura con el número de cubos unitarios que se necesitarían para construirla. No se utilizarán todos los números de cubos unitarios.

- 6 cubos unitarios
- 7 cubos unitarios
- 8 cubos unitarios
- 9 cubos unitarios
- 10 cubos unitarios
- 12 cubos unitarios

# Cubos unitarios y cuerpos geométricos

**Estándares comunes**

**ESTÁNDAR COMÚN—5.MD.C.3a**
*Medición geométrica: entienden los conceptos sobre volumen y relacionan el volumen a la multiplicación y a la suma.*

**Cuenta la cantidad de cubos usados para formar cada cuerpo geométrico.**

1. _____18_____ cubos unitarios

2. _____ cubos unitarios

3. _____ cubos unitarios

4. _____ cubos unitarios

5. _____ cubos unitarios

6. _____ cubos unitarios

**Compara la cantidad de cubos unitarios de cada cuerpo geométrico. Usa <, > o =.**

7. _____ cubos unitarios ◯ _____ cubos unitarios

8. _____ cubos unitarios ◯ _____ cubos unitarios

## Resolución de problemas · En el mundo

9. Un envase puede contener 1,000 cubos unitarios que miden 1 pulgada por 1 pulgada por 1 pulgada. Usa cubos unitarios para describir las dimensiones del envase.

_____

_____

_____

10. **ESCRIBE** ▸ *Matemáticas* Haz un dibujo de ejemplos de todos los prismas rectangulares que puedes construir con 16 cubos unitarios. Rotula cada ejemplo.

_____

## Repaso de la lección (5.MD.C.3a)

**1.** Carla apiló algunos bloques para formar el siguiente cuerpo geométrico. ¿Cuántos bloques hay en el cuerpo geométrico de Carla?

_____

**2.** Quentin tiene 18 cubos unitarios. Si usa todos los cubos, ¿cuántos prismas rectangulares diferentes puede formar?

_____

## Repaso en espiral (5.MD.A.1, 5.MD.C.3, 5.G.B.4)

**3.** ¿Qué forma tienen las caras laterales de una pirámide?

_____

**4.** La familia Arnold llegó a la playa a las 10:30 a. m. Pasaron allí $3\frac{3}{4}$ horas. ¿A qué hora se fueron de la playa?

_____

**5.** Completa el siguiente enunciado. Escribe _a veces, siempre_ o _nunca._

Los lados opuestos de un paralelogramo son

_____ congruentes.

**6.** La rueda de la bicicleta de Frank se mueve 75 pulgadas en una rotación. ¿Cuántas rotaciones habrá completado la rueda cuando Frank haya recorrido 50 pies?

_____

**PRACTICA MÁS CON EL**
Entrenador personal
en matemáticas

# Comprender el volumen

**Pregunta esencial** ¿Cómo puedes usar un cubo unitario para hallar el volumen de un prisma rectangular?

**Estándares comunes**

**Medición y datos—**
**5.MD.C.3b, 5.MD.C.4**
**PRÁCTICAS MATEMÁTICAS**
**MP3, MP5, MP6**

## Investigar

**RELACIONA** Puedes contar cubos unitarios para hallar el volumen de un prisma rectangular. El **volumen** es la cantidad de espacio que ocupa un cuerpo geométrico medida en **unidades cúbicas**. Cada cubo unitario tiene un volumen de 1 unidad cúbica.

El prisma rectangular de arriba está formado por _____ cubos

unitarios y tiene un volumen de _____ unidades cúbicas.

**Materiales** ■ patrón A de un prisma rectangular ■ cubos de 1 centímetro

**A.** Recorta, pliega y pega con cinta adhesiva el patrón para formar un prisma rectangular.

**B.** Usa cubos de 1 centímetro para llenar la base del prisma rectangular sin que queden espacios vacíos ni superposiciones. Cada cubo de 1 centímetro tiene una longitud, un ancho y una altura de 1 centímetro y un volumen de 1 centímetro cúbico.

- ¿Cuántos cubos de 1 centímetro forman la longitud de la primera capa? ¿Y el ancho? ¿Y la altura?

   longitud: _____ ancho: _____ altura: _____

- ¿Cuántos cubos de 1 centímetro se usan para llenar la base? _____

**C.** Sigue llenando el prisma rectangular, capa a capa. Cuenta el número de cubos de 1 centímetro que usaste en cada capa.

- ¿Cuántos cubos de 1 centímetro hay en cada capa? _____

- ¿Cuántas capas de cubos llenan el prisma rectangular? _____

- ¿Cuántos cubos de 1 centímetro llenan el prisma? _____

Entonces, el volumen del prisma rectangular es _____ centímetros cúbicos.

## Sacar conclusiones

1. Describe la relación que hay entre el número de cubos de 1 centímetro que usaste para completar cada capa, el número de capas y el volumen del prisma.

_____

_____

_____

2. **PRÁCTICA MATEMÁTICA ❸ Aplica** Si tuvieras un prisma rectangular con una longitud de 3 unidades, un ancho de 4 unidades y una altura de 2 unidades, ¿cuántos cubos unitarios necesitarías para cada capa? ¿Cuántos cubos unitarios necesitarías para llenar el prisma rectangular?

_____

_____

## Hacer conexiones

Para hallar el volumen de figuras tridimensionales, mides en tres direcciones. Si se trata de un prisma rectangular, mides la longitud, el ancho y la altura. Usa unidades cúbicas como cm cúb. in cúb. o pie cúb.

1 cm cúb.

1 in cúb.

- ¿Qué tiene un volumen mayor: 1 cm cúb. o 1 in cúb. **Explica.**

_____

_____

Halla el volumen del prisma si cada cubo representa 1 cm cúb. 1 in cúb. y 1 pie cúb.

2 unidades

6 unidades

3 unidades

_____ cm cúb.

_____ in cúb.

_____ pies cúb.

- **PRÁCTICA MATEMÁTICA ❻** Si el prisma de arriba estuviera formado por cubos de 1 centímetro, cubos de 1 pulgada o cubos de 1 pie, ¿tendría el mismo tamaño? **Explica.**

_____

_____

_____

Nombre _____

## Comparte y muestra

**Usa la unidad dada. Halla el volumen.**

**1.**

3 cm

4 cm

4 cm

Cada cubo = 1 cm cúb.

Volumen = _____ _____ cúb.

**2.**

4 in

2 in

3 in

Cada cubo = 1 in cúb.

Volumen = _____ _____ cúb.

**3.**

3 pies

2 pies

6 pies

Cada cubo = 1 pie cúb.

Volumen = _____ _____ cúb.

**4.**

3 in

4 in

5 in

Cada cubo = 1 in cúb.

Volumen = _____ _____ cúb.

**Compara los volúmenes. Escribe <, > o =.**

**5.**

2 in

2 in

8 in

Cada cubo = 1 in cúb.

2 in

4 in

4 in

Cada cubo = 1 in cúb.

_____ in cúb. ◯ _____ in cúb.

**6.**

3 pies

4 pies

9 pies

Cada cubo = 1 pie cúb.

2 pies

5 pies

8 pies

Cada cubo = 1 pie cúb.

_____ pies cúb. ◯ _____ pies cúb.

# Resolución de problemas • Aplicaciones  En el mundo

7. **PRÁCTICA MATEMÁTICA ③ Verifica el razonamiento de otros** Gerardo dice que el volumén de un cubo con aristas que miden 10 centímetros es el doble del volumen de un cubo con lados que miden 5 centímetros. Explica y corrige el error de Gerardo.

ESCRIBE ▸ *Matemáticas*
**Muestra tu trabajo**

_____

_____

_____

_____

_____

_____

8. **PIENSA MÁS** Pia construyó un prisma rectangular con cubos. La base del prisma tiene 12 cubos de 1 centímetro. Si el prisma está formado por 108 cubos de 1 centímetro, ¿Cuál es la altura del prisma?

_____

9. **MÁS AL DETALLE** Una empresa de embalajes hace cajas con aristas que miden 3 pies cada una. ¿Cuál es el volumen de las cajas? Si se colocan 10 cajas en un contenedor para envíos grande y rectangular que se llena completamente sin que queden espacios vacíos ni superposiciones, ¿cuál es el volumen del contenedor?

_____

10. **PIENSA MÁS** Carlton utilizó cubos de 1 centímetro para construir un prisma rectangular.

Halla el volumen del prisma rectangular que

Carlton construyó.

_____ centímetros cúbicos

5 cm

3 cm

4 cm

# Comprender el volumen

**Estándares comunes** **ESTÁNDARES COMUNES—5.MD.C.3b**
**5.MD.C.4** *Medición geométrica: entienden los conceptos sobre volumen y relacionan el volumen a la multiplicación y a la suma.*

**Usa la unidad dada. Halla el volumen.**

**1.**

3 cm
7 cm
5 cm
Cada cubo = 1 cm cúb.

Volumen = _____105 cm_____ cúb.

**2.**

3 in
2 in
8 in
Cada cubo = 1 in cúb.

Volumen = _____ cúb.

**3.**

2 pies
4 pies
7 pies
Cada cubo = 1 pie cúb.

Volumen = _____ cúb.

**4.**

5 cm
5 cm
5 cm
Cada cubo = 1 cm cúb.

Volumen = _____ cúb.

**5.** Compara los volúmenes. Escribe <, > o =.

4 pies
3 pies
5 pies
Cada cubo = 1 pie cúb.

_____ pies cúb. ◯ _____ pies cúb.

2 pies
5 pies
6 pies
Cada cubo = 1 pie cúb.

## Resolución de problemas En el mundo

**6.** Un fabricante envía su producto en cajas cuyas aristas miden 4 pulgadas cada una. Si se colocan 12 cajas dentro de una caja más grande y la llenan por completo, ¿cuál es el volumen de la caja más grande?

_____

_____

**7.** Matt y Mindy formaron prismas rectangulares que miden 5 unidades de longitud, 2 unidades de ancho y 4 unidades de altura cada uno. Matt usó cubos que miden 1 cm de lado. Mindy usó cubos que miden 1 in de lado. ¿Cuál es el volumen de cada prisma?

_____

_____

## Repaso de la lección (5.MD.C.3b, 5.MD.C.4)

**1.** Elena empacó 48 cubos en esta caja. Cada cubo tiene aristas que miden 1 centímetro. ¿Cuántas capas de cubos formó Elena?

**2.** ¿Cuál es el volumen del prisma rectangular?

5 pies

6 pies

8 pies

Cada cubo = 1 pie cúb.

## Repaso en espiral (5.MD.A.1, 5.G.A.1, 5.G.B.3, 5.G.B.4)

**3.** Juan hizo un diseño con polígonos. ¿Qué polígono del diseño de Juan es un pentágono?

**4.** ¿Qué par ordenado describe la ubicación del punto $P$?

**5.** ¿Cuál es el menor número de ángulos agudos que puede tener un triángulo?

**6.** Karen compró 3 libras de queso para servir en una merienda. ¿Cuántas onzas de queso compró Karen?

PRACTICA MÁS CON EL

Entrenador personal en matemáticas

Nombre _____

# Estimar el volumen

**Pregunta esencial** ¿Cómo puedes usar un objeto común para estimar el volumen de un prisma rectangular?

**Estándares comunes** Medición y datos—
**5.MD.C.4** *También 5.MD.C.3b*
**PRÁCTICAS MATEMÁTICAS**
**MP1, MP2, MP6**

## Investigar

Izzy envía 20 cajas de crayones por correo a una organización educativa para niños en el extranjero. Hay dos cajas de envío de distinto tamaño. Si se usa una caja de crayones como unidad cúbica, ¿alrededor de cuál es el volumen de cada caja de envío, en cajas de crayones? ¿Qué caja de envío debería usar Izzy para enviar los crayones por correo?

**Materiales** ■ patrón B de un prisma rectangular ■ 2 cajas de distinto tamaño

**A.** Recorta, pliega y pega con cinta adhesiva el patrón para formar un prisma rectangular. Rotula el prisma "Crayones". Puedes usar este prisma para estimar y comparar el volumen de las dos cajas.

**B.** Usa la caja de crayones que hiciste y cuenta para hallar el número de cajas que forman la base de la caja de envío. Estima la longitud a la unidad entera más próxima.

**Número de cajas de crayones que llenan la base:**

Caja 1: _____     Caja 2: _____

**C.** Comienza con la caja de crayones en la misma posición y cuenta para hallar el número de cajas de crayones que forman la altura de la caja de envío. Estima la altura a la unidad entera más próxima.

**Número de capas:**

Caja 1: _____     Caja 2: _____

La caja 1 tiene un volumen de _____ cajas de crayones

y la caja 2 tiene un volumen de _____ cajas de crayones.

Entonces, Izzy debería usar la caja _____ para enviar los crayones.

1. **PRÁCTICA MATEMÁTICA ⑥** **Explica** cómo estimaste el volumen de las cajas de envío.

   _____

   _____

   _____

2. **PRÁCTICA MATEMÁTICA ①** **Analiza** Si tuvieras que estimar a la unidad entera más próxima para hallar el volumen de una caja de envío, ¿cómo podrías colocar en la caja de envío más cajas de crayones de las que estimaste? Explica.

   _____

   _____

   _____

## Hacer conexiones

La caja de crayones tiene una longitud de 3 pulgadas, un ancho de 4 pulgadas y una altura de 1 pulgada.

El volumen de la caja de crayones es _____ pulgadas cúbicas.

Usa la caja de crayones para estimar el volumen en pulgadas cúbicas de la caja que está a la derecha.

- La caja de la derecha contiene _____ cajas de

  crayones en cada una de las _____ capas,

  o un total de _____ cajas de crayones.

- Multiplica el volumen de 1 caja de crayones por el número estimado de cajas de crayones que entran en la caja que está a la derecha.

  _____ × _____ = _____

Entonces, el volumen de la caja de envío que está a la

derecha es alrededor de _____ pulgadas cúbicas.

## Comparte y muestra

**Estima el volumen.**

1. Cada caja de pañuelos de papel tiene un volumen de 125 pulgadas cúbicas.

   Hay _____ cajas de pañuelos en la caja más grande. El volumen estimado de la caja que contiene las cajas de pañuelos es

   _____ × 125 = _____ in cúb.

2. Volumen de la caja de tizas: 16 in cúb.

   Volumen de la caja grande: _____

3. Volumen del joyero pequeño: 30 cm cúb.

   Volumen de la caja grande: _____

## Resolución de problemas • Aplicaciones

4. **PRÁCTICA MATEMÁTICA ②** **Usa el razonamiento** Jamie quiere enviar una caja con libros para donar a un centro comunitario. El volumen de cada libro es 80 pulgadas cúbicas. El dibujo muestra el número de libros que colocó en la caja. Jamie puede colocar una capa más de libros en la caja. ¿Cuál es el volumen aproximado de la caja?

   _____

5. **MÁS AL DETALLE** Anna está juntando cajas de cereal para llevarlas a un banco de alimentos. El volumen de cada caja de cereal es 324 pulgadas cúbicas. La ilustración muestra las cajas de cereal que ha juntado hasta el momento. Una caja de entrega mide tres veces más que las cajas que Anna ha juntado. ¿Cuál es el volumen de la caja de entrega?

   _____

**PIENSA MÁS** ¿Tiene sentido?

**6.** Marcelle usó uno de sus libros para estimar el volumen de las dos cajas de abajo. Su libro tiene un volumen de 48 pulgadas cúbicas. La caja 1 contiene aproximadamente 7 capas de libros y la caja 2 contiene aproximadamente 14 capas de libros. Marcelle dice que las dos cajas tienen aproximadamente el mismo volumen.

Caja 1          Caja 2

• ¿Tiene sentido el enunciado de Marcelle? Explica tu respuesta.

_____

_____

_____

_____

_____

_____

_____

**7.** **PIENSA MÁS** Un paquete de cuadernos tiene una longitud de 5 pulgadas, un ancho de 12 pulgadas y una altura de 1 pulgada. El paquete de cuadernos será enviado en una caja que puede contener 12 paquetes de cuadernos. Elige Verdadero o Falso para cada uno de los enunciados 7a a 7c.

**7a.** Cada paquete de cuadernos tiene un volumen de 60 pulgadas cúbicas.       ○ Verdadero  ○ Falso

**7b.** La caja tiene un volumen aproximado de 720 pulgadas cúbicas.    ○ Verdadero  ○ Falso

**7c.** Si la caja contiene 15 paquetes de cuadernos, tendrá un volumen aproximado de 1,200 pulgadas cúbicas.      ○ Verdadero  ○ Falso

# Estimar el volumen

**Estándares comunes**

**ESTÁNDAR COMÚN—5.MD.C.4**
*Medición geométrica: entienden los conceptos sobre volumen y relacionan el volumen a la multiplicación y a la suma.*

**Estima el volumen.**

**1.** Volumen del paquete de papel: 200 in cúb.

**Piensa:** Cada paquete de papel tiene un volumen

de 200 in cúb. Hay __8__ paquetes de papel en la caja más grande. Entonces, el volumen de la

caja grande es alrededor de __8__ × 200 o

__1,600__ pulgadas cúbicas.

Volumen de la caja grande: __1,600 in cúb.__

**2.** Volumen de la caja de arroz: 500 cm cúb.

Volumen de la caja grande: _____

**3.** Volumen de la caja de té: 40 in cúb.

Volumen de la caja grande: _____

**4.** Volumen de la caja de DVD: 20 in cúb.

Volumen de la caja grande: _____

## Resolución de problemas En el mundo

**5.** Theo llena una caja grande con cajas de grapas. El volumen de cada caja de grapas es 120 cm cúb. Estima el volumen de la caja grande.

**6.** **ESCRIBE** *Matemáticas* Explica cómo puedes calcular el volumen de un recipiente grande que contiene 5 filas de 4 cajas pequeñas de cereal en su capa inferior y tiene una altura de 3 capas. Cada caja de cereal tiene un volumen de 16 pulgadas cúbicas.

## Repaso de la lección (5.MD.C.4)

**1.** Melanie empaca cajas de sobres en una caja más grande. El volumen de cada caja de sobres es 1,200 centímetros cúbicos. ¿Cuál es el volumen aproximado de la caja grande?

**2.** Calvin empaca cajas de tarjetas de felicitación en una caja más grande. El volumen de cada caja de tarjetas de felicitación es 90 pulgadas cúbicas. ¿Cuál es el volumen aproximado de la caja grande?

---

## Repaso en espiral (5.MD.A.1, 5.MD.C.3a, 5.MD.C.3b, 5.MD.C.4)

**3.** Rosa tiene 16 cubos de una unidad. ¿Cuántos prismas rectangulares diferentes puede formar con los cubos?

**4.** Cada cubo representa 1 pulgada cúbica. ¿Cuál es el volumen del prisma?

**5.** Cierto acuario contiene 20 galones de agua. ¿Cuántos cuartos de agua contiene el acuario?

**6.** Monique participó en una carrera de 5 kilómetros. ¿Cuántos metros corrió Monique?

© Houghton Mifflin Harcourt Publishing Company

PRACTICA MÁS CON EL
Entrenador personal
en matemáticas

Nombre _____

# El volumen de los prismas rectangulares

**Pregunta esencial** ¿Cómo puedes hallar el volumen de un prisma rectangular?

**Estándares comunes** Medición y datos—
5.MD.C.5b, 5.MD.C.5a
PRÁCTICAS MATEMÁTICAS
MP1, MP2, MP6

**RELACIONA** La base de un prisma rectangular es un rectángulo. Sabes que el área se mide en unidades cuadradas, o unidades$^2$, y que puedes multiplicar la longitud y el ancho de un rectángulo para hallar su área.

El volumen se mide en unidades cúbicas, o unidades$^3$. Cuando formas un prisma y añades capas de cubos, añades una tercera dimensión: la altura.

El área de la base

es _____ unidades cuad.

## Soluciona el problema En el mundo

Sid usa cubos de 1 pulgada para formar un prisma rectangular. La base del prisma es un rectángulo y su altura es 4 cubos. ¿Cuál es el volumen del prisma rectangular que formó Sid?

Puedes multiplicar el número de unidades cuadradas de la figura de la base por el número de capas, o su altura, para hallar el volumen de un prisma en unidades cúbicas.

Cada capa del prisma rectangular de Sid está

formada por _____ cubos de 1 pulgada.

| Altura (en capas) | 1 | 2 | 3 | 4 |
|---|---|---|---|---|
| Volumen (en pulgadas cúbicas) | 12 | 24 | | |

Multiplica la altura por _____.

**1.** ¿Cómo cambia el volumen al añadir cada capa?

_____

_____

**2.** ¿Qué representa el número por el que multiplicas la altura?

_____

_____

Entonces, el volumen del prisma rectangular de Sid es _____ in$^3$.

## Relaciona la altura con el volumen

Toni apila en una caja de depósito cuentas en forma de cubo con aristas que miden 1 centímetro. La caja puede contener 6 capas de 24 cubos sin que queden espacios vacíos ni superposiciones. ¿Cuál es el volumen de la caja de cuentas de Toni?

- ¿Cuáles son las dimensiones de la base de la caja?

_____

- ¿Qué operación puedes usar para hallar el área de la base?

_____

---

### 🔒 De una manera  Usa la base y la altura.

El volumen de cada cuenta es _____ cm³.

La base de la caja de depósito tiene un área de _____ cm².

La altura de la caja de depósito es _____ centímetros.

El volumen de la caja de depósito es

_____ × _____, o _____ cm³.
Área de la
   base

### 🔒 De otra manera  Usa la longitud, el ancho y la altura.

Sabes que el área de la base de la caja de depósito es 24 cm².

La base tiene una longitud de _____ centímetros

y un ancho de _____ centímetros. La altura

es _____ centímetros. El volumen de la caja de depósito es

( _____ × _____ ) × _____, o _____ × _____, o _____ cm³.
       Área de la base

Entonces, el volumen de la caja de depósito es _____ cm³.

---

3. **PIENSA MÁS**  ¿Qué pasaría si cada cuenta en forma de cubo midiera 2 centímetros de cada lado? ¿Cómo cambiarían las dimensiones de la caja de depósito? ¿Cómo cambiaría el volumen?

_____

_____

_____

Nombre _____

**Halla el volumen.**

**1.** La longitud del prisma rectangular es _____.

El ancho es _____. Entonces, el área de la base es _____.

La altura es _____. Entonces, el volumen del cubo es _____.

**2.**

3 cm
3 cm
2 cm

Volumen: _____

**3.**

1 in
6 in
2 in

Volumen: _____

**Charla matemática**  **PRÁCTICAS MATEMÁTICAS 6**

Explica por qué se usa el exponente 2 para expresar la medida del área y el exponente 3 para expresar la medida del volumen.

## Por tu cuenta

**4.** **PRÁCTICA MATEMÁTICA 2 Razona de forma cuantitativa** Rachel, Timothy y Robyn crean el prisma rectangular que se muestra a la derecha. Si juntan los tres prismas que han creado, lado con lado, para crear un prisma rectangular grande, ¿cuál es el volumen del nuevo prisma? ¿Cómo cambiaron las dimensiones?

3 mm
8 mm
1 mm

_____

_____

_____

**5.** **MÁS AL DETALLE** El prisma rectangular está hecho con cubos de 1 pulgada. Si se colocan dos capas más de cubos arriba del prisma rectangular, ¿cuántos cubos se agregaron al prisma? ¿Cuál será el volumen del nuevo prisma rectangular?

4 in
7 in
7 in

_____

# Resolución de problemas · Aplicaciones En el mundo

6. **PIENSA MÁS** Rich construye un cajón de viaje para su perro Thomas, una cruza de beagle que mide alrededor de 30 pulgadas de largo, 12 pulgadas de ancho y 24 pulgadas de altura. Para que Thomas viaje cómodo, el cajón debe ser un prisma rectangular que mida alrededor de 12 pulgadas más que él de longitud y de ancho, y alrededor de 6 pulgadas más que él de altura. ¿Cuál es el volumen del cajón de viaje que debe construir Rich?

_____

_____

_____

7. ¿Qué sucede con el volumen de un prisma rectangular si duplicas la altura? Da un ejemplo.

_____

8. **PRÁCTICA MATEMÁTICA ⑥ Usa vocabulario matemático** Describe la diferencia entre el área y el volumen.

_____

_____

_____

_____

9. **PIENSA MÁS** John usó cubos de 1 pulgada para hacer un prisma rectangular. Elige el valor de las fichas que corresponda para completar los enunciados 9a a 9d de manera correcta. Se puede usar cada valor más de una vez o puede no usarse.

| 1 | 3 | 5 | 7 | 12 | 35 | 125 | 175 |

5 in   5 in   7 in

9a. Cada cubo tiene un volumen de ☐ pulgada(s) cúbica(s).

9b. Cada capa del prisma está compuesta por ☐ cubos.

9c. Hay ☐ capas de cubos.

9d. El volumen del prisma es ☐ pulgadas cúbicas.

# El volumen de los prismas rectangulares

**Estándares comunes**

**ESTÁNDAR COMÚN—5.MD.C.5a**
*Medición geométrica: entienden los conceptos sobre volumen y relacionan el volumen a la multiplicación y a la suma.*

**Halla el volumen.**

**1.**

3 cm
5 cm
6 cm

Volumen: ___ 90 cm³ ___

**2.**

4 in
2 in
12 in

Volumen: _____

**3.**

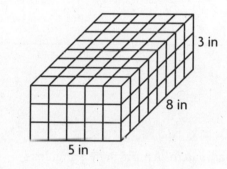

3 in
8 in
5 in

Volumen: _____

**4.**

4 pies
6 pies
6 pies

Volumen: _____

# Resolución de problemas · En el mundo

**5.** Aarón guarda sus tarjetas de béisbol en una caja de cartón que mide 12 pulgadas de longitud, 8 pulgadas de ancho y 3 pulgadas de altura. ¿Cuál es el volumen de esa caja?

_____

**6.** El joyero de Amanda tiene la forma de un cubo y aristas de 6 pulgadas. ¿Cuál es el volumen del joyero de Amanda?

_____

**7.** **ESCRIBE** ▸ *Matemáticas* Escribe un problema para hallar el volumen de una caja. Haz un dibujo de la caja, resuelve el problema y explica cómo hallaste el resultado.

_____

_____

_____

## Repaso de la lección (5.MD.C.5a)

**1.** Laini usa cubos de 1 pulgada para formar la caja que se muestra abajo. ¿Cuál es el volumen de la caja?

8 in

2 in

3 in

**2.** Mason apiló cajas con forma de cubos de 1 pie en un depósito. ¿Cuál es el volumen de la pila de cajas?

4 pies

6 pies

8 pies

## Repaso en espiral (5.MD.A.1, 5.G.B.3, 5.G.B.4)

**3.** ¿Qué tipo de triángulo se muestra abajo?

60°

30°

**4.** ¿Qué cuadrilátero siempre tiene 4 ángulos congruentes y lados opuestos que son congruentes y paralelos?

**5.** Suzanne mide 64 pulgadas de estatura. ¿Cuál es la estatura de Suzanne en pies y pulgadas?

**6.** Trevor compró 8 galones de pintura para pintar su casa. Usó todo, excepto 1 cuarto. ¿Cuántos cuartos de pintura usó Trevor?

PRACTICA MÁS CON EL
Entrenador personal
en matemáticas

# Aplicar fórmulas de volumen

**Pregunta esencial** ¿Cómo puedes usar una fórmula para hallar el volumen de un prisma rectangular?

**Estándares comunes** Medición y datos—5.MD.C.5a, 5.MD.C.5b
**PRÁCTICAS MATEMÁTICAS**
MP2, MP6

**RELACIONA** Ambos prismas tienen las mismas dimensiones y el mismo volumen.

3 in
4 in
4 in

3 in
4 in
4 in

## 🔑 Soluciona el problema *En el mundo*

Mike hace una caja para guardar sus DVD favoritos. La longitud de la caja es 7 pulgadas, el ancho es 5 pulgadas y la altura es 3 pulgadas. ¿Cuál es el volumen de la caja que hace Mike?

- Subraya lo que tienes que hallar.
- Encierra en un círculo los números que debes usar para resolver el problema.

### 🔒 De una manera Usa la longitud, el ancho y la altura.

Puedes usar una fórmula para hallar el volumen de un prisma rectangular.

> Volumen = longitud × ancho × altura
>
> $V = l \times a \times h$

**PASO 1** Identifica la longitud, el ancho y la altura del prisma rectangular.

longitud = _____ in

ancho = _____ in

altura = _____ in

3 in
5 in
7 in

**Charla matemática** PRÁCTICAS MATEMÁTICAS ②

Relaciona símbolos y palabras ¿Cómo puedes usar la propiedad asociativa para agrupar la parte de la fórmula que representa el área?

**PASO 2** Multiplica la longitud por el ancho.

_____ × _____ = _____

**PASO 3** Multiplica el producto de la longitud y el ancho por la altura.

35 × _____ = _____

Entonces, el volumen de la caja de DVD de Mike es _____ pulgadas cúbicas.

Has aprendido una fórmula para hallar el volumen de un prisma rectangular.
También puedes usar otra fórmula.

> Volumen = área de la Base × altura
>
> $V = B \times h$
>
> $B$ = área de la figura de la base
>
> $h$ = altura del cuerpo geométrico

## 🔑 De otra manera Usa el área de la figura de la base y la altura.

La familia de Emilio tiene un kit para armar castillos de arena. El kit trae moldes de varios cuerpos geométricos que se pueden usar para hacer los castillos. Uno de los moldes es un prisma rectangular como el que está a la derecha. ¿Cuánta arena se necesita para llenar el molde?

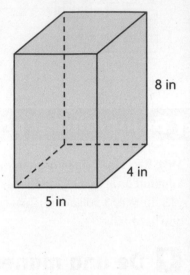

8 in

4 in

5 in

Reemplaza $B$ con una expresión para el área de la figura de la base. Reemplaza $h$ con la altura del cuerpo geométrico.

Multiplica.

$V =$ _____ $B$ _____ × $h$

$V = ($ _____ × _____ $) \times$ _____

$V =$ _____ × _____

$V =$ _____ in cúb.

Entonces, se necesitan _____ pulgadas cúbicas de arena para llenar el molde con forma de prisma rectangular.

## ¡Inténtalo!

**A** Halla el volumen.

5 pies

4 pies

7 pies

$V = l \times a \times h$

$V =$ _____ × _____ × _____

$V =$ _____ × _____

$V =$ _____ pies cúb.

**B** Halla la medida desconocida.

■ cm

4 cm

5 cm

$V = 60$ cm cúb.

$V = l \times a \times h$

$60 =$ _____ × _____ × ■

$60 =$ _____ × ■

**Piensa:** Si llenara este prisma con cubos de 1 centímetro, cada capa tendría 20 cubos. ¿Cuántas capas de 20 cubos equivalen a 60?

Entonces, la medida desconocida es _____ cm.

Nombre _____

## Comparte y muestra MATH BOARD

**Halla el volumen.**

1.

5 pies
4 pies
2 pies

V = _____

2.
9 cm
4 cm
4 cm

V = _____

## Por tu cuenta

**Halla el volumen.**

3.
6 in
6 in
6 in

V = _____

4.
4 pies
4 pies
12 pies

V = _____

5. **MÁS AL DETALLE** Cheryl tiene una caja con forma de prisma rectangular. La altura de la caja es el doble de su longitud, la longitud es de 3 veces su anchura y mide 6 pulgadas de ancho. ¿Cuál es el volumen de la caja?

_____

**PRÁCTICA MATEMÁTICA ②** Usa el razonamiento **Álgebra** Halla la medida desconocida.

6.

■ pies
6 pies
7 pies

V = 420 pies cúb.   ■ = _____ pies

7.

■ cm
15 cm
6 cm

V = 900 cm cúb.   ■ = _____ cm

## Resolución de problemas • Aplicaciones En el mundo

**8.** El restaurante Jade tiene una pecera grande en exposición en la entrada. La base de la pecera mide 5 pies por 2 pies. La altura de la pecera es 4 pies. ¿Cuántos pies cúbicos de agua se necesitan para llenar completamente la pecera?

_____

**9.** MÁS AL DETALLE  El restaurante Perla colocó una pecera más grande en su entrada. La base de su pecera mide 6 pies por 3 pies y la altura es 4 pies. ¿Cuánta más agua, en pies cúbicos, contiene la pecera del restaurante Perla que la pecera del restaurante Jade?

_____

**10.** PIENSA MÁS  Eddie usó un pequeño envase de alimento para peces para medir su pecera. El envase tiene un área de base de 6 pulgadas y una altura de 4 pulgadas. Eddie halló que el volumen de la pecera es 3,456 pulgadas cúbicas. ¿Cuántos envases de alimento para peces entrarían en la pecera? Explica tu respuesta.

_____

_____

_____

_____

**11.** PIENSA MÁS  Manuel guarda sus CDs en una caja como la que se muestra a continuación.

Usa los números y símbolos de las fichas para escribir una fórmula que represente el volumen de la caja. Los símbolos se pueden usar más de una vez o ninguna.

7 cm

10 cm

15 cm

| V | 7 | 10 | 15 | = | + | × | − | ÷ |

_____

¿Cuál es el volumen de la caja? _____ centímetros cúbicos

## Aplicar fórmulas de volumen

**Estándares comunes**

**ESTÁNDAR COMÚN—5.MD.C.5b**
*Medición geométrica: entienden los conceptos sobre volumen y relacionan el volumen a la multiplicación y a la suma.*

**Halla el volumen.**

1.

3 pies
2 pies
6 pies

$V = \underline{\quad l \quad} \times \underline{\quad a \quad} \times \underline{\quad h \quad}$

$V = \underline{\quad 6 \quad} \times \underline{\quad 2 \quad} \times \underline{\quad 3 \quad}$

$V = \mathbf{36\ pies^3}$

2.

5 in
2 in
2 in

$V = \underline{\hspace{3cm}}$

3.

5 cm
5 cm
5 cm

$V = \underline{\hspace{3cm}}$

4.

5 pies
3 pies
12 pies

$V = \underline{\hspace{3cm}}$

## Resolución de problemas · En el mundo

5. Una empresa constructora cava un hoyo para hacer una piscina. El hoyo tendrá 12 yardas de longitud, 7 yardas de ancho y 3 yardas de profundidad. ¿Cuántas yardas cúbicas de tierra deberá quitar la empresa?

_____

6. Amy alquila un depósito que mide 15 pies de longitud, 5 pies de ancho y 8 pies de altura. ¿Cuál es el volumen del depósito?

_____

7. **ESCRIBE** ▸ *Matemáticas* Explica cómo hallarías la altura de un prisma rectangular si sabes que el volumen es 60 centímetros cúbicos y que el área de la base es 10 centímetros cuadrados.

_____

_____

## Repaso de la lección (5.MD.C.5b)

1. Sayeed compra una jaula para su cachorro. La jaula mide 20 pulgadas de longitud, 13 pulgadas de ancho y 16 pulgadas de altura. ¿Cuál es el volumen de la jaula?

_____

2. Brittany tiene una caja de regalos con forma de cubo. Cada lado de la caja mide 15 centímetros. ¿Cuál es el volumen de la caja de regalos?

_____

## Repaso en espiral (5.MD.A.1, 5.MD.B.2, 5.MD.C.3a, 5.MD.C.4)

3. Max empaca cajas de cereal en una caja más grande. El volumen de cada caja de cereal es 175 pulgadas cúbicas. ¿Cuál es la mejor estimación del volumen de la caja grande?

4. En la clase de salud, los estudiantes anotan el peso de los emparedados que almuerzan. En el siguiente diagrama de puntos, se muestra el peso de los emparedados. ¿Cuál es el peso promedio de un emparedado?

$$\begin{array}{cccc}
 & X & & \\
 & X & & \\
X & X & X & X \\
X & X & X & X \\
\hline
\frac{1}{8} & \frac{1}{4} & \frac{3}{8} & \frac{1}{2}
\end{array}$$

**Peso de los emparedados (en libras)**

_____

_____

5. Cloe tiene 20 cubos unitarios. ¿Cuántos prismas rectangulares diferentes puede formar con los cubos?

6. Darnell fue al cine con sus amigos. La película comenzó a las 2:35 p. m. y duró 1 hora y 45 minutos. ¿A qué hora terminó la película?

_____

_____

PRACTICA MÁS CON EL
Entrenador personal en matemáticas

# Resolución de problemas •
# Comparar volúmenes

**Pregunta esencial:** ¿Cómo puedes usar la estrategia *hacer una tabla* para comparar prismas rectangulares diferentes que tengan el mismo volumen?

*Estándares comunes* | Medición y datos—
5.MD.C.5b
PRÁCTICAS MATEMÁTICAS
MP1, MP6, MP7

## Soluciona el problema En el mundo

Adam tiene 50 cubos de una pulgada. Todas las aristas de los cubos miden 1 pulgada. Adam se pregunta cuántos prismas rectangulares con bases de diferente tamaño puede formar si apila todos los cubos de una pulgada.

Usa el organizador gráfico de abajo como ayuda para resolver el problema.

## Lee el problema

### ¿Qué debo hallar?

Debo hallar el número de _____

con _____ de diferente tamaño que tienen un

volumen de _____ .

### ¿Qué información debo usar?

Puedo usar la fórmula _____

_____ y los factores de _____ .

### ¿Cómo usaré la información?

Usaré la fórmula y los factores de 50 para completar

una _____ en la que se muestren todas las

combinaciones posibles de dimensiones con un volumen

de _____ sin repetir las

dimensiones de las bases.

## Resuelve el problema

**Completa la tabla.**

| Base (in cuad.) | Altura (in) | Volumen (in cúb.) |
|---|---|---|
| $(1 \times 1)$ | 50 | $(1 \times 1) \times 50 = 50$ |
| $(1 \times 2)$ | 25 | $(1 \times 2) \times 25 = 50$ |
| $(1 \times 5)$ | 10 | $(1 \times 5) \times 10 = 50$ |
| $(1 \times 10)$ | 5 | $(1 \times 10) \times 5 = 50$ |
| $(1 \times 25)$ | 2 | $(1 \times 25) \times 2 = 50$ |
| $(1 \times 50)$ | 1 | $(1 \times 50) \times 1 = 50$ |
| | | |
| | | |
| | | |
| | | |

1. **PRÁCTICA MATEMÁTICA ①** **Evalúa** ¿Qué más debes hacer para resolver el problema? _____

_____

2. ¿Cuántos prismas rectangulares diferentes puede formar Adam con

cincuenta cubos de una pulgada? _____

# 🔓 Haz otro problema

La Sra. Wilton quiere colocar una maceta rectangular en la ventana del frente. Quiere que la maceta contenga exactamente 16 pies cúbicos de tierra. ¿Cuántas macetas diferentes, con dimensiones en números enteros y diferentes tamaños de bases, contendrán 16 pies cúbicos de tierra?

Usa el organizador gráfico de abajo como ayuda para resolver el problema.

| Lee el problema | Resuelve el problema |
|---|---|
| **¿Qué debo hallar?** | |
| **¿Qué información debo usar?** | |
| **¿Cómo usaré la información?** | |

**Charla matemática**

**PRÁCTICAS MATEMÁTICAS ①**

**Entiende los problemas** Explica en qué se diferencian una maceta con dimensiones de $(1 \times 2) \times 8$ y una maceta con dimensiones de $(2 \times 8) \times 1$.

3. ¿Cuántas macetas con bases de diferente tamaño y dimensiones en números enteros contendrán exactamente 16 pies cúbicos de tierra?

_____

© Houghton Mifflin Harcourt Publishing Company

Nombre _____

1. Una empresa hace adoquines de diferentes tamaños. Cada adoquín tiene un volumen de 360 pulgadas cúbicas y una altura de 3 pulgadas. Los adoquines tienen diferentes longitudes y anchos. Ninguno de los adoquines tiene una longitud o ancho de 1 o 2 pulgadas. ¿Cuántos adoquines, cada uno con una base de diferente tamaño, tienen un volumen de 360 pulgadas cúbicas?

**Primero,** piensa qué se te pide que resuelvas en el problema y qué información tienes.

**A continuación**, usa la información del problema para hacer una tabla.

**Por último,** usa la tabla para resolver el problema.

_____

_____

_____

**ESCRIBE** *Matemáticas*
**Muestra tu trabajo**

2. ¿Qué pasaría si los adoquines de 360 pulgadas cúbicas tuvieran un grosor de 4 pulgadas y cualquier longitud y ancho que sean números enteros? ¿Cuántos adoquines diferentes se podrían hacer? Supón que el precio de un adoquín de ese tamaño es $2.5, más $0.18 cada 4 pulgadas cúbicas de adoquín. ¿Cuánto costaría el adoquín?

_____

_____

_____

3. Una empresa hace piscinas inflables que vienen en cuatro tamaños de prismas rectangulares. La longitud de cada piscina es el doble del ancho y el doble de la profundidad. La profundidad de cada piscina es un número entero de 2 a 5 pies. Si las piscinas se llenan hasta el borde, ¿cuál es el volumen de cada piscina?

_____

_____

_____

## Por tu cuenta

**4.** **MÁS AL DETALLE** Hay dos peceras en venta y Ray quiere comprar la más grande. Una pecera tiene una base de 20 pulgadas por 20 pulgadas y una altura de 18 pulgadas. La otra pecera tiene una base de 40 pulgadas por 12 pulgadas y una altura de 12 pulgadas. ¿Qué pecera tiene mayor volumen? ¿Cuánto mayor es su volumen?

_____

_____

ESCRIBE ▸ *Matemáticas*
**Muestra tu trabajo**

**5.** **PIENSA MÁS** El Sr. Rodríguez trabaja en una tienda. Quiere ubicar 12 juguetes en una vitrina con forma de prisma rectangular. Los juguetes están guardados en cajas que tienen forma de cubo. ¿Cuántos prismas rectangulares con bases de diferentes tamaños puede construir con las cajas?

_____

**6.** **PRÁCTICA MATEMÁTICA ⑥** Marilyn tiene 4,000 cubos de 1 pulgada. Quiere guardarlos en un envase. El envase mide 1 pie de altura y su base 1 pie por 2 pies. ¿Entrarán todos los cubos en el envase? **Explica** tu respuesta.

_____

_____

_____

**7.** **PIENSA MÁS** La piscina inflable de Dakota tiene un volumen de 8,640 pulgadas cúbicas. ¿Cuáles pueden ser las dimensiones de la piscina inflable. Marca todas las opciones que correspondan.

Ⓐ  24 in por 30 in por 12 in

Ⓑ  27 in por 32 in por 10 in

Ⓒ  28 in por 31 in por 13 in

Ⓓ  30 in por 37 in por 18 in

## Resolución de problemas •
## Comparar volúmenes

Estándares
comunes

**ESTÁNDAR COMÚN—5.MD.C.5b**
*Medición geométrica: entienden los conceptos
sobre volumen y relacionan el volumen a la
multiplicación y a la suma.*

**Haz una tabla como ayuda para resolver los problemas.**

1. Anita quiere hacer el molde de una vela. Quiere que la vela
   tenga forma de prisma rectangular, con un volumen de
   exactamente 28 centímetros cúbicos. Quiere que los lados
   sean números enteros en centímetros. ¿Cuántos moldes
   diferentes puede hacer?                            _____10 moldes_____

2. Anita decide que quiere que los moldes tengan una
   base cuadrada. ¿Cuántos de los moldes posibles
   puede usar?                                        _____

3. Raymond quiere hacer una caja que tenga un volumen de
   360 pulgadas cúbicas. Quiere que la altura sea 10 pulgadas
   y que las otras dos dimensiones sean números enteros en
   pulgadas. ¿Cuántas cajas de diferentes tamaños puede
   hacer?                                             _____

4. Jeff colocó una caja pequeña de 12 pulgadas de largo,
   8 pulgadas de ancho y 4 pulgadas de altura dentro de
   una caja de 20 pulgadas de largo, 15 pulgadas de ancho
   y 9 pulgadas de altura. ¿Cuánto espacio queda en la caja
   más grande?                                        _____

5. La Sra. Nelson tiene una maceta rectangular que mide
   5 pies de largo y 2 pies de altura. Quiere que el ancho no sea
   más de 5 pies. Si el ancho es un número entero, ¿cuáles son
   los volúmenes posibles de la maceta?               _____

6. **ESCRIBE** *Matemáticas* Usa dibujos de prismas rectangulares para definir, en tus
   propias palabras, perímetro, área y volumen. Usa lápices de colores para resaltar a qué se
   refiere cada término.

   _____

## Repaso de la lección (5.MD.C.5b)

1. Para guardar su colección de fotos, Corey compró un recipiente con forma de prisma rectangular. Si las dimensiones del recipiente son 6 in por 8 in por 10 in, ¿cuál es su volumen?

2. Aleka tiene una caja de recuerdos con un volumen de 576 pulgadas cúbicas. La longitud de la caja es 12 pulgadas y el ancho es 8 pulgadas. ¿Cuál es la altura de la caja?

## Repaso en espiral (5.MD.A.1, 5.MD.C.3, 5.MD.C.5a, 5.MD.C.5b)

3. Una película dura 2 horas y 28 minutos. Comienza a las 7:50 p. m. ¿A qué hora terminará la película?

4. ¿Cuántas caras rectangulares tiene una pirámide pentagonal?

5. Un acuario tiene forma de prisma rectangular. Mide 24 pulgadas de longitud, 12 pulgadas de ancho y 14 pulgadas de altura. ¿Cuánta agua puede contener el acuario?

6. ¿Cuál es el volumen del prisma rectangular que se muestra?

2 m  6 m  3 m

© Houghton Mifflin Harcourt Publishing Company

# Hallar el volumen de figuras compuestas

**Pregunta esencial** ¿Cómo puedes hallar el volumen de prismas rectangulares que están combinados?

Estándares comunes — Medición y datos—
**5.MD.C.5c** También 5.MD.C.5b
**PRÁCTICAS MATEMÁTICAS**
MP3, MP6

## Soluciona el problema En el mundo

La figura que está a la derecha es una figura compuesta. Está formada por dos prismas rectangulares combinados. ¿Cómo puedes hallar el volumen de la figura?

### De una manera Usa la suma.

**PASO 1** Separa el cuerpo geométrico en dos prismas rectangulares.

**PASO 2** Halla la longitud, el ancho y la altura de cada prisma.

**Piensa:** La altura total de ambos prismas es 6 pulgadas. Resta las alturas dadas para hallar la altura desconocida. 6 − 2 = 4

**PASO 3** Halla el volumen de cada prisma.

$V = l \times a \times h$

$V = \_\_\_ \times \_\_\_ \times \_\_\_$

$V = \_\_\_$ in³

$V = l \times a \times h$

$V = \_\_\_ \times \_\_\_ \times \_\_\_$

$V = \_\_\_$ in³

**PASO 4** Suma el volumen de los prismas rectangulares.

\_\_\_ + \_\_\_ = \_\_\_

Entonces, el volumen de la figura compuesta es \_\_\_ pulgadas cúbicas.

**PRÁCTICA MATEMÁTICA ③ Compara estrategias** ¿De qué otra manera podrías separar la figura compuesta en dos prismas rectangulares?

# 🔓 De otra manera Usa la resta.

Puedes restar el volumen de los prismas que habría en los espacios vacíos del mayor volumen posible para hallar el volumen de una figura compuesta.

## PASO 1

Halla el mayor volumen posible.

longitud = _____ in

ancho = _____ in

altura = _____ in

V = _____ pulgadas cúbicas

## PASO 2

Halla el volumen del prisma del espacio vacío.

longitud = _____ in      **Piensa:** 10 − 2 = 8

ancho = _____ in

altura = _____ in       **Piensa:** 6 − 2 = 4

V = 8 × 4 × 4 = _____ pulgadas cúbicas

## PASO 3

Resta el volumen del espacio vacío del mayor volumen posible.

_____ − _____ = _____ pulgadas cúbicas

Entonces, el volumen de la figura compuesta es _____ pulgadas cúbicas.

## ¡Inténtalo!

Halla el volumen de la figura compuesta que se forma al combinar más de dos prismas rectangulares.

V = _____ × _____ × _____ = _____ pies cúb.

V = _____ × _____ × _____ = _____ pies cúb.

V = _____ × _____ × _____ = _____ pies cúb.

Volumen total = _____ + _____ + _____ = _____ pies cúbicos

Nombre _____

**Halla el volumen de la figura compuesta.**

**1.**

V = _____

**2.**

V = _____

**Por tu cuenta**

**Halla el volumen de la figura compuesta.**

**3.**

V = _____

**4.**

V = _____

**5.** MÁS AL DETALLE  La clase del Sr. Williams construyó esta plataforma para un evento de la escuela. También construyeron un modelo de la plataforma en el cual 1 pie estaba representado por 2 pulgadas. ¿Cuál es el volumen de la plataforma? ¿Cuál es el volumen del modelo?

_____

**6.** PIENSA MÁS  Patty sumó los valores de las expresiones 2 × 3 × 11 y 2 × 3 × 10 para hallar el volumen de la figura compuesta. Describe su error. ¿Cuál es el volumen correcto de la figura compuesta?

_____

_____

_____

# Resolución de problemas • Aplicaciones En el mundo

Usa la figura compuesta que está a la derecha para resolver los problemas 7 a 9.

**7.** Jordan hizo la figura de bloques de madera que está a la derecha como parte de un proyecto de trabajo en madera. ¿Cuánto espacio ocupa la figura que hizo?

_____

**8.** ¿Cuáles son las dimensiones de los dos prismas rectangulares que usaste para hallar el volumen de la figura? ¿Qué otros prismas rectangulares podrías haber usado?

_____

_____

_____

_____

**9.** **PRÁCTICA MATEMÁTICA 6** Si se usa la resta para hallar el volumen, ¿cuál es el volumen del espacio vacío que se debe restar? **Explica.**

_____

_____

**10.** **ESCRIBE** ▸ *Matemáticas* Explica cómo puedes hallar el volumen de figuras compuestas que se forman al combinar prismas rectangulares.

_____

_____

**11.** **PIENSA MÁS ➕** Se muestra una figura compuesta. ¿Cuál es el volumen de la figura compuesta?

Entrenador personal en matemáticas

Volumen = _____ centímetros cúbicos

# Hallar el volumen de figuras compuestas

**Estándares comunes**

**ESTÁNDAR COMÚN—5.MD.C.5c**
*Medición geométrica: entienden los conceptos sobre volumen y relacionan el volumen a la multiplicación y a la suma.*

**Halla el volumen de la figura compuesta.**

1.

1 in

3 in        1 in

4 in        2 in

V = _____

2.

14 cm

2 cm

12 cm

6 cm    4 cm

V = _____

3.

1 in
3 in

6 in

1 in

8 in

V = _____

4.

6 pies

4 pies

12 pies    8 pies    4 pies

V = _____

## Resolución de problemas · En el mundo

5. Como parte de la clase de manualidades, Jules hizo la siguiente figura con pedazos de madera. ¿Cuánto espacio ocupa la figura que hizo?

30 cm

9 cm

6 cm    24 cm

9 cm

6. ¿Cuál es el volumen de la siguiente figura compuesta?

9 pies

6 pies

6 pies    12 pies

27 pies

_____

## Repaso de la lección (5.MD.C.5c)

1. ¿Qué expresión representa el volumen de la figura compuesta?

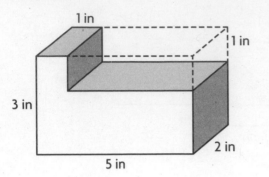

2. Supón que tomas el prisma pequeño y lo colocas encima del prisma más grande. ¿Cuál será el volumen de la figura compuesta?

## Repaso en espiral (5.NF.B.6, 5.NF.B.7c, 5.MD.C.5a, 5.MD.C.5b)

3. Jesse quiere construir un cofre de madera con un volumen de 8,100 pulgadas cúbicas. La longitud será 30 pulgadas y el ancho será 15 pulgadas. ¿Cuál será la altura del cofre de Jesse?

4. ¿Cuál es el volumen del prisma rectangular?

5. La receta de Adrián para hacer salsa de arándanos requiere $1\frac{3}{4}$ tazas de azúcar. Quiere usar $\frac{1}{2}$ de esa cantidad. ¿Cuánta azúcar debería usar?

6. Joanna tiene un cartón que mide 6 pies de longitud. Lo corta en pedazos que miden $\frac{1}{4}$ pie de longitud cada uno. Escribe una ecuación para representar el número de pedazos que cortó.

PRACTICA MÁS CON EL
Entrenador personal
en matemáticas

Nombre _____

## ✓ Repaso y prueba del Capítulo 11

Entrenador personal en matemáticas
**Evaluación e intervención en línea**

**1.** Fran dibujó un triángulo sin lados congruentes y 1 ángulo recto. ¿Qué término describe el triángulo con precisión? Marca todas las opciones que correspondan.

(**A**) isósceles       (**C**) agudo

(**B**) escaleno       (**D**) recto

**2.** José guarda sus tarjetas de béisbol en una caja como la que se muestra a continuación.

3 in
10 in
8 in

Usa los números y los símbolos de las fichas para escribir una fórmula que represente el volumen de la caja. Los símbolos se pueden utilizar más de una vez o ninguna vez.

| $V$ | 3 | 8 | 10 | = | + | × | − | ÷ |

_____

¿Cuál es el volumen de la caja? _____ pulgadas cúbicas

YIELD

**3.** El Sr. Delgado ve esta señal mientras está manejando. Elige los valores y términos que describan correctamente la figura que vio el Sr. Delgado para completar los enunciados 3a y 3b.

**3a.** La figura tiene [ 3 / 4 / 5 ] lados y [ 0 / 2 / 3 ] ángulos.

**3b.** Todos los lados son congruentes, entonces la figura [ no es un polígono / es un polígono regular / no es un polígono regular. ]

© Houghton Mifflin Harcourt Publishing Company

Opciones de evaluación
**Prueba del capítulo**

**4.** ¿Cuál es el volumen de la figura compuesta?

_____ pies cúbicos

**5.** Empareja la figura con la cantidad de cubos unitarios que se necesitaría para construir cada figura. No se utilizarán todas las cantidades de cubos unitarios.

- 8 cubos unitarios

- 9 cubos unitarios

- 10 cubos unitarios

- 11 cubos unitarios

- 12 cubos unitarios

- 16 cubos unitarios

**6.** Chuck está confeccionando un póster sobre poliedros para su clase de matemáticas. Dibujará figuras y las organizará en diferentes secciones.

**Parte A**

Chuck quiere dibujar figuras tridimensionales cuyas caras laterales sean rectángulos. Chuck dice que puede dibujar prismas y pirámides. ¿Estás de acuerdo? Explica tu respuesta.

**Parte B**

Chuck dice que puede dibujar un cilindro en su póster de poliedros porque tiene un par de bases que son congruentes. ¿Tiene razón? Explica tu razonamiento.

**7.** Javier dibujó la siguiente figura. Elige los valores y los términos que describan la figura que Javier dibujó para completar los enunciados 7a y 7b.

7a. La figura tiene

| 6 |
| 7 |
| 8 |

lados y

| 6 |
| 8 |
| 12 |

ángulos.

7b. La figura es un

| octágono regular |
| heptágono regular |
| cuadrilátero regular |

.

**8.** Victoria utilizó cubos de 1 pulgada para construir el prisma rectangular que se muestra a continuación. Halla el volumen del prisma rectangular que construyó Victoria.

_____ pulgadas cúbicas

4 in

3 in

6 in

**9.** Nathan dibujó un triángulo escaleno obtusángulo. Elige Sí o No en los enunciados 9a a 9c para indicar si la figura que se muestra podría ser el triángulo que Nathan dibujó.

9a. ○ Sí     ○ No

9b. ○ Sí     ○ No

9c. ○ Sí     ○ No

10. Un contenedor lleva 20 cajas de zapatos. Una caja de zapatos mide 6 pulgadas por 4 pulgadas por 12 pulgadas. Elige Verdadero o Falso para cada uno de los enunciados 10a a 10c.

10a. Cada caja de zapatos tiene un volumen de 22 pulgadas cúbicas. ○ Verdadero ○ Falso

10b. Cada contenedor tiene un volumen aproximado de 440 pulgadas cúbicas. ○ Verdadero ○ Falso

10c. Si el contenedor puede llevar 27 cajas de zapatos, el volumen del contenedor sería aproximadamente 7,776 pulgadas cúbicas. ○ Verdadero ○ Falso

11. _MÁS AL DETALLE_  Mario elabora un diagrama que muestra las relaciones entre los diferentes tipos de cuadriláteros. En el diagrama, también se puede describir a cada cuadrilátero de un nivel inferior con los cuadriláteros del nivel superior.

**Parte A**

Completa el diagrama y escribe el nombre de una figura de las fichas en cada uno de los recuadros. No se utilizarán todas las figuras.

**Parte B**

Mario señala que un rombo _a veces_ es un cuadrado, pero un cuadrado _siempre_ es un rombo. ¿Es correcto? Explica tu respuesta.

Nombre _____

**12.** Escribe en el recuadro la letra que describa correctamente la figura tridimensional.

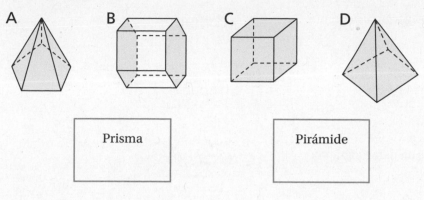

A  B  C  D

| Prisma |   | Pirámide |

**13.** Mark guardó cubos de 1 pulgada en una caja con un volumen de 120 pulgadas cúbicas. ¿Cuántas capas de cubos de 1 pulgada guardó Mark?

_____ capas

Entrenador personal en matemáticas

**14.** PIENSA MÁS ✚  Se muestra una figura compuesta. ¿Cuál es el volumen de la figura compuesta?

4 cm
3 cm
6 cm
4 cm
7 cm
6 cm
10 cm

Volumen = _____ centímetros cúbicos

**15.** Escribe el nombre de un cuadrilátero de las fichas para completar los enunciados 15a a 15c. Usa cada cuadrilátero una vez.

**15a.** Un ⬜ siempre es un paralelogramo.

cuadrado

**15b.** Un ⬜ siempre es un rombo.

trapecio

**15c.** Un ⬜ a veces es un paralelogramo.

rectángulo

**16.** La pecera de Megan tiene un volumen de 4,320 pulgadas cúbicas. ¿Cuáles pueden ser las dimensiones de la pecera? Marca todas las respuestas que correspondan.

(A) 16 in por 16 in por 18 in      (C) 12 in por 15 in por 24 in

(B) 14 in por 18 in por 20 in      (D) 8 in por 20 in por 27 in

**17.** Ken guarda clips en una caja que tiene forma de cubo. Cada lado del cubo tiene 3 pulgadas. ¿Cuál es el volumen de la caja?

_____ pulgadas cúbicas

**18.** Mónica utilizó cubos de 1 pulgada para hacer el prisma rectangular que se muestra a la derecha. Escribe el valor de las fichas en los enunciados 18a a18d. Se puede usar cada valor más de una vez, o ninguna.

3 in    4 in    5 in

| 1 | 3 | 4 | 5 | 12 | 15 | 20 | 60 |

**18a.** Cada cubo tiene un volumen de _____ pulgada(s) cúbica(s).

**18b.** Cada capa del prisma está compuesta por _____ cubos.

**18c.** Hay _____ capas de cubos.

**18d.** El volumen del prisma es _____ pulgadas cúbicas.

# Glosario

## A

**altura height** Longitud de una línea perpendicular desde la base hasta la parte superior de una figura bidimensional o tridimensional
*Ejemplo:*

altura

**ángulo angle** Figura formada por dos segmentos o semirrectas que tienen un extremo común
*Ejemplo:*

**ángulo agudo acute angle** Ángulo que mide menos que un ángulo recto (menos de 90° y más de 0°)
*Ejemplo:*

---

### Origen de la palabra

La palabra *agudo* proviene de la palabra latina *acutus*, que significa "punzante" o "en punta". La misma raíz se puede hallar en la palabra *aguja* (un objeto punzante). Un ángulo agudo es un ángulo en punta.

---

**ángulo llano straight angle** Ángulo que mide 180°
*Ejemplo:*

X    Y    Z

**ángulo obtuso obtuse angle** Ángulo que mide más de 90° y menos de 180°
*Ejemplo:*

**ángulo recto right angle** Ángulo que forma una esquina cuadrada y mide 90°
*Ejemplo:*

90°

**área area** Medida de la cantidad de cuadrados de una unidad que se necesitan para cubrir una superficie

**arista edge** Segmento que se forma donde se encuentran dos caras de un cuerpo geométrico
*Ejemplo:*

arista

## B

**balanza de platillos pan balance** Instrumento que se usa para pesar objetos y para comparar su peso

**base (aritmética) base** Número que se usa como factor repetido
*Ejemplo:* $8^3 = 8 \times 8 \times 8$. La base es 8.

**base (geometría) base** En dos dimensiones, un lado de un triángulo o paralelogramo que se usa para hallar el área; en tres dimensiones, una figura plana, generalmente un círculo o un polígono, por la que se mide o se nombra una figura tridimensional
*Ejemplos:*

altura    base
base    base    base

**bidimensional two-dimensional** Que tiene
medidas en dos direcciones, por ejemplo,
longitud y ancho

**capacidad capacity** Cantidad que puede
contener un recipiente cuando se llena

**cara face** Polígono que es una superficie plana
de un cuerpo geométrico
*Ejemplo:*

cara

**cara lateral lateral face** Cualquier superficie
de un poliedro que no sea la base

**Celsius (˚C) Celsius (˚C)** Escala del sistema
métrico que se usa para medir la temperatura

**centésimo hundredth** Una de 100 partes iguales
*Ejemplos:* 0.56, $\frac{56}{100}$, cincuenta y seis centésimos

**centímetro (cm) centimeter (cm)** Unidad del
sistema métrico que se usa para medir la
longitud o la distancia;
0.01 metros = 1 centímetro

**cilindro cylinder** Cuerpo geométrico que
tiene dos bases paralelas que son círculos
congruentes
*Ejemplo:*

**clave key** Parte de un mapa o de una gráfica
que explica los símbolos

**cociente quotient** Número que resulta de
una división
*Ejemplo:* 8 ÷ 4 = 2. El cociente es 2.

**cociente parcial partial quotient** Método de
división en el que los múltiplos del divisor se
restan del dividendo y después se suman los
cocientes

**congruente congruent** Que tiene el mismo
tamaño y la misma forma

**cono cone** Cuerpo geométrico que tiene una
base circular plana y un vértice
*Ejemplo:*

**contar salteado skip count** Patrón de contar
hacia adelante o hacia atrás
*Ejemplo:* 5, 10, 15, 20, 25, 30,...

**coordenada *x* x-coordinate** Primer número de
un par ordenado que indica la distancia desde
la cual hay que moverse hacia la derecha o la
izquierda desde (0, 0)

**coordenada *y* y-coordinate** Segundo número de
un par ordenado que indica la distancia desde
la cual hay que moverse hacia arriba o hacia
abajo desde (0, 0)

**cuadrado square** Polígono que tiene cuatro
lados congruentes y cuatro ángulos rectos

**cuadrado de una unidad unit square** Cuadrado
con una longitud lateral de 1 unidad, que se
utiliza para medir área.

**cuadrícula grid** Cuadrados divididos en partes
iguales y con el mismo espacio entre sí en una
figura o superficie plana

**cuadrícula de coordenadas coordinate grid**
Cuadrícula formada por una línea horizontal
llamada eje *x* y una línea vertical llamada eje *y*
*Ejemplo:*

**cuadrilátero quadrilateral** Polígono que tiene
cuatro lados y cuatro ángulos
*Ejemplo:*

**cuadrilátero general** general quadrilateral
Ver *cuadrilátero*

**cuarto (ct)** quart (qt) Unidad del sistema usual
que se usa para medir la capacidad;
2 pintas = 1 cuarto

**cubo** cube Figura tridimensional que tiene seis
caras cuadradas congruentes
*Ejemplo:*

**cubo unitario** unit cube Cubo cuya longitud,
ancho y altura es de 1 unidad

**cucharada (cda)** tablespoon (tbsp) Unidad
del sistema usual que se usa para medir la
capacidad; 3 cucharaditas = 1 cucharada

**cucharadita (cdta)** teaspoon (tsp) Unidad
del sistema usual que se usa para medir la
capacidad; 1 cucharada = 3 cucharaditas

**cuerpo geométrico** solid figure Ver *figura
tridimensional*

## D

**datos** data Información recopilada sobre
personas o cosas, generalmente para sacar
conclusiones sobre ellas

**decágono** decagon Polígono que tiene
diez lados y diez ángulos
*Ejemplos:*

**decámetro (dam)** dekameter (dam) Unidad
del sistema métrico que se usa para medir la
longitud o la distancia;
10 metros = 1 decámetro

**decímetro (dm)** decimeter (dm) Unidad del
sistema métrico que se usa para medir la
longitud o la distancia;
10 decímetros = 1 metro

**décimo** tenth Una de diez partes iguales
*Ejemplo:* 0.7 = siete décimos

**denominador** denominator Número que está
debajo de la barra de una fracción y que indica
cuántas partes iguales hay en el entero o en el
grupo
*Ejemplo:* $\frac{3}{4}$ ← denominador

**denominador común** common denominator
Múltiplo común de dos o más denominadores
*Ejemplo:* Algunos denominadores comunes
de $\frac{1}{4}$ y $\frac{5}{6}$ son 12, 24 y 36.

**desigualdad** inequality Enunciado matemático
que contiene el símbolo $<$, $>$, $\leq$, $\geq$ o $\neq$

**diagonal** diagonal Segmento que une dos vértices
no adyacentes de un polígono
*Ejemplo:*

**diagrama de puntos** line plot Gráfica que
muestra la frecuencia de los datos en una recta
numérica
*Ejemplo:*

**Millas recorridas**

**diagrama de Venn** Venn diagram Diagrama que
muestra las relaciones entre conjuntos
de cosas
*Ejemplo:*

**diferencia** difference Resultado de una resta

**dígito** digit Cualquiera de los diez símbolos 0,
1, 2, 3, 4, 5, 6, 7, 8, 9 que se usan para escribir
números

**dimensión** dimension Medida en una dirección

**dividendo** dividend Número que se divide en una división
*Ejemplo:* 36 ÷ 6; 6)‾36 El dividendo es 36.

**dividir** divide Separar en grupos iguales; operación inversa de la multiplicación

**división** division Proceso de repartir una cantidad de objetos para hallar cuántos grupos iguales se pueden formar o cuántos objetos habrá en cada grupo; operación inversa de la multiplicación

**divisor** divisor Número entre el cual se divide el dividendo
*Ejemplo:* 15 ÷ 3; 3)‾15 El divisor es 3.

**ecuación** equation Enunciado numérico o algebraico que muestra que dos cantidades son iguales

**eje _x_ _x_-axis** Recta numérica horizontal de un plano de coordenadas

**eje _y_ _y_-axis** Recta numérica vertical de un plano de coordenadas

**eneágono** nonagon Polígono que tiene nueve lados y nueve ángulos

**entero** whole Todas las partes de una figura o de un grupo

**equilibrar** balance Igualar un peso o un número

**equivalente** equivalent Que tiene el mismo valor

**escala** scale Sucesión de números que están ubicados a una distancia fija entre sí en una gráfica que ayudan a rotular esa gráfica

**esfera** sphere Cuerpo geométrico que tiene una superficie curva cuyos puntos equidistan todos de otro llamado centro
*Ejemplo:*

**estimación (s)** estimate *(noun)* Número cercano a una cantidad exacta

**estimar (v)** estimate *(verb)* Hallar un número cercano a una cantidad exacta

**evaluar** evaluate Hallar el valor de una expresión numérica o algebraica

**exponente** exponent Número que muestra cuántas veces se usa la base como factor
*Ejemplo:* $10^3 = 10 \times 10 \times 10$.
3 es el exponente.

**expresión** expression Frase matemática o parte de un enunciado numérico que combina números, signos de operaciones y a veces variables, pero que no tiene un signo de la igualdad

**expresión algebraica** algebraic expression Expresión que incluye al menos una variable
*Ejemplos:* $x + 5$, $3a - 4$

**expresión numérica** numerical expression Frase matemática en la que solamente se usan números y signos de operaciones

**extremo** endpoint Punto que se encuentra en el límite final de un segmento o en el límite inicial de una semirrecta

**factor** factor Número que se multiplica por otro para obtener un producto

**factor común** common factor Número que es un factor de dos o más números

**Fahrenheit (°F)** Fahrenheit (°F) Escala del sistema usual que se usa para medir la temperatura

**familia de operaciones** fact family Conjunto de ecuaciones relacionadas de suma y resta o multiplicación y división
*Ejemplos:* $7 \times 8 = 56$; $8 \times 7 = 56$; $56 \div 7 = 8$; $56 \div 8 = 7$

**figura abierta** open figure Figura que no comienza y termina en el mismo punto

**figura bidimensional** two-dimensional figure Figura que está sobre un plano y que tiene longitud y ancho

**figura cerrada** closed figure Figura que comienza en un punto y termina en el mismo punto

**figura plana** plane figure Ver *figura bidimensional*

**figura tridimensional three-dimensional figure**
Figura que tiene longitud, ancho y altura
*Ejemplo:*

**forma desarrollada expanded form** Manera de escribir los números de forma que muestren el valor de cada uno de los dígitos
*Ejemplos:* $832 = 8 \times 100 + 3 \times 10 + 2 \times 1$
$3.25 = (3 \times 1) + (2 \times \frac{1}{10}) + (5 \times \frac{1}{100})$

**forma escrita word form** Manera de escribir los números usando palabras
*Ejemplo:* 4,829 = cuatro mil ochocientos veintinueve

**forma normal standard form** Manera de escribir los números con los dígitos del 0 al 9 de forma que cada dígito ocupe un valor posicional
*Ejemplo:* 456 ← forma normal

**fórmula formula** Conjunto de símbolos que expresa una regla matemática
*Ejemplo:* $A = b \{ h$

**fracción fraction** Número que nombra una parte de un entero o una parte de un grupo

**fracción mayor que 1 fraction greater than 1**
Fracción cuyo numerador es mayor que su denominador
*Ejemplo:*

$\frac{8}{4}$

**fracción unitaria unit fraction** Fracción que tiene un número 1 como numerador

**fracciones equivalentes equivalent fractions**
Fracciones que nombran la misma cantidad o la misma parte
*Ejemplo:* $\frac{3}{4} = \frac{6}{8}$

**galón (gal) gallon (gal)** Unidad del sistema usual que se usa para medir la capacidad; 4 cuartos = 1 galón

**grado (°) degree (°)** Una unidad que se usa para medir la temperatura y los ángulos

**grado Celsius (°C) degree Celsius (°C)** Unidad del sistema métrico que se usa para medir la temperatura

**grado Fahrenheit (°F) degree Fahrenheit (°F)**
Unidad del sistema usual que se usa para medir la temperatura

**gráfica con dibujos picture graph** Gráfica que muestra datos numerables con símbolos o dibujos
*Ejemplo:*

**gráfica de barras bar graph** Gráfica que muestra datos numerables en barras horizontales o verticales
*Ejemplo:*

**gráfica lineal line graph** Gráfica en la que se usan segmentos para mostrar cómo cambian los datos en el transcurso del tiempo

**gramo (g) gram (g)** Unidad del sistema métrico que se usa para medir la masa; 1,000 gramos = 1 kilogramo

**heptágono heptagon** Polígono que tiene siete lados y siete ángulos
*Ejemplo:*

**hexágono hexagon** Polígono que tiene seis lados y seis ángulos
*Ejemplos:*

**horizontal horizontal** Que se extiende de izquierda a derecha

**igual a (=) equal to (=)** Que tiene el mismo valor

**impar odd** Número entero que tiene un 1, 3, 5, 7 o 9 en el lugar de las unidades

**intervalo interval** Diferencia entre un número y el siguiente en la escala de una gráfica

**kilogramo (kg) kilogram (kg)** Unidad del sistema métrico que se usa para medir la masa; 1,000 gramos = 1 kilogramo

**kilómetro (km) kilometer (km)** Unidad del sistema métrico que se usa para medir la longitud o la distancia; 1,000 metros = 1 kilómetro

**libra (lb) pound (lb)** Unidad del sistema usual que se usa para medir el peso; 1 libra = 16 onzas

**líneas secantes intersecting lines** Rectas que se cruzan o se cortan en un punto
*Ejemplo:*

**litro (l) liter (L)** Unidad del sistema métrico que se usa para medir la capacidad; 1 litro = 1,000 mililitros

**masa mass** Cantidad de materia que hay en un objeto

**matriz array** Conjunto de objetos agrupados en hileras y columnas
*Ejemplo:*

**máximo común divisor greatest common factor** Factor mayor que dos o más números tienen en común
*Ejemplo:* 6 es el máximo común divisor de 18 y 30.

**mayor que (>) greater than (>)** Símbolo que se usa para comparar dos números o dos cantidades cuando el número o la cantidad mayor se da primero
*Ejemplo:* 6 > 4

**mayor o igual que (≥) greater than or equal to (≥)** Símbolo que se usa para comparar dos números o dos cantidades cuando el primer número o la primera cantidad es mayor que la segunda o igual a ella

**menor que (<) less than (<)** Símbolo que se usa para comparar dos números o dos cantidades cuando el número menor se da primero
*Ejemplo:* 4 < 6

**menor o igual que (≤) less than or equal to (≤)** Símbolo que se usa para comparar dos números o dos cantidades cuando el primer número o la primera cantidad es menor que la segunda o igual a ella

**metro (m) meter (m)** Unidad del sistema métrico que se usa para medir la longitud o la distancia; 1 metro = 100 centímetros

**milésimo thousandth** Una de 1,000 partes iguales
*Ejemplo:* 0.006 = seis milésimos

**miligramo (mg) milligram (mg)** Unidad del sistema métrico que se usa para medir la masa; 1,000 miligramos = 1 gramo

**mililitro (ml) milliliter (mL)** Unidad del sistema métrico que se usa para medir la capacidad; 1,000 mililitros = 1 litro

**milímetro (mm) millimeter (mm)** Unidad del sistema métrico que se usa para medir la longitud o la distancia; 1,000 milímetros = 1 metro

**milla (mi) mile (mi)** Unidad del sistema usual que se usa para medir la longitud o la distancia; 5,280 pies = 1 milla

**millón million** Mil millares; se escribe así: 1,000,000.

**mínima expresión simplest form** Una fracción está en su mínima expresión cuando el numerador y el denominador solamente tienen al número 1 como factor común.

**mínimo común denominador least common denominator** Mínimo común múltiplo de dos o más denominadores
*Ejemplo:* El mínimo común denominador de $\frac{1}{4}$ y $\frac{5}{6}$ es 12.

**mínimo común múltiplo least common multiple** El menor número que es múltiplo común de dos o más números

**multiplicación multiplication** Proceso de hallar la cantidad total de objetos formados en grupos del mismo tamaño o la cantidad total de objetos que hay en una determinada cantidad de grupos; operación inversa de la división

**multiplicar multiply** Combinar grupos iguales para hallar cuántos hay en total; operación inversa de la división

**múltiplo multiple** El producto de dos números naturales es un múltiplo de cada uno de esos números.

**múltiplo común common multiple** Número que es múltiplo de dos o más números

**no igual a (≠) not equal to (≠)** Símbolo que indica que una cantidad no es igual a otra

**numerador numerator** Número que está arriba de la barra en una fracción y que indica cuántas partes iguales de un entero o de un grupo se consideran
*Ejemplo:* $\frac{3}{4}$ ← numerador

**número compuesto composite number** Número que tiene más de dos factores
*Ejemplo:* 6 es un número compuesto, porque sus factores son 1, 2, 3 y 6.

**número decimal decimal** Número que tiene uno o más dígitos a la derecha del punto decimal

**números decimales equivalentes equivalent decimals** Números decimales que indican la misma cantidad
*Ejemplo:* 0.4 = 0.40 = 0.400

**número mixto mixed number** Número formado por un número entero y una fracción
*Ejemplo:* $1\frac{5}{8}$

**número entero whole number** Uno de los números 0, 1, 2, 3, 4,... El conjunto de números enteros es infinito.

**número natural counting number** Número entero que se puede usar para contar un conjunto de objetos (1, 2, 3, 4...)

**número primo prime number** Número que tiene exactamente dos factores: 1 y el número mismo
*Ejemplos:* 2, 3, 5, 7, 11, 13, 17 y 19 son números primos. 1 no es un número primo.

**números compatibles compatible numbers** Números con los que es fácil hacer cálculos mentales

**octágono octagon** Polígono que tiene ocho lados y ocho ángulos
*Ejemplos:*

**onza (oz) ounce (oz)** Unidad del sistema usual que se usa para medir el peso; 16 onzas = 1 libra

**onza fluida (oz fl) fluid ounce (fl oz)** Unidad del sistema usual que se usa para medir la capacidad líquida
1 taza = 8 onzas fluidas

**operaciones inversas inverse operations** Operaciones opuestas u operaciones que se cancelan entre sí, como la suma y la resta o la multiplicación y la división

**operaciones relacionadas related facts** Conjunto de enunciados numéricos relacionados de suma y resta o multiplicación y división
*Ejemplos:* 4 × 7 = 28     28 ÷ 4 = 7
7 × 4 = 28     28 ÷ 7 = 4

**orden de las operaciones order of operations** Conjunto especial de reglas que indican el orden en el que se deben realizar las operaciones en una expresión

**origen origin** Punto donde se intersecan los dos ejes de una cuadrícula de coordenadas; (0, 0)

**par even** Número entero que tiene un 0, 2, 4, 6 u 8 en el lugar de las unidades

**par ordenado ordered pair** Par de números que se usan para ubicar un punto en una cuadrícula; el primer número indica la posición izquierda-derecha y el segundo número indica la posición arriba-abajo.

**paralelogramo parallelogram** Cuadrilátero cuyos lados opuestos son paralelos y tienen la misma longitud, es decir, son congruentes
*Ejemplo:*

**paréntesis parentheses** Símbolos que se usan para mostrar cuál de las operaciones de una expresión se debe hacer primero

**patrón pattern** Conjunto ordenado de números u objetos en el que el orden ayuda a predecir el siguiente número u objeto
*Ejemplos:* 2, 4, 6, 8, 10

**pentágono pentagon** Polígono que tiene cinco lados y cinco ángulos
*Ejemplos:*

**perímetro perimeter** Distancia del contorno de una figura plana y cerrada

**período period** Cada uno de los grupos de tres dígitos separados por una coma de un número de varios dígitos
*Ejemplo:* 85,643,900 tiene tres períodos.

**peso weight** Cuán pesado es un objeto

**pie (ft) foot (ft)** Unidad del sistema usual que se usa para medir la longitud o la distancia;
1 pie = 12 pulgadas

**pinta (pt) pint (pt)** Unidad del sistema usual que se usa para medir la capacidad;
2 tazas = 1 pinta

**pirámide pyramid** Cuerpo geométrico que tiene una base poligonal y otras caras triangulares que tienen un vértice en común
*Ejemplo:*

### Origen de la palabra

Las fogatas suelen tener forma de pirámide: tienen una base ancha y una punta arriba. Quizá de esta imagen provenga la palabra *pirámide*. En griego, *fuego* se decía *pura*; esta palabra pudo haberse combinado con *pimar*, palabra egipcia que significa pirámide.

**pirámide cuadrada** *square pyramid* Cuerpo geométrico que tiene una base cuadrada y cuatro caras triangulares que tienen un vértice en común
*Ejemplo:*

**pirámide pentagonal** *pentagonal pyramid* Pirámide que tiene una base pentagonal y cinco caras triangulares

**pirámide rectangular** *rectangular pyramid* Pirámide que tiene una base rectangular y cuatro caras triangulares

**pirámide triangular** *triangular pyramid* Pirámide que tiene una base triangular y tres caras triangulares

**plano** *plane* Superficie plana que se extiende infinitamente en todas las direcciones
*Ejemplo:*

**poliedro** *polyhedron* Cuerpo geométrico cuyas caras son polígonos
*Ejemplos:*

**polígono** *polygon* Figura plana y cerrada formada por tres o más segmentos
*Ejemplos:*

Polígonos                    No son polígonos

**polígono regular** *regular polygon* Polígono cuyos lados y ángulos son todos congruentes

**prisma** *prism* Cuerpo geométrico que tiene dos bases congruentes poligonales y otras caras que son todas rectangulares
*Ejemplos:*

prisma rectangular          prisma triangular

**prisma decagonal** *decagonal prism* Figura tridimensional que tiene dos bases decagonales y diez caras rectangulares

**prisma hexagonal** *hexagonal prism* Figura tridimensional que tiene dos bases hexagonales y seis caras rectangulares

**prisma octagonal** *octagonal prism* Figura tridimensional que tiene dos bases octagonales y ocho caras rectangulares

**prisma pentagonal** *pentagonal prism* Figura tridimensional que tiene dos bases pentagonales y cinco caras rectangulares

**prisma rectangular** *rectangular prism* Figura tridimensional que tiene seis caras rectangulares
*Ejemplo:*

**prisma triangular** *triangular prism* Cuerpo geométrico que tiene dos bases triangulares y tres caras rectangulares

**producto** *product* Resultado de una multiplicación

**producto parcial** *partial product* Método de multiplicación en el que se multiplican por separado las unidades, las decenas, las centenas, etc. y después se suman los productos

**propiedad asociativa de la multiplicación** *Associative Property of Multiplication* Propiedad que establece que cambiar el modo en que se agrupan los factores no cambia el producto
*Ejemplo:* $(2 \times 3) \times 4 = 2 \times (3 \times 4)$

**propiedad asociativa de la suma Associative Property of Addition** Propiedad que establece que cambiar el modo en que se agrupan los sumandos no cambia la suma
*Ejemplo:* $(5 + 8) + 4 = 5 + (8 + 4)$

**propiedad conmutativa de la multiplicación Commutative Property of Multiplication** Propiedad que establece que cuando se cambia el orden de dos factores, el producto es el mismo
*Ejemplo:* $4 \times 5 = 5 \times 4$

**propiedad conmutativa de la suma Commutative Property of Addition** Propiedad que establece que cuando se cambia el orden de dos sumandos, la suma (o total) es la misma
*Ejemplo:* $4 + 5 + 5 = 4$

**propiedad de identidad de la multiplicación Identity Property of Multiplication** Propiedad que establece que el producto de cualquier número por 1 es ese número

**propiedad de identidad de la suma Identity Property of Addition** Propiedad que establece que cuando se suma cero a un número, el resultado es ese número

**propiedad del cero de la multiplicación Zero Property of Multiplication** Propiedad que establece que cuando se multiplica un número por cero, el producto es cero

**propiedad distributiva Distributive Property** Propiedad que establece que multiplicar una suma por un número es lo mismo que multiplicar cada sumando por el número y después sumar los productos
*Ejemplo:* $3 \times (4 + 2) \times (3 \times 4) + (3 \times 2)$
$$3 \times 6 = 12 + 6$$
$$18 = 18$$

**pulgada (in) inch (in.)** Unidad del sistema usual que se usa para medir la longitud o la distancia; 12 pulgadas = 1 pie

**punto point** Posición o ubicación exacta en el espacio

**punto de referencia benchmark** Número conocido que se usa como parámetro

**punto decimal decimal point** Símbolo que se usa para separar dólares de centavos y para separar las unidades de los décimos en un número decimal

**rango range** Diferencia entre el número mayor y el número menor de un conjunto de datos

**reagrupar regroup** Intercambiar cantidades de valores equivalentes para volver a escribir un número
*Ejemplo:* $5 + 8 = 13$ unidades o 1 decena y 3 unidades

**recta line** Trayectoria recta que se extiende infinitamente en direcciones opuestas
*Ejemplo:*

**recta numérica number line** Recta donde se pueden ubicar números
*Ejemplo:*

**rectángulo rectangle** Paralelogramo que tiene cuatro ángulos rectos
*Ejemplo:*

**rectas paralelas parallel lines** Rectas que están en el mismo plano, que no se cortan nunca y que siempre están separadas por la misma distancia
*Ejemplo:*

**rectas perpendiculares perpendicular lines** Dos rectas que se intersecan y forman cuatro ángulos rectos
*Ejemplo:*

**redondear round** Reemplazar un número por otro más simple que tenga aproximadamente el mismo tamaño que el número original

*Ejemplo:* 114.6 redondeado a la decena más próxima es 110 y a la unidad más próxima es 115.

**residuo remainder** Cantidad que sobra cuando un número no se puede dividir en partes iguales

**resta subtraction** Proceso de hallar cuántos objetos sobran cuando se quita un número de objetos de un grupo; proceso de hallar la diferencia cuando se comparan dos grupos; operación inversa de la suma

**rombo rhombus** Paralelogramo que tiene cuatro lados congruentes o iguales

*Ejemplo:*

### Origen de la palabra

La palabra *rombo* es casi idéntica a la palabra original en griego, *rhombos*, que significaba "trompo" o "rueda mágica". Al ver un rombo, que es un paralelogramo equilátero, es fácil imaginar su relación con un trompo.

**secuencia sequence** Lista ordenada de números

**segmento line segment** Parte de una recta que incluye dos puntos, llamados extremos, y todos los puntos entre ellos

*Ejemplo:*

**segundo (s) second (sec)** Unidad pequeña de tiempo; 60 segundos = 1 minuto

**semirrecta ray** Parte de una recta que tiene un extremo y continúa infinitamente en una dirección

*Ejemplo:*

**simetría axial line symmetry** Una figura tiene simetría axial si se puede dividir en dos partes por una línea y esas dos partes coinciden exactamente.

**sistema decimal decimal system** Sistema de cálculo basado en el número 10

**sobrestimar overestimate** Hacer una estimación mayor que la respuesta exacta

**solución solution** Valor que hace que una ecuación sea verdadera cuando reemplaza a la variable

**subestimar underestimate** Hacer una estimación menor que la respuesta exacta

**suma addition** Proceso de hallar la cantidad total de objetos cuando se unen dos o más grupos de objetos; operación inversa de la resta

**suma o total sum** Resultado de una suma

**sumando addend** Número que se suma a otro en una operación de suma

**tabla de conteo tally table** Tabla en la que se usan marcas de conteo para registrar datos

**taza (tz) cup (c)** Unidad del sistema usual que se usa para medir la capacidad; 8 onzas = 1 taza

**término term** Número de una secuencia

**tiempo transcurrido elapsed time** Tiempo que pasa entre el comienzo de una actividad y el final

**tonelada (t) ton (T)** Unidad del sistema usual que se usa para medir el peso; 2,000 libras = 1 tonelada

**transportador protractor** Herramienta que se usa para medir o dibujar ángulos

**trapecio trapezoid** Cuadrilátero que tiene exactamente un par de lados paralelos

*Ejemplos:*

**triángulo triangle** Polígono que tiene tres lados y tres ángulos
*Ejemplos:*

**triángulo acutángulo acute triangle** Triángulo que tiene tres ángulos agudos

**triángulo equilátero equilateral triangle** Triángulo que tiene tres lados congruentes
*Ejemplo:*

**triángulo escaleno scalene triangle** Triángulo cuyos lados no son congruentes
*Ejemplo:*

**triángulo isósceles isosceles triangle** Triángulo que tiene dos lados congruentes
*Ejemplo:*

**triángulo obtusángulo obtuse triangle** Triángulo que tiene un ángulo obtuso

**triángulo rectángulo right triangle** Triángulo que tiene un ángulo recto
*Ejemplo:*

**tridimensional three-dimensional** Que tiene medidas en tres direcciones: longitud, ancho y altura

**U**

**unidad cuadrada square unit** Unidad que se usa para medir el área en pies cuadrados (pies²), metros cuadrados (m²), etc.

**unidad cúbica cubic unit** Unidad que se usa para medir el volumen en pies cúbicos (pie³), metros cúbicos (m³), etc.

**unidad lineal linear unit** Medida de la longitud, el ancho, la altura o la distancia

**V**

**valor posicional place value** Valor de cada uno de los dígitos de un número, según el lugar que ocupa el dígito

**variable variable** Letra o símbolo que representa un número o varios números desconocidos

**vertical vertical** Que se extiende de arriba a abajo

**vértice vertex** Punto en el que se encuentran dos o más semirrectas; punto de intersección de dos lados de un polígono; punto de intersección de tres (o más) aristas de un cuerpo geométrico; punto superior de un cono
*Ejemplos:*

**Origen de la palabra**

La palabra *vértice* proviene de la palabra en latín *vertere*, que significa "girar" y está relacionada con "lo más alto". Se puede girar una figura alrededor de un punto o *vértice*.

**volumen volume** Medida del espacio que ocupa un cuerpo geométrico

**volumen líquido liquid volume** Cantidad de líquido que hay en un recipiente

**yarda (yd) yard (yd)** Unidad del sistema usual que se usa para medir la longitud o la distancia; 3 pies = 1 yarda

# Correlaciones

 **ESTÁNDARES ESTATALES COMUNES**

## Estándares que aprenderás

| Prácticas matemáticas | | Algunos ejemplos son: |
|---|---|---|
| **MP1** | Dan sentido a los problemas y perseveran en su resolución. | Lecciones 1.2, 1.3, 1.6, 1.7, 1.9, 2.1, 2.2, 2.3, 2.4, 2.5, 2.6, 2.8, 2.9, 3.8, 3.9, 3.11, 3.12, 4.4, 4.5, 4.7, 4.8, 5.2, 5.3, 5.4, 5.6, 6.5, 6.6, 6.7, 6.8, 6.9, 7.4, 7.6, 7.9, 7.10, 8.3, 9.1, 10.1, 10.3, 10.4, 11.1, 11.4, 11.7, 11.8, 11.10 |
| **MP2** | Razonan de forma abstracta y cuantitativa. | Lecciones 1.1, 1.2, 1.3, 1.4, 1.5, 1.6, 1.8, 1.9, 1.11, 1.12, 2.2, 2.5, 2.6, 2.7, 3.2, 3.3, 3.6, 3.7, 3.8, 3.9, 3.12, 4.1, 4.2, 4.3, 4.6, 4.8, 5.2, 5.3, 5.4, 5.5, 5.6, 5.7, 5.8, 6.2, 6.3, 6.4, 6.5, 6.6, 6.7, 6.9, 7.3, 7.5, 7.6, 7.7, 7.8, 7.9, 8.1, 8.3, 8.5, 9.1, 10.2, 10.3, 10.5, 10.6, 11.1, 11.2, 11.5, 11.7, 11.8, 11.9 |
| **MP3** | Construyen argumentos viables y critican el razonamiento de otros. | Lecciones 1.3, 1.5, 1.6, 1.8, 1.9, 1.10, 1.11, 2.3, 2.4, 2.5, 2.7, 2.9, 3.4, 4.1, 4.3, 4.4, 4.6, 4.7, 5.7, 6.2, 6.3, 6.5, 7.4, 7.5, 7.6, 7.8, 7.10, 8.4, 9.3, 10.6, 11.3, 11.6, 11.11 |
| **MP4** | Representación a través de las matemáticas | Lecciones 1.7, 1.10, 1.11, 1.12, 2.1, 2.3, 2.7, 2.9, 3.1, 4.2, 4.5, 5.3, 5.5, 6.1, 6.2, 6.4, 6.9, 6.10, 7.2, 7.7, 9.1, 9.2, 9.3, 9.4, 9.6, 9.7, 10.2, 10.4, 10.6 |
| **MP5** | Utilizan las herramientas apropiadas estratégicamente. | Lecciones 1.1, 3.1, 3.5, 3.6, 3.7, 3.9, 3.12, 5.1, 5.2, 5.5, 5.7, 6.1, 6.2, 6.7, 7.1, 7.2, 7.3, 7.4, 7.7, 7.8, 8.1, 8.4, 8.5, 11.1, 11.5, 11.6 |
| **MP6** | Ponen atención a la precisión. | Lecciones 1.7, 1.8, 1.10, 2.1, 2.3, 2.8, 3.3, 3.4, 3.5, 3.7, 4.1, 4.2, 4.3, 4.4, 4.8, 5.1, 5.2, 5.3, 5.4, 5.5, 5.7, 5.8, 6.1, 6.3, 6.4, 6.6, 6.7, 6.9, 7.1, 7.2, 7.3, 7.5, 7.6, 7.8, 7.9, 7.10, 8.2, 8.3, 9.2, 9.4, 9.5, 9.6, 10.1, 10.2, 10.4, 10.5, 10.7, 11.1, 11.2, 11.4, 11.5, 11.6, 11.7, 11.8, 11.9, 11.10, 11.11 |
| **MP7** | Reconocen y utilizan estructuras. | Lecciones 1.1, 1.2, 1.4, 1.8, 2.8, 3.1, 3.2, 3.10, 5.1, 5.8, 6.8, 6.10, 9.5, 9.6, 9.7, 10.1, 10.5, 10.6, 10.7, 11.2, 11.3, 11.4, 11.10 |
| **MP8** | Reconocen y expresan regularidad en el razonamiento repetitivo. | Lecciones 1.3, 1.4, 1.5, 2.2, 2.4, 2.6, 3.4, 3.5, 3.6, 3.8, 3.10, 4.6, 4.7, 5.6, 5.7, 6.8, 6.10, 8.2, 9.3, 9.5, 11.2, 11.4 |

**Área: Operaciones y pensamiento algebraico**

**Escriben e interpretan expresiones numéricas.**

| | | |
|---|---|---|
| **5.OA.A.1** | Utilizan paréntesis, corchetes o llaves en expresiones numéricas, y evaluan expresiones con estos símbolos. | Lecciones 1.3, 1.10, 1.11, 1.12 |
| **5.OA.A.2** | Escriben expresiones simples que contengan cálculos numéricos, e interpretan expresiones numéricas sin evaluarlas. | Lecciones 1.10, 6.4 |

**Analizan patrones y relaciones.**

| | | |
|---|---|---|
| **5.OA.B.3** | Generan dos patrones numéricos utilizando dos reglas dadas. Identifican la relación aparente entre términos correspondientes. Forman pares ordenados que consisten en los términos correspondientes de ambos patrones, y marcan los pares ordenados en un plano de coordenadas. | Lecciones 9.5, 9.6, 9.7 |

**Área: Números y operaciones basados en diez**

**Comprenden el sistema de valor posicional.**

| | | |
|---|---|---|
| **5.NBT.A.1** | Reconocen que en un número de varios dígitos, cualquier dígito en determinado lugar representa 10 veces lo que representa el mismo dígito en el lugar a su derecha y 1/10 de lo que representa en el lugar a su izquierda. | Lecciones 1.1, 1.2, 3.1 |
| **5.NBT.A.2** | Explican los patrones en la cantidad de ceros que tiene un producto cuando se multiplica un número por una potencia de 10, y explican los patrones en la posición del punto decimal cuando hay que multiplicar o dividir un decimal por una potencia de 10. Utilizan número enteros como exponentes para denotar la potencia de 10. | Lecciones 1.4, 1.5, 4.1, 5.1 |
| **5.NBT.A.3** | Leen, escriben, y comparan decimales hasta las milésimas. | |
| **5.NBT.A.3a** | Leen y escriben decimales hasta las milésimas usando números de base diez, los nombres de los números y su forma desarrollada; por ejemplo, $347.392 = 3 \times 100 + 4 \times 10 + 7 \times 1 + 3 \times (1/10) + 9 \times (1/100) + 2 \times (1/1000)$. | Lección 3.2 |
| **5.NBT.A.3b** | Comparan dos decimales hasta las milésimas basándose en el valor de los dígitos en cada lugar, utilizando los símbolos $>$, $=$, y $<$ para anotar los resultados de las comparaciones. | Lección 3.3 |
| **5.NBT.A.4** | Utilizan el entendimiento del valor de posición para redondear decimales a cualquier lugar. | Lección 3.4 |

| | **Efectuan cálculos con números enteros de múltiples dígitos y con decimales hasta las centésimas.** | |
|---|---|---|
| **5.NBT.B.5** | Multiplican números enteros de varios dígitos con fluidez, utilizando el algoritmo convencional. | Lecciones 1.6, 1.7 |
| **5.NBT.B.6** | Hallan números enteros como cocientes de números enteros con dividendos de hasta cuatro dígitos y divisores de dos dígitos, utilizando estrategias basadas en el valor de posición, las propiedades de las operaciones, y/o la relación entre la multiplicación y la división. Ilustran y explican el cálculo utilizando ecuaciones, matrices rectangulares y modelos de área. | Lecciones 1.8, 1.9, 2.1, 2.2, 2.3, 2.4, 2.5, 2.6, 2.8, 2.9 |
| **5.NBT.B.7** | Suman, restan, multiplican, y dividen decimales hasta las centésimas utilizando modelos concretos o dibujos y estrategias basadas en el valor de posición, las propiedades de las operaciones y la relación entre la suma y la resta; relacionan la estrategia a algún método escrito y explican el razonamiento empleado. | Lecciones 3.5, 3.6, 3.7, 3.8, 3.9, 3.10, 3.11, 3.12, 4.2, 4.3, 4.4, 4.5, 4.6, 4.7, 4.8, 5.2, 5.3, 5.4, 5.5, 5.6, 5.7, 5.8 |

**Área: Números y operaciones con fracciones**

**Utilizan las fracciones equivalentes como una estrategia para sumar y restar fracciones.**

| | | |
|---|---|---|
| **5.NF.A.1** | Suman y restan fracciones con denominadores distintos (incluyendo números mixtos) reemplazando las fracciones dadas por fracciones equivalentes de tal forma que produzcan una suma equivalente o una resta con denominadores comunes. | Lecciones 6.1, 6.4, 6.5, 6.6, 6.7, 6.8, 6.9, 6.10 |
| **5.NF.A.2** | Resuelven problemas verbales de suma y resta de fracciones que se refieran a un entero, incluyendo casos de denominadores distintos, por ejemplo, al emplear modelos visuales de fracciones o ecuaciones para representar el problema. Utilizan las fracciones de referencia y el sentido numérico para hacer cálculos mentales y evaluar la lógica de las respuestas. | Lecciones 6.1, 6.2, 6.3, 6.5, 6.6, 6.7, 6.9 |

| Aplican y extienden conocimientos previos de multiplicación y división para multiplicar y dividir fracciones. | | |
|---|---|---|
| **5.NF.B.3** | Interpretan una fracción como la división del numerador entre el denominador ($a/b = a \div b$). Resuelven problemas verbales relacionados a la división de números enteros que resulten en fracciones, números mixtos; por ejemplo, emplean modelos visuales de fracciones o ecuaciones para representar el problema. | Lecciones 2.7, 8.3 |
| **5.NF.B.4** | Aplican y extienden conocimientos previos sobre la multiplicación para multiplicar una fracción o un número entero por una fracción. | |
| **5.NF.B.4a** | Interpretan el producto ($a / b$) $\times q$ como tantas partes a de la repartición de q en partes iguales de $b$; de manera equivalente, como el resultado de la secuencia de operaciones $a \times q \div b$. | Lecciones 7.1, 7.2, 7.3, 7.4, 7.6 |
| **5.NF.B.4b** | Hallan el área de un rectángulo cuyos lados se miden en unidades fraccionarias, cubriéndolo con unidades cuadradas de la unidad fraccionaria correspondiente a sus lados, y demuestran que el área sería la misma que se hallaría si se multiplicaran las longitudes de los lados. Multiplican los números fraccionarios de las longitudes de los lados para hallar el área de rectángulos, y representar los productos de las fracciones como áreas rectangulares. | Lecciones 7.7, 7.10 |

**Aplican y extienden conocimientos previos de multiplicación y división para multiplicar y dividir fracciones.** *(Continuación)*

| | | |
|---|---|---|
| **5.NF.B.5** | Interpretan la multiplicación como el poner a escala (cambiar el tamaño de) al: | |
| **5.NF.B.5a** | Comparan el tamaño de un producto al tamaño de un factor en base al tamaño del otro factor, sin efectuar la multiplicación indicada. | Lecciones 7.5, 7.8 |
| **5.NF.B.5b** | Explican por qué al multiplicar un determinado número por una fracción mayor que 1 se obtiene un producto mayor que el número dado (reconocen la multiplicación de números enteros mayores que 1 como un caso común); explican por qué la multiplicación de determinado número por una fracción menor que 1 resulta en un producto menor que el número dado; y relacionan el principio de las fracciones equlvalentes $a/b = (n \times a)/(n \times b)$ con el fin de multiplicar $a/b$ por 1. | Lecciones 7.5, 7.6, 7.8 |
| **5.NF.B.6** | Resuelven problemas del mundo real relacionados a la multiplicación de fracciones y números mixtos, por ejemplo, al usar modelos visuales de fracciones o ecuaciones para representar el problema. | Lecciones 7.9, 7.10 |

| | | |
|---|---|---|
| **Aplican y extienden conocimientos previos de multiplicación y división para multiplicar y dividir fracciones. *(Continuación)*** | | |
| **5.NF.B.7** | Aplican y extienden conocimientos previos sobre la división para dividir fracciones unitarias entre números enteros y números enteros entre fracciones unitarias. | |
| **5.NF.B.7a** | Interpretan la división de una fracción unitaria entre un número entero distinto al cero, y calculan sus cocientes. | Lecciones 8.1, 8.5 |
| **5.NF.B.7b** | Interpretan la división de un número entero entre una fracción unitaria y calculan sus cocientes. | Lecciones 8.1, 8.2, 8.5 |
| **5.NF.B.7c** | Resuelven problemas del mundo real relacionados a la división de fracciones unitarias entre números enteros distintos al cero y la división de números enteros entre fracciones unitarias, por ejemplo, utilizan modelos visuales de fracciones y ecuaciones para representar el problema. | Lecciones 8.1, 8.4 |
| **Área: Medición y datos** | | |
| **Convierten unidades de medida equivalentes dentro de un mismo sistema de medición.** | | |
| **5.MD.A.1** | Convierten unidades de medición estándar de diferentes tamaños dentro de un sistema de medición dado (por ejemplo, convierten 5 cm en 0.05 m), y utilizan estas conversiones en la solución de problemas de varios pasos y del mundo real. | Lecciones 10.1, 10.2, 10.3, 10.4, 10.5, 10.6, 10.7 |

**Representan e interpretan datos.**

| 5.MD.B.2 | Hacen un diagrama de puntos para mostrar un conjunto de medidas en unidades fraccionarias (1/2, 1/4, 1/8). Efectúan operaciones con fracciones apropiadas a este grado, para resolver problemas relacionados con la información presentada en los diagramas de puntos. | Lección 9.1 |

**Medición geométrica: comprenden conceptos de volumen, y relacionan el volumen con la multiplicación y la suma.**

| 5.MD.C.3 | Reconocen el volumen como un atributo de las figuras sólidas y entienden los conceptos de la medición del volumen. | Lección 11.4 |
| 5.MD.C.3a | Se dice que un cubo con lados de 1 unidad, llamado "unidad cúbica", tiene "una unidad cúbica" de volumen, y ésta se puede utilizar para medir el volumen. | Lección 11.5 |
| 5.MD.C.3b | Se dice que una figura sólida que se puede rellenar con la unidad cúbica $n$ sin dejar espacios o superposiciones tiene un volumen de $n$ unidades cúbicas. | Lección 11.6 |
| 5.MD.C.4 | Miden volúmenes contando unidades cúbicas, utilizando centímetros cúbicos, pulgadas cúbicas, pies cúbicos, y otras unidades improvisadas. | Lecciones 11.6, 11.7 |

**Medición geométrica:** comprenden conceptos de volumen, y relacionan el volumen con la multiplicación y la suma. *(Continuación)*

| | | |
|---|---|---|
| **5.MD.C.5** | Relacionan el volumen con las operaciones de multiplicación y suma para resolver problemas matemáticos y del mundo real relativos al volumen. | |
| **5.MD.C.5a** | Hallan el volumen de un prisma rectangular recto con lados que se miden en números enteros, llenando el prisma con unidades cúbicas, y demostrando que el volumen es el mismo que se hallaría multiplicando la altura por el área de la base. Representan tres veces el producto de un número entero como un volumen, por ejemplo, para representar la propiedad asociativa de la multiplicación. | Lecciones 11.8, 11.9 |
| **5.MD.C.5b** | Aplican las fórmulas $V = l \times w \times h$ y $V = b \times h$ de los prismas rectangulares para hallar los volúmenes de prismas rectangulares rectos cuyos lados se miden en números enteros, en el contexto de resolver problemas matemáticos y del mundo real. | Lecciones 11.8, 11.9, 11.10 |
| **5.MD.C.5c** | Reconocen el volumen como una suma. Hallan el volumen de cuerpos geométricos compuestos por dos prismas rectangulares rectos que no se superponen, sumando los volúmenes de las partes que no se superponen y aplican esta técnica para resolver problemas del mundo real. | Lecciones 11.11 |

## Área: Geometría

**Representan puntos gráficos en un plano de coordenadas para resolver problemas matemáticos y del mundo real.**

| | | |
|---|---|---|
| 5.G.A.1 | Utilizan un par de rectas numéricas perpendiculares, llamadas ejes, para definir un sistema de coordenadas, situando la intersección de las rectas (el origen) para que coincida con el 0 de cada recta y con un punto determinado en el plano que se pueda ubicar usando un par ordenado de números, llamados coordenadas. Entienden que el primer número indica la distancia que se recorre desde el origen en dirección sobre un eje, y el segundo número indica la distancia que se recorre sobre el segundo eje, siguiendo la convención de que los nombre de los dos ejes y los de las coordenadas correspondan (por ejemplo, el eje $x$ con la coordenada $x$, el eje $y$ con la coordenada $y$). | Lección 9.2 |
| 5.G.A.2 | Representan problemas matemáticos y del mundo real al representar gráficamente puntos en el primer cuadrante del plano de coordenadas e interpretan los valores de los puntos de las coordenadas según el contexto. | Lecciones 9.3, 9.4 |

**Clasifican figuras bidimensionales en categorías según sus propiedades.**

| | | |
|---|---|---|
| 5.G.B.3 | Entienden que los atributos que pertenecen a una categoría de figuras bidimensionales también pertenecen a todas las subcategorías de dicha categoría. | Lecciones 11.1, 11.2, 11.3 |
| 5.G.B.4 | Clasifican las figuras bidimensionales dentro de una jerarquía, según sus propiedades. | Lecciones 11.1, 11.2, 11.3 |

# Índice

## B

**Base,** 23, 687–690
    exponentes, 23
    pirámides, 655–658
    prismas, 655–658, 687–690

**Bloques de base diez,** 5, 8, 23, 99–102, 175–178, 181–184, 297, 298, 309

## C

**Calculadora,** 220

**Cálculo mental,** 17–20, 29–32, 219, 364, 409, 598

**Capacidad**
    convertir unidades del sistema métrico, 611–614, 617–620
    convertir unidades del sistema usual, 591–594, 603–606, 617–620

**Caras,** 655–658, 663–666

**Caras laterales,** 655–658

**Centímetros,** 611–614

**Charla Matemática,** En cada lección. Algunos ejemplos: 5, 30, 365, 391, 604, 700

**Ciencias**
    Conectar con las Ciencias, 192, 332, 554, 646

**Cilindros,** 656–658

**Cocientes parciales**
    divisores de dos dígitos, 105–108, 303–306

**Cocientes,** *Ver* **División**

**Comparar**
    cuadriláteros, 649–652
    figuras bidimensionales, 649–652
    fracciones, 445–448
    números decimales, 163–166
    números mixtos, 465–468

**Comparte y muestra,** En cada lección. Algunos ejemplos: 7, 30, 352, 376, 645, 689

**Comprender el vocabulario,** 4, 86, 150, 232, 290, 350, 420, 490, 532, 584, 636

**Comunicar ideas matemáticas**
    Charla matemática, En cada lección. Algunos ejemplos: 5, 30, 365, 604, 700

**Escribe,** En cada lección. Algunos ejemplos: 7, 294, 366, 593, 625, 702

**Conectar,** 67, 94, 113, 131, 175, 181, 271, 277, 292, 329, 330, 375, 407, 452, 466, 503, 512, 681, 687

**Conectar con el Arte,** 448, 666

**Conectar con la Lectura,** 392, 588, 658

**Conectar con la Salud,** 32, 474

**Conectar con las Ciencias,** 192, 332, 554, 646

**Conectar con los Estudios Sociales,** 102

**Conos,** 656–658

**Conversiones**
    capacidad en el sistema usual, 591–594, 617–620
    longitud en el sistema usual, 585–588, 617–620
    peso en el sistema usual, 597–600, 617–620
    tiempo, 623–626
    unidades del sistema métrico, 611–614, 617–620

**Convertir**
    fracciones, 352, 389–392, 471
    números mixtos, 389–392, 471

**Coordenada x,** 539–542, 545–548

**Coordenada y,** 539–542, 545–548

**Correlaciones**
    Estándares estatales comunes, H14–H23

**¿Cuál es el error?,** 14, 172, 192, 236, 300, 306, 326, 442, 548

**Cuadrados**
    propiedades, 649–652

**Cuadriláteros,** 637–640, 649–652
    clasificar, 649–652
    comparar, 649–652
    cuadrados, 649–652
    definición, 649
    paralelogramos, 649–652
    rectángulos, 649–652
    rombos, 649–652
    trapecios, 649–652

**Cuadrícula de coordenadas**
    con números enteros, 539–542, 545–548, 551–554, 571–574
    distancia, 539–542
    marcar pares ordenados, 539–542, 545–548, 551–554, 571–574

**Cuartos,** 591–594, 603, 617, 619

**Cubos,** 687–690
    volumen, 669–672, 675–678

# O

**Vocabulario**

**Volumen**

# Tabla de medidas

| SISTEMA MÉTRICO | SISTEMA USUAL |
|---|---|

## Longitud

| | |
|---|---|
| 1 centímetro (cm) = 10 milímetros (mm) | 1 pie (ft) = 12 pulgadas (in) |
| 1 metro (m) = 1,000 milímetros | 1 yarda (yd) = 3 pies o 36 pulgadas |
| 1 metro = 100 centímetros | 1 milla (mi) = 1,760 yardas |
| 1 metro = 10 decímetros (dm) | o 5,280 pies |
| 1 kilómetro (km) = 1,000 metros | |

## Capacidad

| | |
|---|---|
| 1 litro (l) = 1,000 mililitros (ml) | 1 taza (tz) = 8 onzas fluidas (oz fl) |
| 1 taza métrica = 250 mililitros | 1 pinta (pt) = 2 tazas |
| 1 litro = 4 tazas métricas | 1 cuarto (ct) = 2 pintas o 4 tazas |
| 1 kilolitro (kl) = 1,000 litros | 1 galón (gal) = 4 cuartos |

## Masa/Peso

| | |
|---|---|
| 1 gramo (g) = 1,000 miligramos (mg) | 1 libra (lb) = 16 onzas (oz) |
| 1 gramo = 100 centigramos (cg) | 1 tonelada (t) = 2,000 libras |
| 1 kilogramo (kg) = 1,000 gramos | |

## TIEMPO

1 minuto (min) = 60 segundos (s)

media hora = 30 minutos

1 hora (h) = 60 minutos

1 día = 24 horas

1 semana (sem.) = 7 días

1 año (a.) = 12 meses (mes.) o
aproximadamente 52 semanas

1 año = 365 días

1 año bisiesto = 366 días

1 década = 10 años

1 siglo = 100 años

1 milenio = 1,000 años

## SIGNOS

| | | | |
|---|---|---|---|
| $=$ | es igual a | $\overleftrightarrow{AB}$ | recta $AB$ |
| $\neq$ | no es igual a | $\overrightarrow{AB}$ | semirrecta $AB$ |
| $>$ | es mayor que | $\overline{AB}$ | segmento $AB$ |
| $<$ | es menor que | $\angle ABC$ | ángulo $ABC$ o ángulo $B$ |
| $(2, 3)$ | par ordenado $(x, y)$ | $\triangle ABC$ | triángulo $ABC$ |
| $\perp$ | es perpendicular a | $^\circ$ | grado |
| $\parallel$ | es paralelo a | $^\circ$C | grados Celsius |
| | | $^\circ$F | grados Fahrenheit |

## FÓRMULAS

| **Perímetro** | | **Área** | |
|---|---|---|---|
| Polígono | $P$ = suma de la longitud de los lados | Rectángulo | $A = b \times h$ o $A = bh$ |
| Rectángulo | $P = (2 \times l) + (2 \times a)$ o $P = 2l + 2a$ | | |
| Cuadrado | $P = 4 \times L$ o $P = 4L$ | | |

### Volumen

Prisma rectangular    $V = B \times h$ o $V = l \times a \times h$

$B$ = área de la figura de la base, $h$ = altura del prisma